• 做孩子的心理医生　好妈妈胜过好老师 •

妈妈要读点教子心理学

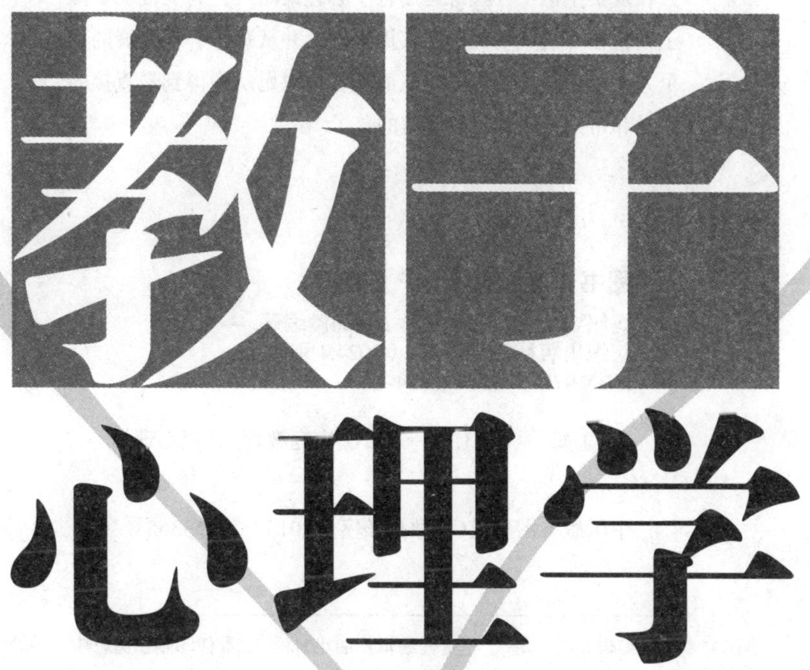

章如庚 ■ 编著

送给女人的教子枕边书

诸多教子的问题，放在心理学的世界里，都将变得透明。把握孩子心理，不吼不叫、不打不骂，轻松教出气质优雅、心智成熟、性格完美、能力超卓的优秀孩子。

中国纺织出版社

内 容 提 要

妈妈是孩子最好的启蒙老师，更是帮助孩子创造幸福人生的终生教练，想要轻松教育出最优秀的孩子，妈妈必须要懂点心理学。

本书分为三部分，用由浅入深、层层递进的方式引导妈妈“了解孩子心理特质”、“掌握帮助孩子的心理良方”，并在现实生活中“熟练运用教子心理策略”，为女性朋友揭示教育孩子的成功经验和实用方法，并从孩子心理发展的各个方面给予科学的指导，从而让各位妈妈从中得到最直接的意见和帮助，培养出最优秀的孩子。

图书在版编目（CIP）数据

妈妈要读点教子心理学 / 章如庚编著. -- 北京：中国纺织出版社，2013. 9 （2024.4重印）

ISBN 978-7-5064-9874-6

Ⅰ. ①妈… Ⅱ. ①章… Ⅲ. ①家庭教育-教育心理学 Ⅳ. ①G78

中国版本图书馆CIP数据核字（2013）第153365号

策划编辑：闫 星 责任编辑：曲小月 责任印制：储志伟

中国纺织出版社出版发行

地址：北京朝阳区百子湾东里A407号楼 邮政编码：100124

邮购电话：010-67004461 传真：010-87155801

http：//www.c-textilep.com

E-mail：faxing@c-textilep.com

北京兰星球彩色印刷有限公司印刷 各地新华书店经销

2013年9月第1版 2024年4月第2次印刷

开本：710×1000 1/16 印张：19

字数：226千字 定价：82.00 元

前言

人们常说："可怜天下父母心。"为人父母，都爱自己的孩子，而且常常将对孩子满腔的爱化作热切的希望——希望孩子能够拥有一个无比顺利、无比灿烂的未来。而现代社会，大部分父母都只有一个孩子，孩子成功就意味着百分之百的成功，而失败就意味着百分之百的失败，父母们输不起。所以，父母们"望子成龙"、"望女成凤"的愿望比任何时候都更为迫切、更为强烈，从而对孩子的规划也越来越多，甚至连日常生活都要严加管理，时时刻刻地看管、监视和提防，这使得父母们很是耗费时间、心机和精力，可事实上，他们并没有培养出出类拔萃的好孩子。

或许，家长可以回想一下自己对子女的教导，是否有过这样的情景：你为孩子营造了最好的学习条件，可孩子就是不争气，总是考不好；你希望孩子听话，但孩子就是懒惰、不勤奋；孩子犯了错，你原本想和他好好谈谈，但只要你一开口，孩子就顶嘴……你不明白，这些孩子心里到底想的是什么？你发出这样的感叹：到底什么样的教育才是成功的？

实际上，作为父母，在教育孩子的过程中，如果不了解孩子成长的困惑，不掌握一些打开孩子心扉的心理学，那么，便很容易陷入费尽心力却教育不好孩子的困境。对于父母们的警示是，应该学一点心理学！

当然，父母需要学习的心理学知识有很多，比如，孩子学习效率低怎么办？孩子为什么喜欢好动？该怎么引导孩子发挥天赋？孩子自控能力差怎么办？……当然，在孩子成长的过程中，父母如果能多掌握一些心理学知识，就能成为孩子的导师，帮助他们顺利解决种种困惑和难题。

总之，家庭教育不是一门简单的学问，关键在于家长，家长的方法和态度直接决定了能否和孩子融洽相处，能否使孩子顺利、健康、快乐地成长。本书就是从心理学的角度，针对日常生活中父母们遇到的教育难题提出了行之有效的解决方案，相信掌握了这些心理学知识，你一定能培养出一个心理健康、爱学习、会学习、积极、阳光的孩子。

编著者

2013年5月

目录

PART 1 了解孩子的心理特质

PART 2 教育中的心理学良方

Part 1

了解孩子的心理特质

第01章　教女有方，培养好女孩的教育心理学

在父母的心目中，安静、温柔才是好女孩的特质。但是，他们往往忽略了女孩的心理需求。女孩不是娇弱的代名词，她们一样注重人与人的交往，一样有自己的思想，她们也想独立，不想事事依赖别人。父母要利用好女孩的这种心理，使女孩充分发挥自己的优势，做到教女有方。

女孩心态平和有利人际交往

在人们的眼里，女孩一般都是文文静静的，她们喜欢安安静静地读书、写字，待在父母身边，看起来也是那么娇弱，给人一种楚楚可怜的感觉。她们似乎天生就没有男孩那样好动。男孩喜欢竞争，不免与人产生摩擦，甚至大动干戈。女孩则注重和谐，希望以一种平和的心态与人相处，不喜欢与人争执。

心田在家里备受父母宠爱。每天做完功课，她就和同院的伙伴们玩耍。大家经常在一起做游戏，并且非常熟悉。但是，即使最要好的伙伴，有时也会因为一些小事打闹起来。

一次，心田和伙伴们玩跳跳球正高兴时，同院的小亮跑过来，一把抓起跳跳球就跑。齐齐追上去，想要回跳跳球，小亮不给，齐齐扯住他的衣角，小亮不小心摔倒了。他爬起来就和齐齐扭打起来。伙伴们赶忙把他们

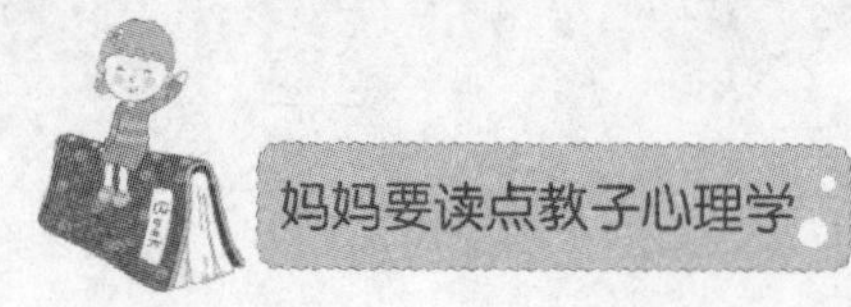

拉开，心田劝小亮，不要因为一点小事就大动干戈，并表示，只要他改掉坏毛病，伙伴们欢迎他加入。

小亮听了心田的话，觉得很有道理，也认识到了自己的错误。于是，他向齐齐道歉，齐齐原谅了他。就这样，小亮和伙伴们开心地玩了起来。

人与人之间的交往很重要，这不仅表现在成年人之间，孩子之间也非常注重人际关系，特别是女孩。她们讨厌纷争，喜欢祥和，更希望能与他人和平相处。即使有了纷争，也希望以一种平和的心态解决事情。正因为故事中的心田心态平和，才解除了一场小小的纷争。

拥有平和的心态，就能果断处事，与人为善。即使出现纠纷，女孩也会保持平和的心态，理智地处理事情。如果遇事心情激动，狂躁不已，粗野蛮横，事情就很难得到解决，人与人之间的关系也会变得恶劣。但是，在关键时刻，女孩要注意，不仅要维护他人的利益，也要保证自己的正当权益。

因此，注重人与人之间的交往，极其重要。对于女孩来说，更是如此。女孩都希望通过和谐交往，结识更多的朋友。对于女孩保持一种平和的心态，父母应给予积极的引导和支持。

心理小贴士

女孩同样注重人际交往，希望拥有更多的朋友。保持平和的心境，与周围的人和谐相处，是每个女孩的心愿。

女孩的委屈苦闷需要向人诉说

女孩很容易情绪化，稍微不如意，就会不高兴。并不是每个家庭都是和睦的，有的父母完全不顾及女孩的感受，大吵大闹，这样就会吓到女孩。女孩受到惊吓，就会胆战心惊，神情抑郁，此时，女孩需要的是更多的关爱。如果父母不能及时给予女孩更多的关爱，女孩就会患上许多心理

疾病。还有的父母忙于工作，无暇顾及女孩，女孩有了委屈，无处诉说，心里自然更加苦闷。凡此种种，都不利于女孩的成长。

静静正如她的名字一样，喜欢安静，不喜欢热闹。但是，最近，她越来越烦恼。每天放学后，她都不愿意回家。因为，父母每天都要争吵。她害怕听到令人厌烦的吵闹声。有时候，她甚至对自己的父母充满了厌恶感，她感觉到，自己与父母的关系越来越疏远。

老师看到静静每天闷闷不乐的样子，对学习也心不在焉，感觉非常奇怪。经过了解才知道，静静的生活环境很不理想，那种吵闹的生活环境影响了静静的性格，静静的情绪也难以稳定。于是，老师找到静静的父母，与他们深谈一番。静静的父母意识到了自己的错误，心里感到非常愧疚。

此后，静静的父母不再争吵，他们把精力都用到了静静身上。带静静出去游玩，给静静买喜欢的玩具，聆听静静的心事，静静很开心，曾经的种种不愉快，担惊受怕，已消失得无影无踪。她的心情越来越好。

很多时候，女孩需要更多的关爱，更多的幸福，而不是恐惧不安。一个和谐美满的家庭，会使女孩开心、快乐地成长。如果女孩长期处于恐惧、焦虑、不安中，她的心理就会失衡，她的性格也会发生很大的变化。故事中的静静就是因为整天生活在父母的争吵声中，苦闷难耐，心情压抑，幸好老师和她的父母交流之后，父母认识到自己的错误，开始关心她，爱护她，静静的情绪才得以稳定，从而生活得很快乐。

女孩是感性的，情绪多变。如果得不到父母的关爱，或者长期生活在争吵的环境中，都不利于她们的健康成长。感性的女孩大都认为，父母不爱她，每每想到这些，她就会悲伤难过。这时，父母应该对自己的行为有所反思，不要给自己造成难以弥补的遗憾。父母要关注女孩的成长，给予女孩一定的关爱，了解女孩的需求，满足女孩的小欲望，女孩定会快快乐乐地成长。

心理小贴士

关爱女孩，给女孩更多的幸福，是父母的责任。为女孩营造一个良好的生活和学习环境，让女孩健康成长。

女孩天生敏感，别轻易训斥

女孩与男孩相比，更容易受伤。她们常常因为一点小事而伤心。如果别人说她哪些方面做得不好，她就会不高兴，就会背上沉重的思想负担。而男孩则不同。对于别人说过的话，男孩经常不放在心上，即使是一些批评的话，男孩也会置之不理，因此，男孩显得更心胸阔达，不像女孩那样斤斤计较，更没有女孩那样容易受伤。

孙思非常喜欢动脑筋，她脑子里常常闪现一些新奇的念头，也常常喜欢动手去做一些事情。当她看到别的女孩有精致的布娃娃时，心里非常羡慕，又不敢和父母说，就想自己动手做一个。于是，她开始找材料，家里的衣橱被她翻乱了，也没找到合适的材料。

妈妈下班回到家里，看到被翻得乱七八糟的衣橱，非常恼火，就厉声问孙思是怎么回事。看着妈妈严肃的表情，孙思非常害怕自己被责骂，她不敢说明真实原因。妈妈检查了一下，发现并没有少什么东西，就警告孙思以后不要乱翻东西。

孙思听了妈妈的话，感觉非常委屈，不由得哭起来。每天，她都会想起妈妈的话，即使在课堂上，她也无法集中注意力。回到家里，她再也不敢乱翻东西，布娃娃也没做成。这让她非常难过，由此变得非常抑郁。

敏感的女孩，很容易受伤。特别是被训斥时，女孩就更容易感觉委屈。她们心思细腻，如果别人说话过重，心里就会不安。故事中的孙思正是这样，原本想做一个布娃娃，但是最终却在妈妈的呵斥声中化为泡影。敏感的她更为难过。

敏感是女孩的天性，如果父母因为一些事情而紧张、焦虑、不安，女孩也会受到极大的影响。因此，要避免女孩受到伤害，父母应控制自己的情绪，这样，才不会激发女孩的敏感。如果女孩过于敏感，父母要理解，给女孩以安慰，尽量给女孩提供一个安全、祥和的环境，以免女孩心理失

衡。没有自尊心、缺乏自信的女孩极易受到伤害，父母要及时给予她们鼓励，不要对她们严加斥责。这样，女孩就会变得坚强勇敢，心理就会趋于健康。

心理小贴士

敏感是女孩的天性。父母要控制好自己的情绪，不要无端对女孩发脾气或斥责女孩，否则，女孩的心灵就会受到伤害。明智的父母，会给女孩适时的安慰和鼓励。

女孩也可以不“娇弱”

在父母眼里，女孩是娇弱的，文静的，受不得半点委屈。现在的家庭，父母大多宠爱女孩。给她们吃好吃的食物，带她们出去游玩，训练她们学习舞蹈，从来不让她们干家务活。总之，只要是女孩想要的，父母一定会满足。父母为女孩，可以说倾尽了心血。但是，这种方式培养出来的女孩只能更加娇弱，她们经受不起丝毫风吹雨打，一遇到困难就会后退，遭受一点挫折就会沮丧。

婷婷体质很差，经常生病，这影响了她的生活和学习。她既不能像别的女孩那样出去玩耍，也不能像其他孩子那样正常学习、生活，这让她很苦恼。在医生的建议下，父母决定让她多锻炼身体。

闲暇时，父母就带她出去散步，但是，往往没走多远，婷婷就抱怨连连，一副有气无力的样子。在父母不断地鼓励下，她才勉强往前走，但还是走不了多远。看着婷婷娇弱的身体，父母既心疼又无奈。

室外活动没有效果，父母就改变了方法，让婷婷做一些力所能及的事情。在父母的引导下，婷婷渐渐喜欢做家务活了，如擦桌子、扫地她做得很好。虽然有时也感觉累，但是，在父母的鼓励下，婷婷也能坚持做完。

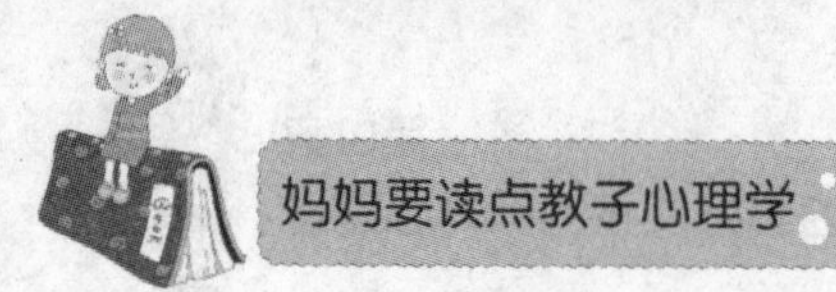

经过长时间的锻炼，婷婷的身体比以前更强健，脸色也红润了许多，她再也不是以前那副病恹恹的模样，令父母整天担心不已。她开始喜欢运动，身体逐渐变得健康，性格也变得活泼开朗，成了一个人见人爱的阳光女孩，父母为此欣喜不已。

女孩不是娇弱的代名词。女孩一样能够变得坚强、勇敢。如果父母一直娇惯女孩，女孩就会受不得半点委屈，经受不起丝毫磨难，只有让女孩接受锻炼，女孩的身体才能健康，性格才会坚强。婷婷刚开始体质很弱，经过锻炼，身体逐渐恢复健康，性格也有所转变。

女孩与男孩相比，没有那么健壮，父母应该想办法培养女孩的兴趣和爱好，以增强她们的体质。如果一味地宠爱娇惯女孩，她们只会变得更加柔弱。这样，女孩在遇到困难时就会不知所措，她们经受不起一点波折。因此，父母要从多方面对女孩进行培养，既不能娇惯，也不能放纵。父母对女孩疼爱有加的时候，也要进行合理的锻炼，从而增强女孩的体质，还女孩一个健康的心灵。

心理小贴士

不经历风雨，女孩就不会变得坚强。娇弱不是女孩的代名词。父母要让女孩勇敢地接受锻炼，经受生活的洗礼。

女孩也要果断勇敢、有主见

女孩遇事时，往往难以拿定主意。在别人看来，女孩缺少主见。其实，这种看法是错误的。之所以会这样，是因为女孩受到过多的言语刺激。因为女孩善于模仿，常常盲从别人的言语、行为，再加上别人的威压，心理负担就会更重，做事就会左思右想，从而不知所措。

青青一向是个乖巧的女孩，父母和老师都非常喜欢她。但是，最近，

她却极不开心。老师看她愁眉不展的样子，询问了几次未果，就把此事告知她的父母，想通过她的父母了解一下原因。父母经过再三询问，青青才讲出了实情。

原来，青青在课间玩耍时，不小心撞倒了一位高年级的女同学，她马上上前扶起那个女孩，并向她道了歉，请求谅解。但是，那个女孩不仅没有原谅她，反而狠狠地推了她一把，青青不小心倒在了地上。

放学后，她刚走出校门不远，那个女孩就迎面走来，对她大声叫骂，对她又推又搡，并让她再次道歉。青青只好向她再次道歉。那个女孩这才离去。但是，事情并没有结束。此后每天放学途中，那个女孩都对她怒目以视，还经常把她推倒在地，并警告她不要告诉老师。在那个女孩的威胁下，青青不敢对老师和父母说。每天放学，她都胆战心惊。为此，她很苦恼。

青青的父母了解了事情的真相后，把此事反映给老师，老师及时沟通协调，那个女孩也因此受到了批评。青青不再感到恐惧了。

女孩也有自己的主见，也想把自己的想法表达出来。但是，当受到威胁或压力时，她们就会前思后想，不知所措。自然，烦恼的是她们自己。故事中的青青就是这样。在撞倒别人后，她立即道了歉，但那个女孩还一直威胁她，原本想告诉老师可迫于威胁她不知所措，所以她极度苦恼。幸亏老师和父母及时解决了此事，她的情绪才稳定下来。

女孩在遇到事情时，要保持平静，有自己的主见，不能人云亦云，特别是受到威压时，更要坚定自己正确的想法，不要在别人的威胁下后退。有主见的女孩，才会临危不惧，处事果断。没有主见的女孩，就如墙头草，别人说什么就是什么，不能辨别是非。对此，女孩的父母应该进行及时的教育，教她学会拒绝别人无理的要求，教她学会独立行事，从而健康成长。

心理小贴士

有主见的女孩，能够果断勇敢地处理好每一件事。没有主见的女孩，会变得唯唯诺诺，人云亦云。父母要培养女孩勇敢坚定的性格，让女孩快乐成长。

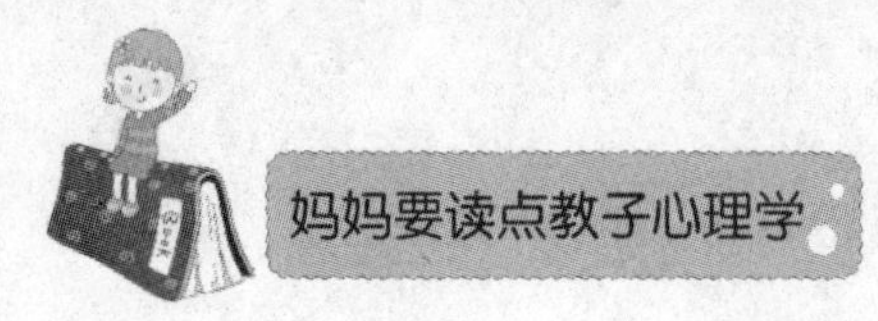

女孩的未来由父母的态度决定

女孩的未来是什么样的，这取决于父母的态度。如果父母眼中的女孩活泼善良，女孩就会按照父母眼中的标准要求自己；如果父母眼中的女孩令人讨厌，女孩就会产生逆反心理，性格变得扭曲。父母的态度不同，女孩的未来也就不同。父母端正态度，能使女孩充分发挥天赋；父母对女孩充满了厌恶，女孩的天赋就会被泯灭。父母应端正态度，引导女孩充分发挥自己的天赋，女孩才会有美好的未来。

姗姗喜欢玩耍，尤其在体育课上，她更是玩得不亦乐乎。父母看她每天只顾玩，并不爱学习，就不太喜欢她。有时，姗姗想把体育课上发生的一些有趣的事情讲给父母听，但是父母每次都显得不耐烦，并劝说姗姗要做一个文静的女孩。这让姗姗很失落。

然而，教体育课的老师却了解姗姗的兴趣，经常夸奖姗姗，说姗姗体育动作规范、标准，如果重点培养，一定大有前途。体育课老师和姗姗的父母进行了沟通，姗姗的父母认识到了自己的错误，改变了对姗姗的态度。他们对于姗姗参加运动会的多次请求也给予了支持。

有了老师和父母的认同和鼓励，姗姗不再那么贪玩，她把自己的精力都转移到了体育课上，严格按照老师要求的练习跳高。后来，她报名参加了运动会，在多次体育比赛中，她脱颖而出，成为同学们羡慕的运动小健将，为学校赢得了荣誉，受到了同学们的喜爱和老师的好评。看到姗姗的进步，父母也非常高兴。

父母的态度决定着女孩的未来。父母在培养女孩时，要对女孩抱有正确的态度，不能对女孩产生厌恶情绪，否则，将导致女孩自暴自弃。父母要注意培养女孩的爱好和兴趣，挖掘女孩身上的闪光点，使女孩的天赋得到充分的发挥。这样，女孩才会拥有美好的未来。故事中的姗姗，对体育课怀有极大的兴趣，但是最初父母只知道她很贪玩，并没有发现她的这一

爱好。体育课老师经过和姗姗父母沟通，他们才有所悔悟，开始重视并支持姗姗在体育方面的发展。正因为如此，姗姗后来获得了极大的荣誉。

父母眼中的女孩是什么样的，女孩的未来就是什么样的。大多数父母都喜欢乖巧的女孩，对于那些表面看起来顽劣的女孩，父母常常不耐烦。这不仅导致女孩的天赋得不到充分发挥，还不利于女孩的成长。父母要改变自己的态度，关爱女孩，培养女孩多方面的兴趣，因势利导，这样，女孩就会拥有无限美好的未来。

心理小贴士

父母眼中的女孩是什么样的，女孩的未来就是什么样的。父母的态度决定着女孩的未来。父母要端正自己对女孩的态度，女孩才会有美好的未来。

女孩要学会独立做事情

生活中有许多女孩，无论做什么事情都依赖父母。父母也对她们百般宠爱，事事答应，把她们视为珠宝，舍不得放手。这样的女孩，有着极强的依赖心理，一旦遇到事情，很难独立解决。父母要适时放手，锻炼她们的独立能力。如果女孩一直生活在父母的庇护之下，独立能力就会越来越差，这将不利于女孩的健康成长。

秋霞能说会道，父母非常喜欢她。但是，她平时并没有多少机会为自己“说话”。因为，无论做什么事情，父母都会为她张罗。吃饭穿衣，都由父母包办。父母唯恐她受到半点委屈，对她百般呵护。秋霞对父母产生了严重的依赖心理，即使出门玩耍，父母也要跟在后边，唯恐她有什么意外，这让秋霞感觉非常不自由，就像笼中的鸟儿一样。

因此，当父母再次要为她买衣服时，秋霞鼓起勇气对父母说，她想自己挑选喜欢的衣服。父母对她的话感到很吃惊，考虑到秋霞第一次提出这样的请求，父母就答应了。

秋霞和父母来到商场，根据自己喜欢的款式和颜色精心挑选了服装，父母看到她挑选的服装很合适，就为她买下了。回到家后，邻居看到秋霞穿着新衣服，都非常羡慕，当得知是她自己挑选的新衣服时，都夸她有眼光。

有依赖心理的女孩会变得很懒散，事事都想依靠别人，不愿意动脑筋，因此，遇到事情或困难也不知道怎么解决。而有主见，喜欢独立的女孩，会在合适的时候表达出自己的看法。父母应该给予这样的女孩机会，锻炼她们独立自主的能力。故事中的秋霞一直生活在安乐窝里，被父母当做宝贝一样对待。为了追求独立，她第一次向父母提出请求，最终如愿以偿。

独立的女孩事事做主，不依赖别人，父母要培养女孩的独立意识，遇到困难自己想办法。独立的女孩凡事喜欢积极思考，父母要勇于放手，不要对女孩束缚太多，这样，女孩才会成才。

心理小贴士

女孩要独立，要学会自立自强，不依赖别人，才能正确处理事情。父母要培养女孩的独立自主能力，让她成为一个自立自强的女孩。

第02章　教子有道，培养好男孩的教育心理学

聪明活泼、大胆无畏的男孩，经常能吸引他人的目光，受到老师的赞扬，父母的宠爱。殊不知，在男孩坚强的外表下，也有很多不为人知的秘密。悲伤痛苦时，男孩也会流泪；不会表达时，男孩也会无言；思想偏激时，男孩也会动武。父母要注意男孩的表现，理解男孩的内心，教育男孩时，要教之有道，才能使男孩健康快乐地成长。

男孩要敢想敢为

父母在教育孩子时，往往会限制孩子的自由，这样孩子就会变得越来越胆小，做事情唯唯诺诺。教育自己的孩子时，如果能够鼓励孩子大胆一点儿，勇敢一点，这样就能使孩子富有冒险精神，遇到困难时不退缩。

一个男孩在玩耍时，看到了一片鹅毛。于是，他拿在手里把玩，并把它放在积木上，想盖一座带有羽毛的房子。妈妈看到这种情景，就大声斥责他，说那些是他不该玩的。男孩听到妈妈的话，难过地哭起来。从此以后，他的胆子越来越小，他不敢看小伙伴，不敢和父母说话，更不敢去玩耍，甚至他连家门也不敢出了。

无奈之下，妈妈只好带他去看心理医生。医生建议这位妈妈，放手

让孩子做一些他想做的事情，培养孩子坚强勇敢的性格，如果一味恫吓孩子，什么也不让他做，就会扼杀孩子的创造力，即使他有一点儿理想的火花，也会在父母的呵斥声中熄灭。

妈妈听了心理医生的建议，意识到了自己在教育方面的失误。于是，她向孩子承认了自己的错误，并柔和地问孩子，想用那片鹅毛和积木做什么？孩子不再觉得妈妈可怕了。他告诉妈妈，想盖一座有美丽翅膀能够飞翔的房子。能飞的房子？那位妈妈听了孩子这个新奇的想法，感觉很兴奋。于是，她开始和孩子一起搭积木，搭成房子后，就找来一些羽毛，粘在房子上。一座漂亮的房子就这样建成了。此时，那位妈妈才真正明白，自己差点扼杀了孩子的创造力。

于是，她不再像以前那样束缚孩子。只要孩子有了好想法，她都会积极地引导他去实现，同时，鼓励孩子与其他小朋友接触，以克服他胆小的毛病。渐渐地，男孩变得活泼起来。他对周围各种各样的事物感到好奇，这些，都促使他去冒险，虽然有时候有些危险避免不了但是，他从没停止过尝试新事物。他曾把玩具拆得七零八散，试图重新组装；也曾在纸上画出房屋的结构，说长大后要建造这样一座大厦。他的胆子变得越来越大。无论什么事情，他都能发表自己的看法。这些，都让妈妈惊喜不已。男孩后来参加了很多比赛，并且获得了很多奖项，成为其他孩子学习的榜样。

这个故事说明，教育孩子要采用正确的方式，而不能盲目地管教，更不能吓唬孩子。因为孩子的年龄很小，经受不起惊吓。如果稍有不慎，孩子就会被吓坏。

孩子需要教育，需要培养，需要父母的疼爱，尤其是男孩子。多关注一些男孩的想法和举动，不忽视男孩身上的闪光点，鼓励男孩大胆地去冒险，去创造。这样，男孩就会有相对自由的空间，就会敢作敢为。否则，强制性的管束只能增强男孩的逆反心理，扭曲男孩的性格，这当然不利于男孩的成长。

对男孩多鼓励、多赞扬、少批评，引导他们勇敢地说话、做事，从而他们健康快乐地成长。

心理小贴士

大胆的男孩，才会有所创造；勇于冒险的男孩，才会探知未来。不要以为，对男孩的宠爱是让他们乖乖地待在自己身边，给他们自由，让他们勇敢地去实现自己的想法。

男孩有竞争欲望，父母要给予鼓励

在孩子的成长过程中，父母会发现，无论做什么事情，男孩都会表现得异常积极，特别是在一些活动中，他们喜欢冲在别人前面，以表现他们的勇敢。他们喜欢竞争，喜欢做“领导”，喜欢按照自己的想法指挥别人去做事情。可能有的父母会以为这样的男孩爱出风头，有些虚伪。其实，喜欢做“领导”的男孩才有魄力，才有理想，如果此时给予正确的引导，平时注意锻炼他们的“管理”能力，会对他们今后的成长有很好的帮助。

王林刚满12岁，在一所小学就读，他和几个同学利用课余时间组织了一次演讲比赛。虽然活动规模不大，但也需经过精心的安排。几个同学都争着做这次活动的“领导”，想一展自己的才华。同学们各执己见，互不相让，王林也毫不例外。王林的父母劝他不要争强好胜，王林为此很不高兴。但是，他什么也没说。

令他的父母和其他同学没有想到的是，一天后，王林竟然拿出了一整套活动策划方案，让大家目瞪口呆。当然，这次活动的“领导”由王林担任，他把活动的一切安排得有条不紊，这次活动举行得相当成功，充分显示了王林的管理才能。

通过这次活动，王林意识到，自己并不比别人差，甚至比别人做得更好。就连反对他的父母也开始对他刮目相看，拍手称赞。后来，王林积极组织各种有趣的活动，参加班级管理，他的管理和组织能力大幅提升。

男孩喜欢做“领导”，喜欢竞争，这对于男孩来说，是一种有益的锻

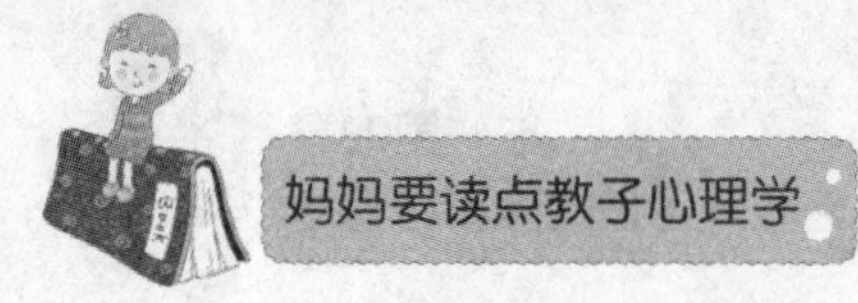

炼。如果父母强行禁止男孩做“领导”，慢慢就会使他失去追求的欲望，变成一个普普通通的孩子，不会有大作为。

作为父母，应正确看待男孩不甘于平凡，勇于竞争、争当“领导”的做法。因为，每个人在社会上生存，都避免不了竞争。男孩早一点适应竞争，显示自己的能力，就能更多锻炼自己。没有哪个男孩甘心落在人后。喜欢做“领导”，是男孩的本能，也是男孩锻炼自己的一种有效途径。因此，父母应给男孩以信心，鼓励他们发挥优势，让他们在锻炼中成长。

心理小贴士

不甘心落在人后，勇于和别人竞争，是男孩的天性。鼓励男孩不甘于平庸，勇于一展自己的能力，让他们在锻炼中成长。

男孩的好奇心是发明创造的前提

男孩天生不安分，他们喜欢探索，对各种各样新奇的东西，有着极强的探索欲。父母对于男孩的这种行为，有时会不太理解，常常阻止男孩，这样就容易导致男孩失去创造的欲望。这不利于男孩发挥他们的“小聪明”，更容易使他们失去学习的动力。

全全有一次在电视上看到：广阔的大海上，有一艘轮船平稳地行进，船后激起美丽的浪花。全全完全被吸引了，尤其是那艘轮船，雄伟高大，太精致了。全全不由得感叹道。

我要造一艘船。全全突然产生了这样一种想法。他按捺着内心的激动，把自己的想法告诉了父母。妈妈看着他，就像看一个外星人，完全不相信全全能造出一艘船。

她对全全说：“你怎么能造出一艘船？你知道造出一艘船有多么艰难吗？你那是异想天开，还是就此打住吧！”

听了妈妈的话，全全很失望。他原以为妈妈会支持他，没想到竟遭到了妈妈的反对。

几天后，全全又在电视上看到了这个镜头，造船的想法再次冒了出来。不能造出大船，我就造一艘小船。此时，全全的脑子里已经有了船的轮廓。

他找来别人扔掉的一些小木头，拿着自己的小工具开始叮叮当当忙起来。

几天以后，他造好了小船，拿给妈妈看。看着全全的“杰作”，妈妈惊奇地睁大了眼睛。

男孩善于探索，喜欢冒险，这常常会使他们产生新奇的欲望，能够创造出令人意想不到的东西。如果男孩天生安分，就会很平庸，他们懒于思考，不能积极主动探索一些新奇有趣的事情，也不会有什么发明创造。

安分的男孩，自然会得到父母的喜爱，但是，如果长期下去，这样的男孩很容易墨守陈规，成了父母眼中温顺的“羔羊”，经受不住丝毫打击。

因此，培养男孩的探索兴趣，对于父母来说，至关重要。不要把男孩的不安分看作一种负累，要积极正确地引导他、鼓励他，这样，男孩就会对新事物感兴趣，产生新奇的想法，对学习产生浓厚的兴趣。

心理小贴士

天生不安分，善于探索，对各种事物充满了好奇，这样的男孩才会有所发明、有所创造。鼓励男孩勇于探索，培养他们的兴趣爱好，他们才会有学习的动力。

男孩的英雄梦应当得到支持

在父母眼中，男孩喜欢争强好胜，唯恐自己比别人差，也担心自己难以引起别人的注意，因此，很多时候，父母会发现，尤其遇到一些不公平的事情时，男孩总会挺身而出，伸张正义。父母不要小看了男孩的这种行为，这是因为，男孩想做英雄，崇尚英雄，平时的一举一动都在模仿英雄。特别是在做警察抓小偷的游戏时，他们表现更是积极勇敢。他们会争着当警察。对于男孩的这种行为，父母要给予支持，培养男孩良好的思想品格。

斯凯非常喜欢学习，书中的英雄人物给他留下了深刻的印象。他常常不自觉地模仿他们。看警匪片时，他又非常佩服那些警察叔叔，因为警察叔叔为了保护人们的生命和财产安全，勇敢地与歹徒进行搏斗，值得我们学习。他也希望自己能成为像警察叔叔那样的人。

一天放学途中，他看到路边一个低年级的女孩哭泣，就问她是怎么回事，那女孩告诉他，她的铅笔盒被一个男孩抢跑了，说着指了指那个逃跑的男孩。斯凯对她说，你不要哭，我去给你要回来。

斯凯追上那个男孩，劝说他把铅笔盒归还给低年级女孩。那个男孩看了看斯凯，骂他多管闲事，伸手就要打斯凯。面对这个男孩的粗暴行为，斯凯并没有后退，他机敏地抓住了那个男孩的胳膊，为女孩要回了铅笔盒。

回到家后，斯凯把这件事告诉了父母。父母都说他做得对，夸他勇敢、乐于助人。受到父母鼓励的斯凯，在以后的生活和学习中，不断鞭策自己，时刻把英雄形象当做学习的榜样。

每个男孩都有自己心目中的英雄，他们崇尚英雄，学习英雄，特别在紧急关头，他们会把英雄的精神发挥得淋漓尽致。父母不应该轻视男孩心目中的英雄，更不应该诋毁男孩崇尚的英雄。那些争着当警察的男孩，父母更应该给予正确引导，肯定他们的正确思想，让他们以实际行动成为“小英雄”。

崇尚英雄，争当警察，是每个男孩的美好梦想。但是，有的男孩却盲目崇拜，效仿一些人的不良习惯。此时，父母就要积极引导男孩正确效仿，多做一些对自己对他人有意义的事情。如果盲目地效仿，势必会使男孩失去善良的本性，丧失纯真的人格。如此下去，男孩的品行就会变得恶劣，这不仅对自己无益，而且会危害到社会。所以，父母应帮助男孩寻找

现实中的真“英雄”，让他们学习“英雄”的优点。男孩表现勇敢，要及时给予表扬；男孩表现恶劣，要及时给予批评。这样，男孩才能成为真正的“小英雄”，真正的“小警察”。

心理小贴士

英雄是男孩学习的典范，男孩想当英雄，更想当警察那样的英雄。父母要帮助男孩树立心中的楷模，让男孩学习英雄的英勇事迹，培养男孩的英勇、大无畏的精神。

男孩也需要情绪发泄，哭并没有错

我们经常看到这样的情景，有的男孩会因为一点儿小事或不小心跌倒而哇哇大哭，他们毫不掩饰自己的情绪。面对这种情况，父母们就会恐慌。于是，他们对孩子大加斥责，殊不知，这样会使男孩的心情更加压抑。因为这时候，男孩最需要安慰，父母以粗鲁的方式制止，会导致严重的后果。

盈盈每次考试成绩都很好，经常受到老师和父母的表扬，他心里很开心。但是，在一次考试中，他的成绩却滑坡了，老师对此感到很奇怪，就询问是怎么回事？同学们也用异样的目光看着他。当面被老师询问，同学们又用嘲笑的目光看着他，盈盈觉得很委屈。

放学后，他回到家里，不知道怎么对父母说。他害怕父母也会像老师那样责备他。事实果真如此。当他战战兢兢地把成绩单递给妈妈时，妈妈扫了一眼，生气地说，我每天辛辛苦苦地工作，就是为了养你，供你上学，你就考这么一点分数，你对得起我吗？

从来没受过父母责骂的盈盈听到妈妈的厉声厉语，如五雷轰顶，他呆住了。眼泪如决堤的水一下涌了出来。然而，整天忙于工作的妈妈并没有

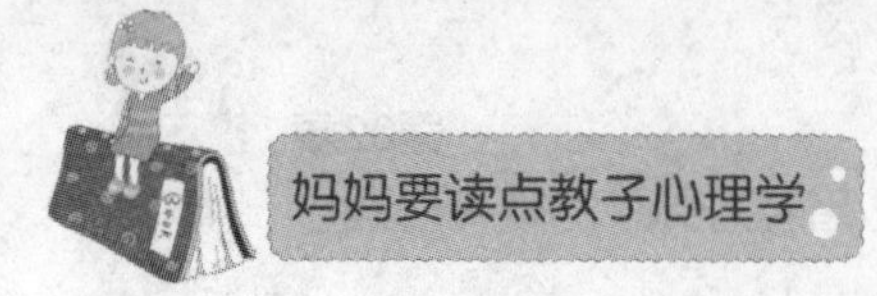

过多地理睬他。此后，他变得越来越沉默，成绩也越来越差。

男孩有泪也要弹。故事中的盈盈正是如此，在他最需要安慰、最脆弱的时候，并没有得到妈妈的慰藉。因此，他只好用眼泪来表达。眼泪可以宣泄内心的不愉快，可以表达不良情绪，但是，如果长此以往，男孩的心理就会有缺陷。面对这种情况，父母应及时给予纠正。

在男孩哭泣的时候，父母应当给男孩一些安慰，这样会使男孩激动的情绪平静下来，那种粗暴蛮横的方式只会给男孩的心灵造成难以弥补的创伤。为了男孩能够健康地成长，父母应有自控力，不要轻易动怒，把怨气撒到孩子身上。

父母应允许男孩哭泣，把心中的不愉快宣泄出来。给男孩一些倾诉的时间，多听听男孩的心声，查找一下男孩哭泣的原因，关注男孩内心的波动，帮助他解决难题，控制自己的情绪。一旦男孩把不高兴的事情发泄出来，他很快就会忘记这些事情，心中的压抑和不安也会一扫而空，变得开朗起来。

心理小贴士

男孩也有不高兴的时候，也会哭泣，并且丝毫不隐藏自己的情绪。父母要适当地给予男孩安慰，而不应大声斥责。

男孩精力旺盛，引导他多做有意义的事

男孩精力旺盛，不喜欢被人约束，喜欢东奔西跑，追逐打闹，面对这样的孩子，父母常常唉声叹气，觉得这样的男孩太淘气，不知道怎么管教他们，更不喜欢他们，有时甚至还产生了厌烦。为了制止男孩的这种“多动症”，父母限制他们的行为，从而引起了男孩的反感，脾气变得日益暴躁。

小西上三年级，他和别的同学相比，显得很不安分。在课堂上，他

根本坐不住，一会儿玩橡皮，一会儿用铅笔捅前面同学的后背，要不就揪女同学的头发，扰得课堂无法上课。同学们都很讨厌他，老师也经常批评他。

因为遭到同学的白眼，又得不到老师的喜爱，小西很烦恼，也很不高兴，于是，变本加厉，经常和同学打架。当然，他的学习成绩也逐渐下滑。老师对他很失望，忍无可忍，就把他在学校的表现告诉了他的父母，希望父母多管教一下自己的孩子。小西的父母也觉得脸上无光，就对小西严加管教，星期天让他在家里待着，并给他找来一些测试题做，希望他能把注意力转移到学习上。

虽然父母一再对他说，贪玩不利于成长，要安静下来才能学到知识，才能提高成绩，才能得到老师的喜欢，同学们也不再讨厌他。但是，小西根本坐不住，他觉得自己不自由，心里更加烦躁。

男孩精力旺盛，他们不喜欢安静，难免会屡犯错误。他们的行为常常不被理解。故事中的小西就是这样。老师和父母都喜欢听话的孩子，对于小西这样不听话、爱捣乱的男孩自然厌烦，更禁止他们到处闯祸，而这样只能导致男孩的畸形心理。

男孩爱动意味着他们活力四射，父母要因势利导，让他们把精力都用在有益的事情上，比如舞蹈、音乐等方面，以消耗男孩体内过剩的精力，培养他们有益的爱好。

如果约束男孩的行为，虽然暂时能使男孩安静下来，但是长此以往，会引发男孩的叛逆心理，影响男孩的茁壮成长。父母不要限制男孩的自由，当然，并不是说任由他们胡来，应培养他们的自制能力，给男孩制作一张合理的作息表，保证男孩生活和学习遵循正常的规律，这样可以避免男孩的“多动症”。

心理小贴士

男孩精力旺盛，爱动爱闹，错误在所难免。如果不积极引导，可能会犯更多错误。父母要转移男孩多余的精力，培养男孩的喜好。

男孩话不多，父母可帮他多锻炼

许多父母都会发现，无论对于什么事情，女孩总是伶牙俐齿，而男孩说话则吞吞吐吐，仿佛不敢张口。父母对这样的男孩，往往焦虑不安，担心男孩的成长。其实，父母并不了解，男孩虽然勇敢活泼，但是也有自己的弱势，他们不善言辞，不能快速地表达出自己的想法和看法。对此，父母不能急于求成，要有耐心，正确引导男孩学习语言，让男孩说出他想说的话。

军军10岁了，在学校里，他显得特别安静，经常默默地坐在自己的座位上。课间，同学们都在讨论自己看到的或听到的事情，军军有时候也想像他们那样，说笑自如。但是，在那些能言善辩的同学面前，他几乎插不进一句话，为此他常常苦恼。自然和他说话的同学也越来越少。

然而，最让军军紧张的是课堂上老师提问时，他总是不能流利地回答。老师对他的表现也不是很满意。以后，再提问时，很少点他的名字，军军因此变得更加沉默寡言。时间一长，他几乎被人淡忘了。虽然每天还是按时到校，按时上课，但是，他愈发感到沉闷。

不仅在学校，即使在家里，他也不能流利地向父母表达自己的想法。有时来了客人，父母让他向客人问好，他也结结巴巴。父母常常说他太笨，连话也不会说。

渐渐地，军军整日闭口不言，他完全没有了属于他的快乐。

男孩有自己的优势，但是在语言方面，男孩的确不能像女孩那样妙语连珠。这势必会造成男孩的苦恼。故事中的军军正是如此。如果父母对自己的孩子也冷嘲热讽，会严重刺伤男孩的自尊心。父母应因势利导，耐心培养男孩的语言，使他们树立起自信，走出苦闷。

为了让男孩能正确地表达心中的想法，培养男孩的语言表达能力，父母可以让男孩讲故事，即使只能讲几句，也要不断鼓励他讲下去，逐渐培养男孩的语言表达能力。此外，还可以带男孩去参加一些有意义的比赛，培养男孩在不同场合开口说话的适应能力，让男孩敢说、愿意说。这样，就会改变男孩的语言弱势，变得滔滔不绝。

不要嘲笑男孩的吞吞吐吐，冷嘲热讽只会增加男孩的自卑感，给男孩的心理带来阴影。作为父母，更不应该如此。及时鼓励男孩，让男孩自信地表达出自己的想法，语言就会由弱势转为优势，男孩同样可以变得“伶俐”起来。

心理小贴士

男孩不善言辞，难以启口，如果一味嘲讽打击，只会使男孩变得更加沉默。对于男孩的这种语言弱势，父母应设法帮助男孩，锻炼男孩的语言能力。

男孩喜欢“武力”处事，需培养自制能力

男孩情绪不稳定，爱动武。在遇到事情时，男孩常常喜欢用武力来解决。尤其是产生纠纷的时候，男孩更容易大打出手，结果可想而知。这是令许多父母很头疼的事情。因为男孩似乎对任何事情都缺少耐心，他们喜欢用肢体语言来处理事情，但是，这种攻击性会产生极其恶劣的影响，不仅不能使男孩健康成长，还会对他人造成伤害，更让父母担惊受怕。

齐昂是一位住校生，每到学校都会为学生放动画片看，看动画是齐昂的爱好。然而，由于座位不够用，同学们经常为了抢座位闹得不可开交。一次，一个同学抢了齐昂的座位。齐昂很生气，踹了那个同学一脚，那个同学一下跌倒在地，右腿骨折。齐昂的父母只好带其去治疗。

治疗花了不少钱。父母责怪齐昂做事太武断，没有脑子。听到父母的责备，齐昂觉得自己很冤屈。明明是别人抢占了自己的位置，怎么能怨自

己呢？怒火中烧，他把怨气都发泄到了同学身上，打架成了家常便饭。父母为此更加担心，对他无可奈何。后来索性不再管教他了。

没有了父母的管束，齐昂更加肆无忌惮，他开始逃课，并很快和几个有相同经历的同龄男孩混在了一起，看谁不顺眼，就拳头相加，以为这样才能发泄心中的怨气，结果处处结怨。同学们更加厌恶他，都拒绝和他交往。

男孩爱用武力处事，这经常会导致严重的后果。如果父母不加管束，放任自流，男孩就会走上歧路。事例中的齐昂就是由于一时的不满，动用武力，对自己和他人都造成了不良影响。如果父母及时疏导他内心的怨气，教会他和别人和睦相处的道理，也不至于被他厌烦。

男孩不同于女孩，女孩心思细腻，遇到事情会深思熟虑，然后再作决定。男孩思维直接，遇到事情考虑不周全，更不善于口头表达，他们常常通过肢体语言表达他们好恶、爱恨。

然而，武力处事，伤人伤己。父母要教男孩学会控制自己，稳定自己的情绪，少一些攻击性，多一些慈悲心。知道关心体贴别人，遇到事情，男孩就不会轻易动怒，不会做出过激行为，将大事化小，小事化了，麻烦自然就不会找上门来。

心理小贴士

不经过深思熟虑，遇到纷争，男孩就容易激动兴奋，武力处事，大打出手，这于人于己没有丝毫益处。父母要培养男孩的自制能力，使男孩懂得关心体贴别人。

第03章　剖析女孩成长规律，掌控促进身心发展的要素

不同的教养模式，会教出不一样的女孩。遵循女孩的成长规律，培养女孩的健康个性，是作为父母的责任。在女孩成长的道路上，对女孩进行多方面的锻炼，开发女孩的智力，陶冶女孩的情操，关爱女孩的心理，女孩才能在良好的环境里，快乐成长，实现父母的殷切期望。

良好的环境有利于女孩智力发展

环境对女孩的成长起着至关重要的作用。良好的环境，能开发女孩的智力，促进女孩的健康成长；恶劣的环境，会禁锢女孩的大脑，使其丧失正常的生理机能。父母应认识到环境对女孩大脑的影响，为其提供一个良好的成长环境，这样，才能开发女孩的大脑，锻炼她们的智慧。即使处在恶劣的环境中，也要想办法改善环境，以免女孩受到不良影响。

丝丝原本是一个快乐的女孩，但是由于父母每天为了一些琐事争吵，惹得她心里很烦乱。每天放学，她都不愿意待在家里，经常出去找同学玩。没想到，这让父母大为光火，为此她经常受到父母的责骂。丝丝更加烦恼，与同龄女孩相比，她没有那么活泼，反而显得心事重重。

老师看到丝丝整天抑郁的样子，就进行了家访。当老师来到丝丝的家里，通过和丝丝父母交谈后才知道，丝丝为什么每大都闷闷不乐。老师

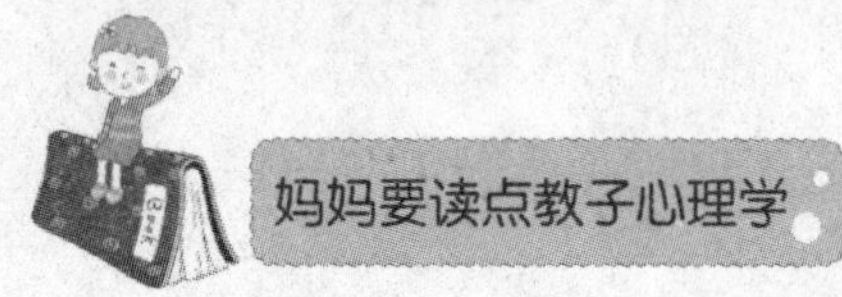

和丝丝的父母讨论了如何教育孩子，为孩子创造一个良好的成长环境。丝丝的父母听了老师的话后才意识到，只顾夫妻吵架，而没有顾及孩子的感受。于是，他们不再像以前那样吵闹，关系也相对协和，并把注意力全部转移到丝丝的学习和生活上。

家里没有了争吵，充满了温馨，丝丝又唱起了欢快的歌，每天开开心心地上学，高高兴兴地回家。学期考试丝丝得了双优。父母没想到，环境的影响对丝丝的成长竟能起到这么大的作用。于是，在以后的日子里，他们尽可能地为丝丝创造良好的成长环境。在他们的关怀下，丝丝健康快乐地成长着。

环境影响着女孩的大脑。良好的环境，能够促进女孩的大脑发育，健康成长；恶劣的环境，会对女孩的大脑发育造成损坏，使其智力严重退化。而大脑的发育又是女孩心理发育的重要基础。女孩的大脑发育一旦受到影响，心理发育就会不健全。只有为女孩提供良好的成长环境，女孩才能健康成长。故事中女孩丝丝就是因为处于父母争吵的环境中，而变得郁郁寡欢，这自然影响了她的大脑发育和健康成长。幸好老师发现后及时进行了家访，才使得丝丝的父母认识到了自己的错误，改变了丝丝的成长环境。

良好的环境，有利于女孩大脑的发育，父母应为女孩创造良好的成长环境，促进女孩的智力发展。除了为女孩创造良好的家庭环境，父母还可以经常带女孩出去游玩，到大自然中去陶冶情操，充分开发女孩的智力，让女孩在良好的环境中，快快乐乐地成长。

心理小贴士

为女孩创造良好的成长环境，女孩的大脑就会得到健康发展，进而智力得到充分开发。负责任的父母会多方面为女孩创造条件，让女孩快乐成长。

左右脑均衡发展，有利于女孩身心成长

女孩的左脑和右脑起着不同的作用，左脑和右脑的活动不同，女孩的心理也千变万化，自然就表现出悲观、厌恶、高兴、生气等情绪。为了使左右脑协调发展，父母平时要让女孩多锻炼，多学习，以促进女孩的健康成长。

文欣在父母眼里，像男孩那样喜欢玩耍，喜欢运动。有时候，她还和一些兴趣相同的同学练习跳远、赛跑，仿佛一刻也安静不下来。她的这种爱动的天性严重影响了她的学习。这令老师和父母非常头疼，文欣为此经常被老师批评，于是很苦恼。

怎样才能让文欣安静下来，并提高学习成绩呢？文欣的妈妈了解到学校有一个舞蹈班，于是，她决定把文欣送到舞蹈班去学习舞蹈，以转移文欣的注意力。但是，她不确定文欣是否愿意学习。她和文欣一说，文欣竟然高兴地答应了，这真出乎她的预料。文欣很快喜欢上了舞蹈。两个月之后，文欣的舞蹈跳得很好了，并且，她从所学的舞蹈中受到了启发，能够自编自演。文欣的改变和进步让妈妈非常高兴。于是，她决定在学习方面对文欣进行积极的引导。

文欣的英语基础不太好。文欣的妈妈决定从英语学习入手，提高文欣的成绩。她购买了一些适合文欣这个年龄看的英语动画片。彩色的画面、生动的故事情节，有趣的英语对话，吸引了文欣的注意力，她开始模仿那些英语对话，没多久，她的英语词汇量大增，可以说一些简单的对话了。她由此还喜欢上了其他课程，学习成绩也逐渐提高，变得越来越开朗。目睹文欣的变化，文欣的妈妈感到非常欣慰。

左脑和右脑影响着女孩的心理，关注女孩的左脑和右脑，想方设法锻炼女孩的头脑，女孩就能得到健康全面的发展。事例中的女孩文欣最初喜欢玩耍，左右脑没有得到协调发展。为了使文欣有所改变，妈妈培养她学习舞蹈和英语，使她的大脑得到了锻炼，她的心理也逐渐好转。

要想让女孩健康成长，就要重视女孩大脑的开发和利用。一旦发现女孩大脑发育不均衡，父母就要改善女孩的智力，多方面促进女孩的身心发展，使她们的情绪得到良好调控。这样，女孩的才智才能得到充分的发挥，她们就会变得开朗活泼，心理也会健康。

心理小贴士

女孩的左脑和右脑发展不均衡，严重影响女孩的身心发展。要想让女孩健康成长，就要及时锻炼女孩的智力，使女孩的左脑和右脑协调发展。

教养模式影响女孩个性，父母要谨慎选择

每个女孩都是不同的个体。有的女孩聪明可爱，有的女孩郁郁寡欢，有的女孩坚强自信，而有的女孩悲观抑郁。导致女孩个性这样复杂多变，就在于教养模式的不同。女孩如何教，如何养，将决定着女孩的个性。因此，对于父母来说，采取什么样的教养模式是极其重要的。为了使女孩的个性向良好的方向发展，父母在教育女孩的时候，一定要选择对女孩有益的教养模式，这样，才能培养女孩的好个性。

珍珍很害羞，不太爱说话。在学校里，当别的同学都聚在一起开心地说笑时，她常常躲在角落里，沉默不语。时间一长，她就更加难以言语。老师在课堂提问了她几次后，见她回答不出来，就不再理会她。长此以往，珍珍就犹如一棵无人修剪的小树，随意生长。她越来越抑郁，这与她的年龄很不相符。父母看在眼里，急在心上。

为了改变珍珍的这种性格，父母决定利用暑假带她参加夏令营，让她多增长一些知识，也希望对她今后的成长有所帮助。在暑期夏令营活动中，珍珍第一次来到了辽阔的大草原上，觉得一切都是那么新奇。和她一

起参加夏令营的小伙伴们也都非常兴奋，他们一起唱歌，一起玩耍，珍珍很快和那些小伙伴熟悉起来，也敢开口说话了。

这次夏令营活动，改变了珍珍的性格，她的个性也得到了改善。她不再是以前那个害羞的小女孩了，而是充满了自信。课堂上，她不再像以前那样胆怯，当老师再次提问时，她骄傲地举起了手，轻松地回答了老师的提问。课下，她也同同学们展开了交流，早已不再腼腆。在老师和同学们的眼里，她变得非常可爱。看到珍珍和同龄的孩子一样活泼，她的父母欣慰地笑了。

女孩原本就有胆小、害羞的特点，如果教养不当，女孩自然不会受到良好的教育，她的性格很容易扭曲。如果选择适当的教养模式，女孩的性格就能够得到很好的培养，从而健康成长。所以，父母在教育女孩时应采取良好的教养方式。

教养方式决定着女孩的个性，因此，父母应谨慎选择。那种责备打骂女孩的教养方式只会使女孩的个性难以发展，并且，会对女孩的身心健康造成不良影响。所以，负责任的父母，会为女孩提供一个良好的生长环境，多方面发展女孩的智力、体力、性格，使女孩的个性得到长足的发展。

心理小贴士

采取什么样的教养方式，就会教出什么样的女孩。活泼、健康的女孩人人喜欢。为女孩选择合适的教养方式，是父母们的责任。

对女孩的期望要适度，否则适得其反

父母对女孩往往抱有很大的期望。希望女孩长得漂亮，言语得体，成绩优秀，但是，父母的期望越大，失望往往越大。有的女孩为了实现父母的期望，严格要求自己。如果达到了父母的期望，她们就会长松一口气，仿佛卸下了沉重的负担；如果没有达到父母的期望，就会悲观失望，情绪变得极为糟糕。因此，父母对女孩抱有适度的期望，不可超越女孩所能承受的范围，否则，将会对女孩的心理造成严重的影响。

李清上小学六年级，父母对她要求很严格。除了必学的课程外，还为她报了钢琴学习班，希望把她培养成多才多艺的孩子，并为她制定了学习时间表，严格要求她按照规定的时间学习。

为了父母的期望，李清每天勤奋学习，唯恐落在别人后面，让父母失望。但是，并不是每次考试她都能得到优等，偶尔的一次失误会让她惴惴不安，胆战心惊，免不了被父母责骂。

她的勤奋获得了最终的回报，学习成绩不仅名列前茅，她的音乐学得也不错。在学校，她受到了老师的表扬；回到家，又有父母的夸奖，她简直喜不自胜，非常骄傲。但是，她的这种心理又增加了她的忌妒感，如果有同学成绩比她好，她就会愤愤不平。

心存忌妒感的同时她有了自己的小心思。每当别的女孩被赞扬时，她就会在一旁说坏话。这当然引起了别人的厌烦，同学们渐渐疏远了她。父母并没有意识到这些，反而在别人向他们反映李清的情况时，只顾为李清辩解，听不进别人的一点意见。这更增加了李清的骄纵。

在期末评奖时，一向令父母为之骄傲的李清竟然没有获得同学们的投票，不仅李清自己感到非常失望，她的父母也感到非常意外。这时，李清的父母才醒悟，自己对女儿的期望太高，对女儿的教育方式已经出现了问题。

所有的父母对自己的孩子都抱有一定的期望，但是，如果期望过大，超出了女孩的承受能力或者女孩为实现父母的期待时，得不到父母及时正确的指导，女孩的心理就会陷入误区，变得极不正常。这完全背离了父母的初衷。

期望影响着女孩的心理，适度的期望，能够促进女孩的心理发展。对女孩期望过大，会使女孩的心理负担过重，性格扭曲。这当然不是父母所希望的。因此，父母不可对女孩寄予的希望太大，更不能超过女孩的承受范围。只要女孩做了力所能及的事情，就要及时给予鼓励。当女孩取得了一定成绩时，要提醒女孩戒骄戒躁，懂得珍惜荣誉。这样，才能培养女孩的健康心理。

心理小贴士

适度的期望，能够激励女孩的成长；过度的期望，会使女孩紧张担忧，心理压抑，性格扭曲。为了女孩的健康成长，父母应对女孩寄予适当的期望。

帮助女孩选择品行端正的伙伴

女孩的健康成长，离不开伙伴的影响。好的伙伴，和女孩有共同的兴趣，共同的爱好。女孩和好伙伴经常在一块玩耍，一块学习，会受到伙伴言语、品行的影响。结交品行好的伙伴，女孩的品行自然端庄；结交品行顽劣的伙伴，女孩的品行自然会变坏。作为父母，要帮助女孩选择好的伙伴，学习伙伴的优点，以利女孩的健康成长。

黄佳上了中学，进入新的班级，刚入学的她起初对谁都很陌生。经过十几天的接触，她和同学们渐渐熟悉起来。她的刻苦勤奋，受到了老师的赞扬；她的谦虚谨慎，受到了同学们的肯定。

同年级的一个女孩很快注意到她，常常和她说话，这让一度以学习为乐的黄佳感受到了别的乐趣。黄佳和她成了很好的伙伴。在她的劝说下，课余时间，黄佳经常跟她出去玩耍。但是，黄佳很快发现，那个女孩常和一些品行不良的人来往。然而，黄佳在她的影响下，经受不住诱惑，学会了抽烟、喝酒。由于频繁地出去玩耍，黄佳用在学习上的时间越来越少，导致学习成绩一落千丈。

父母发现黄佳发生了很大变化，如学习也没有以前那样刻苦了，还沾染上了不良习气，非常失望。于是，劝说黄佳离开那个女孩，多结交一些品行端正的好伙伴、好同学，这样对自己的成长才会有益处。黄佳意识到了自己的错误，逐渐远离了那个女孩，重新把注意力转移到了学习上。与此同时，父母还帮助黄佳结交了一些善良、乐于助人的女孩，黄佳很乐意与她们交往。受到她们的影响，黄佳也利用课余时间去帮助别人，受到了老师和父母的夸奖。

结交好的伙伴，就会受到好的影响。好伙伴的一言一行，都会对女孩的成长起到至关重要的作用。选择好伙伴，女孩才能学到好品行。事例中黄佳上中学以后，结交了品行不好的女孩，受到了不良影响，以至于学习退步，品行不端。后来，在父母的帮助下，她才得以健康成长。

在女孩成长的道路上，伙伴的品行影响着女孩的健康。热情、开朗、大方的伙伴，会在无形之中使女孩受到有益的影响；品行恶劣的伙伴，会使女孩沾染上不良习气。因此，父母要帮助女孩选择好伙伴，培养她良好的习惯，鼓励她勇于与好伙伴交往，避免沾染上恶习，

使她健康快乐地成长。

心理小贴士

良好的品行是女孩成长的基础。结交品行端庄的伙伴，女孩才能够健康成长。作为父母，要帮助女孩选择好伙伴，才能保证她健康成长。

别把电视当“保姆”，女孩需要亲情的陪伴

女孩善于模仿，尤其是电视中的一些动人情节和人物，常常吸引女孩的目光，对女孩产生较大的影响，成为女孩竞相模仿的对象。模仿那些正面的人物形象，女孩的心理就会健康，正确做事。但是，有的女孩却把电视当成了保姆，整天与电视为伴，一天不看电视就不高兴，稍不如意，心里就烦躁，大发脾气。这尤其表现在那些父母是双职工家庭的女孩身上，她们除了学习课堂知识，在无人陪伴的情况下，只能如此。

女孩妍妍读六年级，她特别喜欢看电视。每天放学回家，她首先打开

电视。她最爱看那些浪漫虚幻的动画故事，幻想有一天自己能成为故事里的主角。父母每天忙于工作，也没时间陪伴她，对她的这种爱好也置若罔闻，不加干涉。因此，妍妍相比其他孩子非常自由。放学后看电视几乎成了她的专利。

动画里的故事引人入胜，妍妍往往看得着了迷。她把自己的小房间也装饰得像动画里的情景一样。每天，她生活在自己的小天地里，她禁止别人进入自己的小天地，即使父母也不例外。并且，她模仿电视里的故事人物惟妙惟肖，每天都在自己的小房间里练习。

一段时间以后，父母发现，妍妍看完电视，经常自言自语，也不大理睬别人，和别的女孩完全不同。通过和别的女孩父母交谈，妍妍的父母才了解到，妍妍把电视当成了保姆。父母原以为电视能给予妍妍更多的快乐，却不曾想妍妍会因此发生这么大的变化。于是，父母带着妍妍去看了医生，医生建议他们，即使工作再忙，也要抽出一些时间多陪陪孩子，培养她多方面的兴趣，给她提供一个良好的生活、学习环境。

父母听从了医生的建议，专门抽出时间带妍妍出外旅游，给她讲一些自然科学故事，并鼓励她与人交往。渐渐地，妍妍的兴趣发生了转移。她这时才知道，原来除了电视里的动画片，还有那么多的乐趣等待自己去体味，还有那么多有趣的知识等待自己去学习。

电视，能给女孩带来快乐和满足。但是，如果沉迷于电视，把电视当成保姆，以为电视能给予自己最好的服务，则是大错特错。在这个事例中，我们不难看出，把电视当保姆的妍妍，模仿电视里的故事情节以及变得自言自语，导致出现了严重的心理和行为问题。幸亏父母及时发现，妍妍的兴趣才有所转移。

心理小贴士

把电视当保姆的，往往是那些缺少父母关爱的孩子。即使父母工作再忙，也要抽出时间多陪陪自己的孩子，多和她沟通，了解她的心理。另外，还要想办法帮助女孩从不安、焦虑、自闭的阴影中走出来，培养她们多方面的兴趣和爱好，使她们能够更好地成长。

第04章　解读男孩成长秘密，把握身心发展的原则

懂得男孩的成长规律，培养男孩的兴趣和爱好，鼓励男孩与人交往，是促进男孩身心健康的保证。为了男孩更好地成长，父母要为男孩营造良好的生活和学习环境，开发他们的智力，男孩才会拥有健康的心态，性格也会变得开朗活泼，才不会辜负父母的殷切期望。父母在教养男孩时，要避免对男孩的智力过度开发，否则男孩容易受到伤害。

男孩的全面发展需要开放的环境

环境的好坏，直接影响男孩的成长。好的环境，有利于男孩的成长；恶劣的环境，影响男孩的成长。尤其是对男孩大脑的影响。如果男孩的大脑不能均衡发展，男孩的智力和心理就会出现异常。这是父母所不愿看到的。因此，要想让男孩的大脑均衡发展，智力得到良好发育，父母就要为男孩提供一个良好的生活环境，使男孩健康快乐地成长。

文文的父母为了工作，就把他送到了幼儿园。陌生的环境，使文文很不适应，他经常哭闹，不想去幼儿园。为此父母很着急，只好把文文留在家里。但是，由于没人照看，文文独自待在家里，非常孤独。只有当父母下班回家时，他才会露出笑容，有机会说话。

没过多久，父母发现，文文变得不太爱说话了，有时和他说几句话，

他好像没听见似的，变得痴痴的。父母猜测文文是不是生病了。经过和别的男孩的父母交流，父母才知道，不应该把文文关在家里，因为文文长时间不与人交谈，才变成这样。

为了文文的健康成长，促进文文的智力发育，文文的父母抽出时间带文文外出旅游，鼓励他与人交往，并教他学习画画，丰富他的兴趣。在父母的教育下，文文开始喜欢与人交往。在与他人交往的过程中，文文的性格渐渐变得开朗，也学到了很多知识。

良好的环境，能够激发男孩的创造力，活跃男孩的思维，使男孩的智力得到充分的发展。封闭的环境，会阻碍男孩的思维，使男孩的心理和智力出现异常。事例中的文文独自待在家里，很少与人交往，性格变得抑郁，人看上去很颓废，这都是不良的环境所致。为了文文的健康成长，父母带他出去旅游，丰富了他的兴趣，无论与人交往还是学习，文文的智力和心理发育都得到了极大的提高。

为男孩提供良好的环境，是男孩健康成长的必要条件。丰富男孩的生活，培养男孩的兴趣和爱好，发展男孩的智力，男孩就会全面发展。父母要关爱男孩，努力为男孩营造良好的生活和学习环境，以便开发男孩的智力，男孩就会乐于与人交往，变得活泼开朗。

心理小贴士

环境影响着男孩的智力发展。为男孩提供良好的环境，多方面培养男孩的智力，使男孩的生活变得丰富多彩，男孩就能全面发展。

左右脑的均衡发展决定男孩性情

男孩左脑和右脑能否得到均衡发展，影响着男孩的健康，也决定了男孩的心理。男孩的左脑和右脑如果得不到均衡发展，男孩就会悲伤，性情抑郁。如果男孩的左右脑能够正常发挥作用，男孩就会开心愉快，健康成

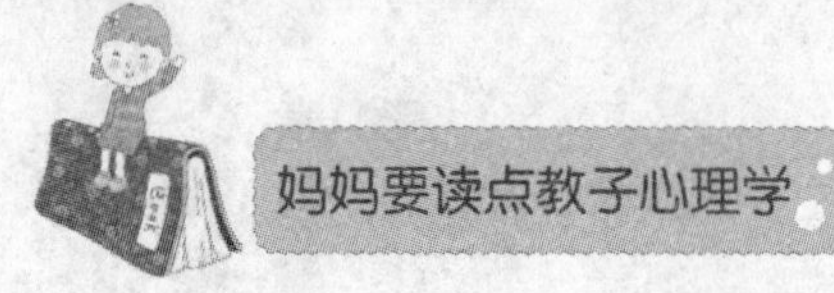

长。父母不应忽视男孩左脑和右脑的开发，要重视对男孩的培养，在实践中培养男孩动手的能力，培养他们说话的能力，愉悦他们的性情。

安顺是一个内向的男孩，不爱说话，在父母和老师的心目中，他是一个听话的好孩子。每天放学回家，除了做完老师布置的作业，他就静静地待着，似乎没有别的爱好，也不和同龄的孩子玩耍。虽然他看起来很安静，但是，安顺的心里并不平静，他常常感到焦虑和不安，对于周围的人，也显得很淡漠。

邻居帅帅看他很孤单，就让安顺和他一块学英语。安顺最初接触英语，感觉很有趣，特别是那些生动的英语故事，激发了他强烈的求知欲。父母很快发现了他的这一兴趣，就为他买来了英语读物，让他从基础学起。没多久，安顺就掌握了大量的英语词汇和语法结构，还会一些日常对话，这让父母感到非常自豪。

为了让安顺学以致用，父母鼓励安顺多与伙伴们交往。在父母的帮助下，安顺与周围的小伙伴们渐渐熟悉了。安顺和他们一起学习英语，用英语对话，感觉非常有趣。他不再像以前那样沉默寡言，而是变得爱说话了。他也不再像以前那种悲伤难过，而是每天都高高兴兴的。父母鼓励他多锻炼，这样，安顺的智力不仅得到了提高，体质也得到了发展。

左右脑均衡地发展，对男孩的心理有重要影响。为了男孩健康地成长，父母在开发男孩智力的同时，还要照顾到男孩的心理，让男孩拥有快乐的心境。事例中的安顺刚开始性格内向，后来在帅帅的影响下对英语学习产生了浓厚的兴趣，在父母的支持和鼓励下，他又和其他小伙伴一块学习，不仅开发了智力，性格也变得非常开朗。

使男孩的左脑和右脑均衡发展，男孩就会心情愉快；男孩的左脑和右脑若得不到均衡发展，心情就会抑郁不安，这有损男孩的健康。因此，父母要重视男孩均衡用脑，通过多种方式锻炼男孩的智力，开发男孩的潜能，调节男孩的心理，陶冶男孩的情操，使男孩健康成长。

心理小贴士

左脑和右脑均衡发展，是男孩拥有快乐心理的源泉。父母要通过多种方式开发男孩的智力，让男孩心情愉快，以促进男孩健康成长。

尊重孩子，培养男孩坚强自主的品格

男孩在成长过程中具有什么样的性情，这取决于父母对男孩的教养方式。父母有良好的素质，有较高的品位，这些都会影响到男孩。男孩善于模仿，父母的一举一动，都会影响着男孩。如果父母不注意自己的言行，不注意教养方式，男孩就很拥有良好的品行。原本父母想把男孩培养成勇敢、坚强、听话的好孩子，但是，在父母不当的教育下，也可能会养成倔强、任性的个性，不被人喜爱，这就违背了父母的初衷。

项强刚上小学三年级，他非常喜欢体育运动。体育老师也经常教育同学们要勤锻炼，身体才会健康。因此，每次体育课上，他表现都非常活跃。课余时间，项强也和其他同学一样进行体育锻炼。最近，他迷上了打乒乓球。但是，每次都借用别人的球拍毕竟不妥，他想自己买一副。但是，当他向父母提出自己的要求时，却遭到了父母的拒绝。

因为项强的父母都是文化素养很高的人，他们只注重项强的学习，认为学生就应该学好知识。他们拒绝项强的理由很简单，让他好好学习就行了，不要想那么多。项强为此很难过。虽然他再次向父母说明自己喜欢体育运动，但是，父母仍然没有答应他的请求，还责备他不听话。

由于请求无效，项强想买球拍的愿望反而更强烈了，于是，他不再和父母商量，用自己的零花钱买了一副球拍，并在课余时间和同学们一块练习，他的球技很快得到了提高，并自主报名参加了学校组织的乒乓球赛。

父母得知后，非常生气，说他每天只顾玩耍，耽误了学习。项强想为自己争辩，父母却说他不听话，脾气变坏了。父母这样不理解自己，项强的心里非常苦恼。

培养男孩良好的个性，在于父母采取正确的教养方式。考虑男孩的感受，尊重男孩的选择，是父母关爱男孩、促进男孩成长的关键。在男孩的成长过程中，给予男孩自由选择的权利，是培养男孩独立性的有效方法。如果父母独断专行，要求标准过高，就会挫伤男孩的积极性，压抑男孩的性情，男孩就不能健康地成长。事例中的项强想买一副球拍，在向父母请求未果的情况下，自行购买了一副，却遭到了父母的责备。这使项强受到了深深的伤害。

父母的教养方式，决定了男孩的个性。如果父母不遵循男孩的成长规律，男孩的心理就得不到健康发展，也就不会培养出勇敢、坚强、有主见的男孩。父母要想教育好男孩，首先自己学习一些教子知识，懂得男孩的心理，不溺爱男孩，也不独断专行，这样，才能以自己优秀的言行给男孩有益的影响，才有利于男孩的成长。

心理小贴士

父母的教养方式决定着男孩的个性。父母要尊重男孩的选择，顾虑男孩的感受，培养男孩坚强、自主的个性。

让独生子做“老大”，培养其责任感

父母对于自己所生的第一个孩子，往往倾注了较多的心血，付出了太多的精力，以培育孩子成长，父母对孩子寄予了过多的期望，希望孩子能够有美好的未来。在父母的心目中，第一个出生的孩子负有很大的责任，受到的教育多，懂得照顾弟弟妹妹，为弟妹做表率。但是，现代家庭独生子女较多，父母要注意开发独生子的智力，锻炼他做“老大”，培养他自立自强的能力，以及照顾别人、体贴别人、为别人着想的优良品德，进而帮助他健康成长。

肖肖是家里的独生子，父母自然对他非常宠爱。无论做什么事情，父母都依着他。肖肖喜欢什么玩具和学习用品，父母都会为他买。肖肖喜欢什么衣服，父母更是不惜自己的花销。每逢节假日，父母还会带着他出去游玩。在父母的爱护下，肖肖就像一只温室里的猫，享受着呵护和关爱。

然而，令肖肖的父母没有想到的是，一次，肖肖正和同院的彬彬玩

要，彬彬看到肖肖的玩具汽车就想玩一会儿，但是肖肖不让他玩，彬彬急得哭了起来。父母看到这种情景，突然意识到自己以前对肖肖的教育存在一些缺憾。于是，他们告诉肖肖，要替别人着想，伙伴之间应该互相帮助，才能成为好朋友。

在家里一向受宠的肖肖听了父母的话，就把玩具汽车让给彬彬玩。彬彬亲热地叫他小哥哥，肖肖很快和他成了好朋友，并教彬彬学习唱歌、写字，俨然一个小老师的模样。彬彬的父母非常感谢肖肖对彬彬的照顾和帮助。

独生子，享受着父母无私的关爱。在他们的成长过程中，如果父母不能积极地引导，正确地培养，他们就会养成任性、骄纵的坏习惯，不懂得照顾别人，为别人着想，没有责任感。父母要培养独生子的责任，让他做“老大”，调动他的积极性，让他学会自立自强，处处为别人着想，培养他多方面的兴趣，全面开发他的智力，鼓励他与人交往。

让独生子做“老大”，培养他的责任感，他就会严格要求自己，事事为别人着想，遇到事情时不会茫然无措。父母不要对他过度约束，也不要溺爱，因为这样只会使他养成自私自利的性格，不能健康地成长。因此，为了男孩的健康成长，特别是为了独生子有一个美好的未来，父母要培养独生子做“老大”，让他拥有责任感，有自己的尊严，有决断事情及与人交往的能力。

心理小贴士

独生子做“老大”，能树立起自己的权威，可以独立行事，处理好与他人的关系。父母要给予独生子悉心的教育，培养他的责任感。

别让期望成为男孩的心头重压

父母寄予了男孩太多的期望，希望男孩考出好成绩，参加竞赛能获奖，将来有所成就。男孩为了不辜负父母的期望，整日勤奋学习。但是，如果父母对男孩期望过高，就会给男孩带来一种压力，超过男孩的心理承受，男孩就会失败沮丧，一蹶不振。为了男孩的健康成长，父母对男孩要有适度的期望，对男孩取得的进步要及时赞美，不断地挖掘男孩的潜力，拓展男孩的兴趣，男孩才会信心百倍地实现父母对自己的期望。

小齐进入三年，开始学习写作文。一节课的时间，他只能写出短短几行字。再看看别的同学，虽然都是刚开始学习写作文，但却比他写得多。小齐的心里很紧张。老师给他作文写的批语比他写的作文还要长。虽然老师的批语很有道理，但是小齐还是不知道怎样才能写好作文。对于作文课，他产生了一种深深的恐惧感。

为了改变小齐对作文课的态度，父母还专门向那些作文优秀的同学家长请教，并获悉了写好作文的方法。于是，他们为小齐购买了一些实用性作文书，并制定了一个切实可行的学习目标。通过每天阅读作文书，小齐掌握了大量的词汇，同时学到了一些写作技巧。父母还要求他每天坚持写日记。虽然，每天的日记只有短短几行字，但是，每次作文课上，当老师要求写日记的时候，他都能从自己平时的日记中得到灵感，这让他受益很多，他对作文渐渐产生了浓厚的兴趣，他的作文水平比以前有了很大的进步。

在父母的不断鼓励和支持下，小齐的写作信心增强了，他的写作能力逐渐得到了提高。在市里组织的作文竞赛中，还获得了优秀作文奖，受到了老师和父母的赞扬。

父母对男孩抱有适度的期望，男孩就会不断努力，取得好的成绩，大的进步。如果父母对男孩期望过高，男孩就会有沉重的心理压力，唯恐达不到父母的要求而整日惴惴不安，这样，男孩就很难取得较大的进步。事例中的小齐，在刚开始学习写作时，遇到了困难，在父母的帮助和自己的努力下，终于提高了自己的写作水平。小齐的心情也不再像以前那样紧张了，父母的愿望也得到了满足。

父母对男孩抱有适度的期望，男孩就会有不断前进的动力，快乐地学习和生活。父母对男孩的期望过高或过低，都会给男孩带来无形的压力，使男孩的心里发生变化。如果男孩达到了父母的期望，父母要给予男孩赞

美，鼓励男孩积极上进；如果男孩没有达到父母的期望，父母也不要责备，否则，男孩会备受打击，这不利于男孩的健康成长。总之，父母对男孩抱有适度的期望，男孩就能轻松愉快地学习、生活。

心理小贴士

适度的期望，有助于男孩获得进步和成长。过度期望，会增加男孩的压力，影响男孩的心理健康。

结交好伙伴，培养男孩良好品行

男孩在成长过程中，不可避免地会受其他伙伴的影响。伙伴性格外向，活泼开朗，男孩每天也会快快乐乐；伙伴性格抑郁，沉默寡言，男孩每天就不爱说话，性格内向。因此，男孩要多结交一些品行优秀、性格好的伙伴。父母要帮助男孩分辨并结交兴趣相同的好伙伴，使男孩养成良好的品格，以利于男孩的成长。

翟凯内向胆小，话语不多。同学水岩学习很好，又喜欢帮助人，同学们都非常喜欢他，希望和他交朋友。翟凯也不例外，他也想成为水岩的朋友，学习水岩的优秀品格。但是，他不敢和水岩说话。父母猜透了他的心思，就鼓励他多与别人接触，这样才能交到好朋友。

令翟凯没有想到的是，当他同水岩说话时，水岩竟然非常热情，翟凯很高兴。当翟凯向水岩请教难题时，水岩也很耐心地给他讲解，翟凯从内心感激他。二人经过互相了解后，成了无话不谈的好朋友。

此后，翟凯的性格也发生了很大的变化，不再像以前那样沉默寡言了。他开始乐于与人交往了，他的好伙伴越来越多，他们一块学习，一块玩耍。翟凯从那些好伙伴的身上，学到了很多优秀的品德。每当别的同学遇到困难，他就会伸出援助之手。父母看到了他的进步，非常欣慰。

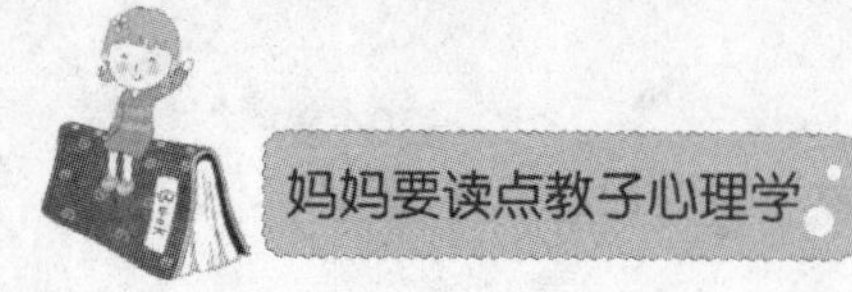

伙伴的品行影响着男孩的成长，良好的伙伴关系可以锻炼男孩与人交往，从而提高与人交往的能力。在与伙伴的交往中，男孩能从伙伴身上学到谦虚、谨慎、自立自强、乐于助人等多种优秀品质。事例中的翟凯性格内向，在父母的鼓励下，他开始与品学兼优的水岩交往并成了好朋友，学到了水岩乐于助人的好品质，渐渐变成了自己的好习惯。

良好的品行是男孩与人交往的基础。父母不仅要培养男孩的品行，在教育男孩的同时，还要注意让男孩结交品行端正的朋友，从而互相学习，提高社交能力。父母要尊重男孩的交往，引导男孩结交品行端正且能积极进取的伙伴。

心理小贴士

对于男孩结交品行不良的伙伴，父母也不要横加指责，要耐心地给男孩讲道理，让他明白品行的重要性。父母只有培养男孩拥有良好的品行和高尚的情操，男孩才能健康成长。

引导男孩远离电视，专注学习

父母心目中的好男孩，是自立自强、坚强勇敢的孩子，他们做事果断，认真负责。父母都希望把男孩培养成这种好孩子。由于许多父母忙于工作，很少有时间陪伴自己的孩子，男孩在完成学业后无事可做，每天与电视为伴。父母也以为电视能给男孩带来快乐，学到知识。其实，电视并不能很好地陪伴男孩，反而会影响男孩正常的心理发展。所以，父母要多抽出时间陪伴男孩，减少电视带给男孩的负面影响。

莘莘的生活很单调，他唯一的爱好就是看电视。每天放学回家，他首先打开电视。若遇到自己喜欢的影片，他能连续三四个小时盯着屏幕，连老师布置的作业都抛在脑后。这不仅影响了莘莘的学习成绩，而且严重影

响到了莘莘的心理。因为莘莘经常专注于电视里的镜头，那些吸引人的搏斗场面对莘莘有着巨大的吸引力。他经常模仿那些动作，希望自己有朝一日也能成为故事里的那种勇士。这不仅影响了他的学习，而且他与同学们的打斗也令老师极为恼火。

老师把莘莘在学校的表现告诉了他的父母，希望能引起莘莘父母的注意，多管教一下莘莘。莘莘父母对他的不上进也非常着急，他们仔细分析了一下莘莘学习退步和不良心理行为的原因，终于找到了病根。原来是由于平时不注意对莘莘的管教，导致莘莘沉迷于电视，模仿故事中的人物，从而使心理发生了变化。

于是，莘莘的父母专门抽出时间陪伴莘莘，他们带莘莘到一些小朋友聚集的地方，如游乐场所，让莘莘多接触小朋友，并与他们交往。在与小朋友的交往中，莘莘逐渐感觉还有比电视更有趣的东西，从别的小朋友身上，他还学到了很多优秀的品质。为了不让父母失望，他不再沉迷于电视，开始热爱学习，对待同学也彬彬有礼。这让父母颇感安慰。

电视只是男孩生活中的调节剂，如果男孩时时处处依赖电视，就会受到电视的负面影响，导致学习成绩倒退，心理行为不健康。如果及时从电视中走出来，男孩就会热爱学习，而不会把时间浪费在电视上。同时，男孩的心理也会趋于正常，不会刻意模仿电视中那些打闹的情节。事例中的莘莘由于整日与电视为伴，模仿电视中人物的格斗动作，心理变得不正常，在父母的正确引导下，莘莘逐渐远离了电视，心理也发生了很大变化，开始热爱学习。

电视不是男孩最好的陪伴，对于沉迷于电视，整日与电视为伴，以为能从电视上学到更多知识的男孩，父母要进行及时的教育，这样，男孩才会健康发展。能够理智地对待电视的男孩，才不会陷入电视的误区，从而自立自强，勤奋学习，健康成长。

心理小贴士

终日与电视为伴，有着极强的模仿能力，其心理也会受电视的影响。父母要给予及时正确的引导，使男孩远离电视，专注于学习。

第05章 关爱现代女孩，清除女孩心里的负能量

很多父母因为自己生的是女孩，所以在教育孩子的时候总要比别的家长花费更多的精力。胆小怯懦、性格孤僻、敏感多疑、任性自私……都是自己孩子的毛病，因此头痛不已。但是人无完人，大人尚且有缺点，更何况孩子呢？所以，要纠正孩子的缺点，家长的包容和引导变得尤为重要。

女孩摒弃消极思想，可以无忧无虑地成长

人的一生不可能事事顺心，每个人都会有消极倦怠的时候，就算再古灵精怪的女孩，也会有消极被动的时候。大人尚且在消极的时候会失去理智，孩子也不例外。大人在消极的时候会采取一些必要的措施让自己慢慢恢复，但是孩子的认知系统不太完善，尤其是女孩，心里会更加脆弱，这时候只能靠家长对她们进行正确和适当的引导，让女孩摒弃自己的消极思想。

很多细心的妈妈们常常会发现，女儿有时候回家，谁也不爱搭理，饭也不吃，就连平时最喜爱的东西也不会吸引她的注意，一回家就一脸厌倦地躲进房间。很多妈妈还常为这样的事情烦恼：女儿考试没考好，爸爸妈妈很想安慰、鼓励她，可是，女儿并不领情，逃避他人的关怀与爱护。那

么作为家长，该怎么帮孩子克服心理上的种种不快呢？家长的前期准备做到位，往往可以达到事半功倍的效果。

首先要让女孩在心理上接受失败的可能性。当女孩准备做一件事情的时候，妈妈要尽自己最大的努力帮助和指导她；但是，也要提前给她打个预防针：这么做有可能会成功，但是也有可能会失败。要让女孩有充分的心理准备。

家长还要注意，当女孩发脾气的时候引导女孩转移注意力，合理发泄情绪很重要。当女孩爆发坏情绪时往往不是一两句劝慰之语就可以解决的，令她难过、伤心的事情，也不是轻易就能改变的。此时，家长要给女孩一个发泄的空间，比如给女孩一个日记本，能够大大缓解女孩消极的心理情绪。

心理小贴士

家长要帮助女孩克服消极情绪，不因一时失控而破坏了行动。给孩子一个空间，摒弃女孩的消极思想，让她们自由自在地成长。

同时，家长还要注意与女孩交流。在女孩情绪低落的时候给她提供一个发泄的方法。

女孩性格孤僻，需要家长关怀

孤僻是指孤寡怪癖而不合群的人格表现。一般来说，性格孤僻的孩子具有相似的行为特征：性格比较内向，寡言，待人冷漠，不喜欢与人交往，情感不外露，对周围的人有厌烦、戒备的心理，猜疑心较强，易神经过敏等。很多家长都会发现自己的女儿孤僻不合群，但是又不知道女儿是怎么了，因此伤透了脑筋。

琳琳读小学四年级，她的性格比较孤僻，平时在家里也不喜欢玩玩具，在学校也没什么朋友，她很少主动和别的同学交流，也从来不和同学们一起玩耍，她总喜欢一个人待着。有时候，别的同学主动找她玩儿，她也总是冷漠地回应别人。渐渐地，很多同学都疏远了琳琳，老师也经常找琳琳的家长跟他们反映琳琳孤僻不合群，希望家长能够更加关注琳琳。但是琳琳的父母也不知道女儿为什么变成了这样。

随着年龄的增长，女孩对周围的事物会格外敏感，父母在这个时候就要把更多的精力放在和她的沟通与交流上。女孩性格的养成和女孩究竟生活在一个什么样的家庭里，爸爸妈妈之间感情如何有着非常密切直接的关系。因此，父母要给孩子营造一个温馨的家庭环境。

家长在做一件事情的时候，一定要考虑到孩子的感受。不要我行我素，随心所欲。孩子还小，在没有完善的认知系统之前，父母对于每一件事情的看法都会对孩子造成深远的影响。父母在作每一个决定的时候，要很自然地让孩子也参与其中。父母要鼓励孩子说出自己的想法，不要让孩子觉得父母不在意她。孩子生长在民主家庭里会让她们在以后的生活中敢于说出自己的见解，勇于承担责任，也能迅速地认识到自己的某些错误并且马上改正。

有句话说：说起来容易做起来难。确实，对于怎么教育孩子，每个家长都能说几句至理名言，但是实际生活中，很多家长却不能控制自己的情绪。家长在和女孩交流的过程中一定要知道，女孩天生就比男孩更加敏感，所以一定不能急躁，一定要讲究方式。要懂得三思而后行。父母是孩子最信任的人，也是孩子最爱的人，她们希望获得最爱的人的肯定。所以家长一定要在适当的时间给予孩子表扬。在和孩子的沟通交流中，一个微小的动作，一个温暖的眼神，都能让孩子觉得自己在父母心中的重要性。无论多大的孩子，在与她交流时，都不要随心所欲，因为女孩子的敏感性使得她们自身很容易受伤，一句不经意的话，一个不在意的眼神，都能让女孩感到委屈，产生自卑，进而封闭自己。

孩子渴望被人理解，渴望与人平等地交流。她们不需要家长简简单单的一个命令，一个指使的眼神。家长如果不能及时顺畅地与女孩交流，女孩就有可能产生自卑自弃的情绪，她们会变得越来越孤僻。父母是孩子的启蒙老师，和孩子顺畅地沟通是所有父母的必修课。父母要知道，在孩子

的眼中，能和父母交流一下自己的看法，能够大大减轻她们心中的郁闷与苦恼。孩子与父母的交流不仅可以很轻松地解决一些不必要的矛盾，让孩子学会怎样解决问题，还能加深父母和孩子之间的感情。

心理小贴士

家长在教育女孩的时候尤其要注意，女孩子天生敏感。因为天生敏感，所以家长不经意的言语和行为都有可能伤害女孩，导致她们产生自卑的心理，进而封闭自己。

家长在对待女孩的时候，一定要讲究方式方法。女孩的孤僻自闭不是与生俱来的。家长要学会与她们沟通，查清她们性格孤僻的原因，才能更好地安抚她们的情绪。

女孩天生怯懦是家长的认知盲区

据美国心理学家多年研究：孩子胆小怯懦与父母的教育有很大的关系，往往是父母对待孩子的许多方法不够正确，在处理方式上过于简单，过于急躁，才使得孩子心里紧张怯懦。现代家庭都是独生子女，家长对孩子自然呵护有加，孩子想独立地去做一件事情，家长就开始高度紧张，甚至制止他们。

家长要知道女孩胆小怯懦是缺乏自信心的表现，所以培养孩子的自信心很重要。家长要多为孩子制造一些与别人交往和沟通的条件和机会。家长不要把孩子当成温室中的花朵，这样教育出来的孩子势必缺少与人交往的经验，自然也就缺乏与人交往的自信，她们不知道怎么与人相处，离开家长她们茫然无措。

贝贝是家里的小公主，因为是独生女，因此她的家人特别娇惯她。她有一些小小的磕磕碰碰家里人就会紧张得不得了，贝贝的生活几乎是家

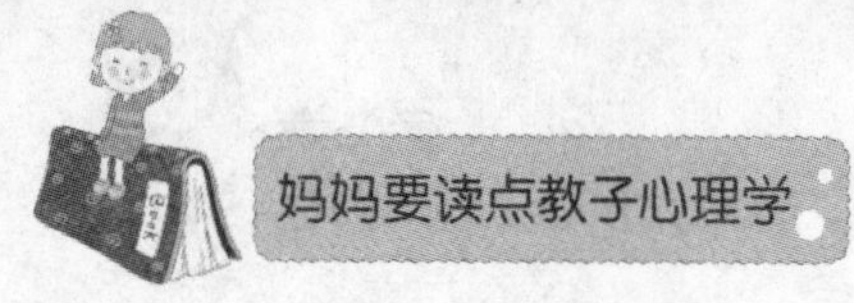

长一手包办的，每当她想独立去做一些事情的时候，父母就会说：“你还小”“你不行”。

作为家长什么都替孩子包办，会使孩子养成胆小怯懦的性格，缺乏独立精神和应变能力。一旦离开了父母就会不知所措，极度缺乏自信。家长要知道，适度的挫折与磨难对于孩子的成长来说是一笔重要的财富，家长应该放手让孩子去玩去闹，对于孩子想玩的心理家长千万不要强加干涉。家长要敢于放手让孩子在生活中得到磨练，孩子虽小但是还不至于什么都不懂，他们不是经不起磨练，只是家长在对待孩子的时候容易精神紧张。

因为孩子尚不能判断什么是好的什么是坏的，不管做什么都先看家长的反应，而家长对孩子的过度保护恰恰导致孩子不敢作过多的尝试，从而形成了比较封闭的怯懦的思想。他们不敢去尝试，所以只能维持“胆小怯懦”的状态，父母应该放手，让孩子自己去体验生活，在生活中积累经验，这样才是理性的父母。

女孩并不是天生怯懦，只是家长在教育女孩的过程中表现得过于强大。家长在教育孩子时切勿忽略孩子的感受，家长看似很简单的事情有时候在孩子看来却“非同小可”，家长不要用自己的思维去理解孩子的思想，否则很容易使孩子丧失自信心。

家长要多多鼓励孩子独立解决一些问题，比如与同伴的纠纷，不要让她们对家长产生依赖的心理。如果是孩子实在解决不了的问题，家长再出面。这样不仅能锻炼孩子独立解决问题的能力，还能增强孩子的自信心。使孩子清除胆小怯懦的性格弱点。

心理小贴士

孩子性格的养成与家长的教育方式有着至关重要的关系，家长不要认为女孩天生就是怯懦的，孩子性格怯懦一半是家长的圈养教育造成的。

父母本来就是孩子最可依赖的人，家长的行为会直接影响孩子，家长的过度保护也会导致孩子形成不敢独立解决问题的心理。

有时候压力产生的并不是动力而是抑郁

俗话说：“压力产生动力”。很多人觉得人只有在高压的情况下才能给自己动力，家长在教育孩子的时候也喜欢给孩子施加压力：“你如果不努力，你就比不上谁谁谁”“你看人家某某多用功”“你看人家某某又考了全年级前几名”，家长企图用这样的方式让孩子明白人与人之间的竞争是从小时候的教育开始的。

但是女孩天生敏感，她们好强，但是不会表现出来。在听到家长这样说后她们会默默地努力，就算父母忘了自己当时所说的，女孩也会铭记在心，即使父母不给她压力，她也会给自己压力。

琳琳是九年级学生，她的成绩一直不错。马上要升高中了，琳琳本身比较好强，再加上父母希望她能考上重点高中，所以她的神经总是绷得紧紧的。上课的时候她总是刻意让自己认真起来，至少比别的同学认真，但是每当这时，她的注意力总是不能停留在课本上和老师的讲授中。每次考试的时候，听到别人翻试卷她就很着急，怕别人做得比自己快，所以她总是用很快的速度写答案，直到听不见同学们翻试卷的声音她才放松下来。结果她的成绩一次比一次下滑。琳琳是个很要强的女孩，平时也不怎么与父母沟通，她尽量让父母满意。

适当地给自己施压可以让人产生向上的动力，但是谁都知道，自己给自己施加压力就像人们拉开了一条橡皮筋，这条橡皮筋承受的拉力是有限的，正如人的的心理承受能力也是有限的。不用力气橡皮筋永远都是短短的一截，如果力气太大强皮筋极有可能崩断。所以家长给孩子施加压力的时候一定要适当，要考虑到孩子的心理承受力。儿童，青少年正处于心理发育和个性成熟时期，他们的可塑性很强，家长要及时锻炼他们的承受能力，要随时和孩子沟通，细心地观察孩子的情绪变化，适时地帮孩子减压。

家长要清楚地知道，适当的压力产生的是动力，过度的压力只会让孩子精神崩溃。做家长的不是一味地要求孩子怎么做，而是要根据孩子的心理，因材施教。要多与孩子沟通，家长只有了解了孩子的想法，加上丰富的阅历，才知道怎么做才是适合孩子的。

很多家长觉得教育女孩尤其要慎重，女孩本身就比较脆弱，要让她们尽早地适应这个复杂的社会，就要不断地给她们施压，什么都要求她们做到最好。但这恰恰是家长不了解孩子的表现，要想成为一个称职的家长，先学会和孩子沟通，清楚孩子的能力，不要一味地施压，让孩子无法健康地成长。

心理小贴士

家长一定要养成每天陪孩子聊天的习惯，在看似平常的聊天中，家长可以细心地观察孩子的情绪变化，然后适当地帮孩子减压。

适当的压力可以产生动力，过度的压力则会超出孩子的心理承受力。家长要做的是帮助女孩清除她们心中的负能量。让她们健康快乐地成长。

女孩撒谎时家长该如何处理

很多家长习惯跟女孩讲列宁小时候的故事，目的就是告诉们，做人要诚实，这似乎是每个家长都会对女孩讲的道理，可是道理归道理，很多女孩面对家长时偶尔也会撒谎。基于女孩撒谎的情况，家长该怎么办?

打、骂显然不是解决问题的好办法，但是也不能放任女孩撒谎的行为不理。那么，作为家长，该如何巧妙地教育女孩，正确地引导女孩呢?家长还要照顾到女孩细腻的内心，避免她们因为家长的一两句批评就受不了，产生心理阴影。这就需要家长弄清女孩撒谎的原因。

在女孩撒谎的问题上，教育家和心理学家们发现了导致女孩撒谎的四大原因。

一是为了引起家长的注意。女孩有通过别人的注意来肯定自己存在的特性，如果在女孩的经历中，说谎比较能引起大人们的关注，女孩就可能用这种方式来引起他人的注意。当女孩意识到自己一直说实话得不到家长关注的时候她们就会用撒谎的方式被家长关注。

二是为了达到某种目标而说谎。有时候，女孩常把希望得到的东西当成已经得到的。这是由于女孩的心理活动和思维发展尚不完善，因而产生了“幻想”，并非真正说谎。女孩的心里很脆弱，有时候不敢与别人争自己喜欢的东西，当她们对一件东西特别感兴趣的时候就会对家长说谎，以达到自己的预期目标。

三是为了逃避某些事情。有时女孩说谎是为了逃避某些事情，比如，女孩不愿去幼儿园，可能顺口就会说“今天幼儿园放假”。当女孩与同学发生矛盾时，也会找借口不想上学，然后对家长撒谎。

四是害怕父母的训斥、打骂。经常发现身边的一些父母，当女孩做错了一件事后，非打即骂。女孩怕打骂，便用说谎来掩饰自己的过错，这种掩饰偶尔会得到父母的宽恕，于是当她们以后做错事时，便通过说谎来为自己开脱了。

教育专家表示，父母与女孩间的相互信任和理解是女孩诚实的前提条件。家长要以一种平和的心态对待女孩的撒谎问题，平时多关心女孩的生活，如果女孩勇于承认自己撒谎的行为，家长也要给予及时的鼓励。

家长一定要多和孩子沟通，孩子一旦撒谎，家长就要弄清楚孩子当时的心态，是什么事情导致孩子在家长面前说一些谎话。是什么迫使她们一定要用撒谎的方式与自己的父母交流。当意识到孩子撒谎的时候，家长一定要控制自己的情绪。这些都是家长需要注意的问题，要想解决这些问题，平时就要及时地和孩子沟通，了解孩子心中所想，然后正确引导。

心理小贴士

女孩不是天生就喜欢说谎，只是当她们感觉不受父母重视或者害怕与父母交流的时候，就会不自觉地撒谎。家长要对此进行正确适当的引导，避免孩子走过多的弯路。

家长不要用严厉的惩罚来威胁女孩，这样往往会给女孩心理造成无法弥补的创伤。家长一旦发现女孩说谎，就要对她们进行正确的引导，查找她们说谎的原因，在合适的时间与女孩单独交流。

女孩并不是天生就爱猜疑

没有人生来就喜欢猜忌别人，女孩生来就比男孩发育得快，而且她们天生情感丰富，所以家长在教育女孩的时候，一定要讲究方式方法。英国教育思想家洛克很早就提到过，家庭教育一定要慎重，对于孩子的教育不可以掉以轻心，他说："教育上的错误和配错了药一样，第一次弄错了，决不能指望用第二次和第三次去补救，它们的影响是终生清洗不掉的。"事实的确是如此，孩子的性格都是从小养成的，孩子的性格一旦养成，后天再想改变就比较困难了。

女孩自古以来就被认为弱势群体，作为女孩，总是缺乏安全感，再加上过度的保护，女孩缺乏自信心，便开始对周边的环境产生怀疑。

孩子在最初的成长阶段，面对的只有自己的父母，父母的一言一行在孩子的眼里都是神圣的、正确的。孩子小时候的认知系统不完善，对外界事物无法正确地评断。她们不会怀疑父母每一个举动的正确性。她们的认知只是家长的一个赞赏的举动或者恼怒的表情。她们不会怀疑家长的做法是错误的。相反地，当家长因某些事情发火的时候，孩子会认为是不是自己做错了，或者自己哪里做得不好，惹父母生气了。

她们会猜测是不是自己的哪种做法过于任性，惹父母不高兴了。如果

父母不能及时地认识到孩子的这种心理，孩子就会产生一种不管发生什么事情都先自我检讨的心理。即使那件事情跟自己毫无关系，她们也会不停地想。女孩并不是天生就喜欢猜忌，只是她们要比男孩更敏感一些。而且有些习惯一旦形成，想要彻底改变就要花费很长的时间。

父母总是告诉孩子这个世界多么复杂，她们该交什么样的朋友，不该交什么样的朋友，该做什么，不该做什么。家长灌输给孩子的世界是极度危险且复杂的。孩子没有辨别的能力，只能选择相信父母。

现在的孩子大都是独生子女，父母不放心他们也是正常的。如果孩子在学校结交了新朋友，父母会慎重地调查她朋友的一切，家长的这种不放心会直接影响到孩子，如果家长对周围的事情总是不放心，孩子也会像家长一样。家长觉得自己是为了孩子好，家长觉得自己毕竟有丰富的生活阅历，还会害了孩子不成？确实，家长这样想也是正确的，但是孩子也需要有一个自己的交友圈子，也需要独立去面对一些问题。如果家长一味在中间强加干涉，就会让孩子产生不安全感，从而开始怀疑自己的朋友是不是对自己有企图。

女孩并不是天生爱猜疑，只是她们天生敏感，周围有一丝的风吹草动都会让她武装起来，如果家长再对她们过度保护就会使她们产生“这个世界不安全”的想法。她们会不自觉地去想朋友接近我的理由是什么，自己走在路上会不会碰到坏人之类。

家长一定要学会和孩子沟通，放手让孩子自由地生活，每个人的人生路都不可能是一帆风顺的，每个人都要经过一些磨练才能变得坚强。

心理小贴士

女孩的性格养成与父母的教育与对她们的过度保护有至关重要的关系，家长不要因为她们是独生子女就过度保护，这不是爱孩子而是害孩子。

女孩不是天生就爱猜疑，她们只是过于敏感。家长教育孩子的时候一定要注重与孩子的沟通，时刻了解她们的想法，放手让孩子去做自己喜欢的事情。

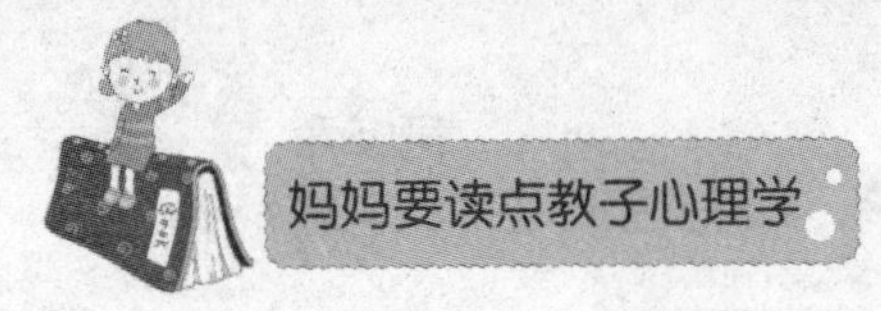

清除溺爱“毒瘤”，还孩子健康心理

现代独生子女家庭成员的比例普遍为4：2：1，所以导致家中唯一的孩子备受宠爱，尤其是隔辈的祖父母和外祖父母，对待孩子更是百般疼爱，他们可以为孩子做很多事情，还特意告诉孩子：“这是我特地为你做的。”久而久之，溺爱中的孩子往往以自我为中心，凡事只想自己，从不为别人考虑。这种现象在女孩身上尤为严重，现在流行一句话：女孩要富养。很多家长都希望自己的教育方式能够培养出女孩的气质，但是她们往往把握不好疼爱孩子的尺度，过度溺爱让孩子丧失了辨别是非的能力。不仅没有培养出女孩的气质，反而因为溺爱使女孩患上了“公主病”，变得霸道和自私。

很多家长在教育孩子的时候，家中的一切必须以她们的情绪变化和各种要求为中心，如果孩子达不到目的就发脾气，家长们却不管要求合理与否，就一味听从孩子。家长的想法是：毕竟只有一个宝贝疙瘩，当然什么都要给她最好的，这就滋长了孩子自私自利等不健康的心理。然而在现代家庭中，孩子已经被家长的溺爱所害，想要孩子在短时间内改掉这些毛病几乎不可能。所以，这就需要家长在把希望和爱倾注于孩子身上的同时，要掌握正确的方法。

在家长的眼中，女孩要比男孩娇弱，在教育女孩的时候就要替她们扫除眼前的一切困难，让她们无忧无虑地成长。但是家长也要想到，自己是不能陪孩子过一辈子的，孩子总要离开父母自己生活，如果家长现在包办了她们的一切，那么，当父母离开她们的时候，她们又该怎么办呢？

如果想使孩子摆脱自私的心理，家长应该注意以下几点：

第一，不要无条件满足孩子的需求。在一个家庭中，父母应根据他们的需要，较为合理地安排他们应该享受的物质条件。要纠正孩子的自私心理，家长就要适度地满足孩子的合理要求。

第二，父母要在生活中以身作则。父母的一举一动对孩子的影响十分巨大。要想消除孩子的自私心理，父母必须时刻注意：不要有自私的表现，要给孩子树立良好的榜样。家长要知道欲望是滋生自私的温床，心中有无止境的欲望，自私便很容易产生。对孩子的教育过程中，家长一定要防止孩子滋生不劳而获的心理。自私是一种不成熟的行为。自私的孩子过度关心自己的快乐和幸福，很少考虑他人，一切以满足自己为主。

家长在对女孩的教育过程中，不要一味地溺爱，溺爱是“毒瘤”，会使孩子在自己的教育方式下变成令别人厌恶的自私的坏小孩。

心理小贴士

独生子女是父母唯一的希望，为了女孩的心理健康，父母一定要承担起教育的责任，要关注她们的成长，从而把女孩培养成社会的“宠儿”。尤其是对女孩的教育，家长不要因为女孩比较娇弱，就把女孩娇惯成一个自私霸道的人。

自私心理对女孩的一生有很大的危害。做事情女孩如果一味想自己而不想别人，这对于她们的危害将极大。所以家长一定要教育和帮助女孩摒弃自私的心理，为女孩的美好明天着想。

第06章 关爱现代男孩，清理男孩心里的负能量

不同的家庭，教养男孩的方法各不相同。在家庭教育迅速发展的今天，若忙碌的父母多抽点时间，对男孩进行悉心的教育，使男孩不迷恋网络，培养男孩善于合作、细心大胆、不任性不倔强、大方无私的精神和性格，可以使男孩健康有益地成长。聪明的父母，不会溺爱男孩，而是科学合理地教养男孩，使他们被关爱，快乐地成长。

用亲情帮男孩戒除网瘾

现在的家庭，父母常常忙于工作，无暇和孩子进行交流，男孩在家里得不到温暖，对父母的感情也非常淡漠。而网络世界丰富多彩，很多男孩就把时间和精力都花在了网络上，他们长时间待在电脑旁边，误以为在网络里能找到家的感觉。时间一长，男孩就会上网成瘾。等到父母发现，想要戒除男孩的网瘾时已经晚了。但是，父母也不要灰心，任男孩为所欲为。父母要想办法帮助男孩戒除网瘾，满足男孩的情感需求，男孩就会因亲情的召唤，回归正常。

刚上中学的孙思非常苦恼，每天父母忙于工作，几乎连吃饭的时间都没有，更别说照顾孙思了。孙思每天做完作业，没人和他玩耍，父母更没时间和他说话，孙思感觉不到父母的疼爱，于是，他就打开父母的电脑，

开始上网。在电脑里，他和好友聊天，当他把自己的烦恼告诉好友时，好友就会劝慰他、开导他。这使孙思感觉到，在这个世界上，还有人关爱自己，他的心里也感到了一丝丝温暖。

然而，网络世界是复杂的。孙思渐渐迷上了网络游戏，用在学习上的时间越来越少。除此之外，他还经常与网友相约，出去玩耍，甚至逃课。老师发现了孙思的变化，建议孙思的父母多关心一下孩子。孙思的父母这时才知道，孙思有了网瘾。但出乎意料的是，当他们询问原因时，孙思竟然悲伤地说，父母不爱他，他从来没有感受到家庭的温暖，只有在网络里，他才能体验到亲情和温暖。

父母被孙思的话刺痛了，他们这才意识到，自己并没有过多地关心过孙思，没有给予孙思应有的关爱，才使得他感觉不到到家庭温暖。意识到这一点，在此后的日子里，孙思的父母无论多忙，都会找时间与孙思进行交流，对孙思嘘寒问暖，关怀备至，孙思渐渐感觉到了父母对自己的关爱，心里很是温暖。他不再沉迷于网络，有了心事就和父母说，父母对于他的改变非常高兴，因为，他们终于理解了自己的孩子。

男孩需要一定的亲情慰藉，父母应该满足男孩的情感需求，这样，男孩才不至于沉迷网络。为了使男孩戒除网瘾，父母首先要满足男孩的情感需求，让男孩感受到关爱和亲情，这样他们的心里才会感觉温暖。事例中的孙思之所以上网成瘾，是由于父母没有给他一个温暖的家，在家里得不到关心，得不到爱护。父母和孙思经过交流，明白自己对孙思疏于关爱，造成了孙思的情感缺失，然后及时对孙思进行亲情弥补，使孙思体会到了父母的关爱和家庭的温暖，孙思从此不再迷恋于网络。

男孩迷恋网络，大多源于亲情的缺失。感觉不到家庭的温暖，男孩就会另寻其道。在他们看来，利用网络可以找到表达想法或情感的朋友，能得到网友的关爱。然而，这个虚拟的世界会使他越陷越深，男孩就不能得到健康发展。父母要尊重、理解男孩，给男孩一个温暖、和睦的家。这样，男孩就会受到父母的影响，谨记父母的教诲，就会养成良好的性格，不再迷恋网络。

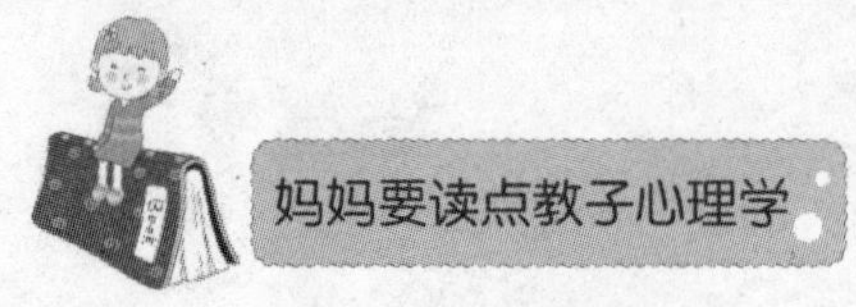

心理小贴士

迷恋网络的男孩，大多缺少父母关爱、情感冷淡。父母应给予男孩多一些关爱，让他感受到家庭的温暖，男孩才能健康成长。

父母关心在意，男孩不会孤僻

生活条件不同，学习环境不同，男孩的成长也不尽相同。有的男孩活泼开朗，勇敢坚强，容易与人相处；而有的男孩沉默寡言，孤僻冷漠。这样的男孩，有着很强的戒备心理，他们对周围的人或事物，时常保持着一种高度的警戒，他们生活在自己的小天地里，与周围的人或事物格格不入。父母对这样的男孩，要给予及时的鼓励，帮助他融入群体，拆除他的心墙，让他健康成长。

张雨在学校成绩很好，但是不爱说话，显得非常孤独。同学们见他总是一声不吭，便常常冷落他。放学回到家里，他也常常保持沉默，只有父母问他话时，他才回答。他也不喜欢和伙伴们玩耍，常常一个人静静地待着，这让老师和父母都很头疼。父母担心这不利于他的成长，就咨询了心理医生。

由此，父母了解到，张雨不爱说话，有什么想法也不说出来，情感更是深藏心中，这压抑了张雨的性格。其实，张雨的内心非常脆弱，常常担心自己与人交往会受到伤害，因此，张雨筑起了一道心墙，不愿意和任何人交往，这就使得他十分孤僻，对周围的人充满了厌恶，对人也颇为冷淡。

为了改变张雨的性格，父母在工作之余常与张雨谈心，渐渐地，父母了解了张雨的心思，张雨也感觉到了父母对自己的关爱，他开始乐于与人说话。父母又带他到一些公众场合，锻炼他的交往能力。在父母的鼓励下，张雨不再像以前那样胆怯、寂寞，他的自信心增强了，朋友越来越多，他变得越来越活泼。

看着张雨健康地成长，父母也不再那样担心了。

孤僻的男孩，大多性格内向，不善于交往，其内心也是非常寂寞、孤独的，朋友也非常少。这严重影响了男孩的生活和学习。父母对此不应掉以轻心，要想办法帮助男孩拆除心墙，使他健康成长。事例中的张雨就是因为不爱说话，戒备心很强，从而性格孤僻。在父母的关爱下，他逐渐乐于与人交往，性格也发生了很大的转变。

性格孤僻的男孩，自尊心容易受到伤害，不善于表达，性格压抑，与周围的人格格不入。造成男孩性格孤僻的原因是多种多样的。父母要给予男孩应有的关爱，让男孩在温暖的环境里健康成长。如果父母不善于洞察男孩的心思，或者在教养男孩时不能给予过多的关爱，男孩就会变得胆怯、懦弱，这是父母不愿意看到的。给予男孩关爱的父母，会了解男孩的心思，让男孩感受到家庭的温暖，锻炼男孩的交往能力，使男孩健康地成长。

心理小贴士

孤僻的男孩，会筑起一道高高的心墙。父母对于男孩的这种性格，要提高警惕，给予男孩适当的关爱，使男孩远离孤僻。

用丰富的乐趣驱走男孩的怯懦

人们眼里的男孩，大都勇敢坚强，做事坚决果断。但是，有些男孩却并非这样。这部分男孩平时非常胆小，事事依赖别人，尤其是对父母有着强烈的依赖性。他们不敢与人交往，在公众场合不敢大声说话，显得非常腼腆。父母对于这样的男孩，不要总是保护，要想办法丰富男孩的生活，让男孩感受到生活的丰富多彩，从而男孩就会发现生活中有很多乐趣，不再怯懦。

沈飞胆子很小，家里来了客人，他总是躲在父母的身后，从来不敢与

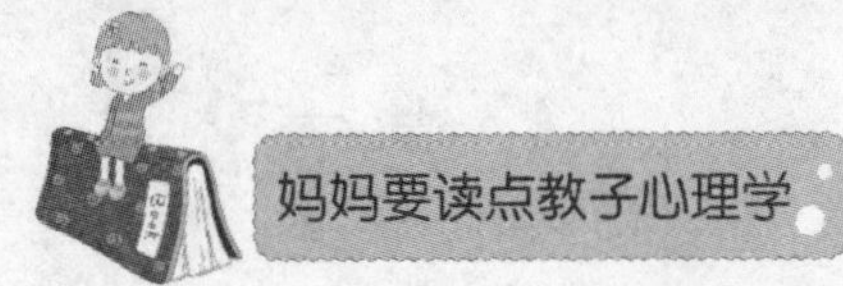

客人说话，客人都说沈飞胆小，害羞。小伙伴们来找沈飞玩耍，沈飞也不敢出去。尤其到了夜晚，沈飞更是不敢独自在家，需要父母陪在身边。有时，为了照顾沈飞，父母把工作放下。这让父母很着急。更让父母担忧的是，胆小的沈飞经常被别的男孩欺负，常常哭泣。

如何才能让沈飞变得大胆、勇敢呢？父母左思右想，终于想出了一个办法，他们决定让沈飞去参加一些活动，并专门为沈飞报了一个舞蹈培训班。刚进培训班时，沈飞也不敢说话，父母和老师多次找他谈心，老师还把小朋友一个个介绍给他，小朋友们对他很友好，很热情，沈飞受到了感染，也有了自信，开始和小朋友们一块学习舞蹈，一块玩耍。

自此，沈飞发生了很大的变化。他不再那么胆小了，与人交往成了他生活中的一种乐趣，很多小朋友都愿意和他交往。家里也充满了沈飞的欢声笑语。沈飞越来越自信，能够独立处事，对父母的依赖性渐渐减少了，父母再也不用为他担心了。

怯懦的男孩，不敢参与集体活动，不敢与人交往，做事也唯唯诺诺，这不利于男孩的成长。父母要丰富男孩的生活，给男孩创造锻炼的机会，提高男孩与人交往的能力，男孩就能克服怯懦。事例中的沈飞刚开始胆子很小，还经常被别的男孩欺负。参加了舞蹈班之后，在父母和老师的鼓励下，在伙伴们的感染下，他开始乐于和伙伴们交往，性格也发生了很大的变化。

改变怯懦男孩的性格，丰富男孩的生活，让男孩感受到生活的乐趣，是极其重要的。父母要鼓励男孩多参加集体活动，为男孩创造锻炼的机会，让男孩逐渐变得大胆、勇敢，这样，男孩就不会对父母过多地依赖，他们的独立自主能力就会逐渐增强。对于存在恐惧心理的男孩，父母不能呵斥他们，要及时给予他们安慰，稳定他们的情绪，让他们感受到父母的关爱，从而有利于男孩的健康成长。

心理小贴士

怯懦的男孩，不敢与人交往，朋友也很少。父母应给予他们多些关爱，丰富他的生活，使男孩感到生活的乐趣。

帮助男孩认清自我，不盲目自大

有这样一些男孩，他们常常自认为很了不起，认为自己的想法和意见是正确的。这样的男孩，往往过高地估计了自己，结果适得其反。原因就在于男孩有种自负心理，没有认清自我，认为他人都是错误的，没有人能超过自己。父母对于这样的男孩，要进行必要的心理疏导，使男孩对自己有一个清醒的认识，男孩才会变得谦虚谨慎，不妄自菲薄。

苏阳学习优秀，在班级中又爱帮助同学，经常受到老师的表扬。但是过了一段时间，苏阳不再像以前那样谦虚，他发生了很大的变化，甚至有点自负。即使同学和老师说的话是对的，他也听不进去。同学都渐渐疏远了他，不再和他做朋友。尤其是最近一次做数学题时，苏阳更是受到了很大打击。

那次，老师布置了数学作业，并允许同学们互相讨论。同学们都埋头做题，但是有一道题似乎特别难，同学们就开始讨论如何解这道难题。王强同学想出了一种解题方法后，于是征求苏阳的意见。苏阳也有了解题思路，并按照自己的解题思路把题解了出来。他听完王强的解题方法，对自己的解题思路深信不疑，并且信誓旦旦地表示，他的答案是正确的，他敢与王强打赌。看到苏阳如此自负，王强便不再说什么。

因为大部分同学都没有做出这道题，后来，老师专门讲解了一番。然而答案完全出乎苏阳的意料，他的答案是错误的。苏阳为此很不高兴。父母看在眼里，急在心上。

父母发现苏阳很自负，他并不能正确对待自己，只看到了自己的优点，对于自己的缺点没有清醒的认识。父母婉转地指出了苏阳的自负行为，引导他以后要谦虚谨慎，不要盲目自大。苏阳听取了父母的忠告，吸取了教训，以后不再那么自负了，他虚心地向同学和老师请教，学习上一直保持优势。

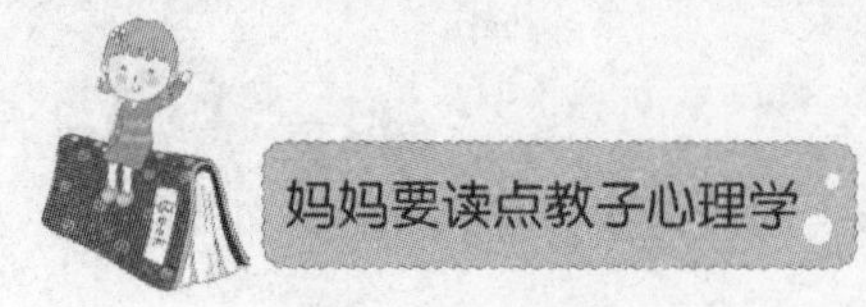

男孩一旦有了自负心理，就会傲视一切，看不起别人，总以为自己正确，这样很容易导致严重后果。父母要和蔼地指出男孩的缺点，让男孩了解自己，认清自己，从而改变自己。事例中的苏阳由于自负，认为自己的解题思路和答案是正确的，以至于老师给出的答案出乎他的意料。看到苏阳不高兴，父母对他进行了教导，苏阳吸取了教训，改变了自己，成绩遥遥领先。

男孩一旦自负，会给男孩的成长带来严重的影响。父母不要袒护男孩，对男孩的缺点应该及时指出，教育男孩要谦虚谨慎，不能盲目自大。这样，男孩才不会目空一切，才会学有专长，不会令父母失望。对于由于自负产生的不良心理，父母要尽力帮助男孩消除，使男孩保持健康的心理。

心理小贴士

自负的男孩，往往骄傲自大，听不进他人的见解和意见，一旦遭到反对或结果不尽如人意，男孩就容易产生心理阴影，父母要帮助男孩消除这种自负心理。

让男孩学会积极思考，凡事不钻“牛角尖”

男孩在思考问题的时候，如果思维模式固定，不会灵活思考，就会陷入思考的误区。一旦思维不再创新，他们就会钻进“牛角尖”，思想僵化，性格偏执，处理事情也显得刻板。这对于男孩的健康成长极为不利。父母要引导男孩走出偏执的误区，让男孩在生活和学习中灵活动脑，积极思考，男孩才不会钻“牛角尖”。

西元喜欢打篮球，每到课余时间，他就会拿起篮球奔向球场，在球场上驰骋成了他每天的必修课。因为他太热衷于打篮球，不知不觉就耽误了

学习，影响了学习成绩。老师多次劝说他，西元还是固执地去打篮球，在他的心里，似乎没有什么比打篮球更有意义了。老师的劝说也没收到什么实际效果，父母为此也心急。

如何让西元改变自己的想法，把精力用到学习上呢？父母左思右想，决定和西元好好谈谈。父母知道，要让西元彻底放弃打篮球是不可能的，况且他们也不想这样做，毕竟这是西元的爱好，也是西元锻炼身体的方式。于是，父母从时间分配上和西元交流，父母希望西元能把打篮球的时间抽出一部分用在学习上，这样既能锻炼身体，也能搞好学习。

西元听父母讲得很有道理，就不再那么偏执，于是把打篮球的时间拿出一部分用于复习功课。让他没想到的是，他的球技越来越好，学习也有了很大进步，西元非常感激父母的教导，父母也为西元的进步感到高兴。

偏执的性格，会使男孩思维固定，陷入思维的误区。这样男孩就不会有创新，有发展，思维僵化，停滞不前。男孩只有改变自己的想法，灵活运用思维，才不会倔强，死钻“牛角尖”。事例中的西元执着于打篮球，耽误了学习，在老师劝解无效的情况下，父母与他认真谈心。偏执的西元不再那么倔强，他采用了父母的合理化建议，不仅球技有了长进，而且学习也得到进一步提高。

聪明的男孩，不会把自己的思维和行动固定在一个模式里，在他们的脑子里，时时刻刻迸发新奇的想法。这样的男孩，不会钻“牛角尖”，认死理，他们会听从别人有益的建议，无论是生活还是学习，亦或玩耍，他们都能平衡心态，合理安排，从而利于自己身心发展。当然，这其中，离不开父母有益的指导和教育。父母只有多关爱男孩，让男孩健康成长，男孩才会拥有美好的未来。

心理小贴士

性格偏执，会使男孩陷入执拗的误区。父母要想方设法改变男孩的这种性格，让男孩多动脑，灵活思维，避免钻“牛角尖”。

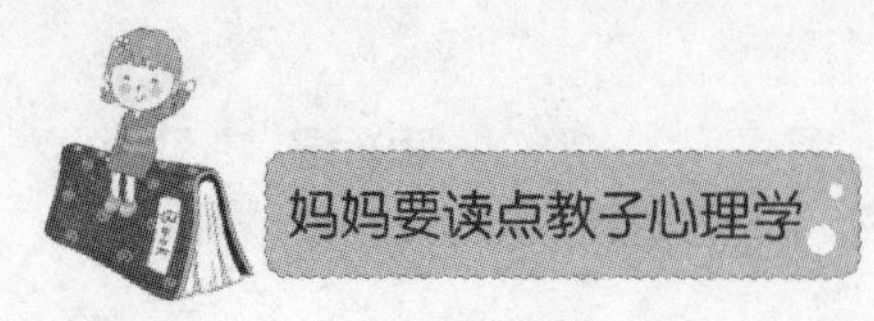

关注男孩的举动，帮他改掉马虎的毛病

男孩相比女孩，没有那么细心。在父母看来，男孩做事总是那么粗心，如上学忘了带文具，做题总是马马虎虎。其结果往往考试失利，生活一团糟，令父母失望至极，男孩也常常后悔自责。虽然有时候父母会提醒，但男孩还是免不了粗心。针对男孩的这种情况，父母不要对男孩过多责备，因为男孩不是故意马虎的。

中学生辛宇学习一向很努力，对即将到来的期末考试，辛宇胜券在握。考场上，试卷一发下来，辛宇迅来浏览了一下考试题，感觉题型不复杂，做起来肯定不太难。但是，当成绩单发下来之后，却完全出乎辛宇的意料，他与满分只有两分之差。辛宇很失落。

父母看到辛宇很不高兴，就询问原因。辛宇把成绩单和试卷拿给父母看。父母看了看成绩单，让辛宇耐心地把成绩单再检查一下。辛宇把每道题重新检查了一遍，找到被扣分的题，才发现那道题下是空白。辛宇不禁责怪自己的疏忽和粗心。

通过这次考试，辛宇了解了自己的缺点。父母也告诫他，以后考试要细心一些，不要马马虎虎，以免将来后悔。又一次考试，辛宇吸取了期末考试的教训，他把试卷从头到尾认真默读了一遍，然后才开始答题。答完，他又仔细检查了一遍，发现没有遗漏的试题，才把卷子交给老师。

这次考试，辛宇考出了好成绩，父母为他的进步感到高兴。以后，无论做什么事情，辛宇都非常细心。

无论是生活还是学习，如果男孩总是马马虎虎，就不能取得较好的成绩，这是每个男孩都不愿得到的结果。男孩只有细心，做事才能成功。事例中的辛宇在期末考试中，由于疏忽大意导致了没能得满分，事后吸取了教训，终于在下一次考试中取得了较好的成绩。父母也为他的

进步欣喜不已。

虽然粗心对于男孩而言是通病，男孩常常为此后悔不迭，但男孩还是应该警戒自己，吸取由于粗心带来的教训，以免受到更多的损害。父母要帮助男孩稳定情绪，不要因为一次粗心导致的失利而抱怨不已，更不要对男孩过多地责备，要适时提醒男孩，保持平和的心态，明白细心的重要性。这样，日后男孩无论做什么事情，都不会马马虎虎。

心理小贴士

细心的男孩，很容易取得成功。父母在教养男孩时，时刻提醒男孩做事要细心，告诫男孩马虎不得。

切勿纵容男孩形成不良品质

现在的家庭，父母对男孩非常宠爱，把男孩看做掌上明珠，只要男孩想要的东西，父母会尽量满足。殊不知，这样很容易滋生男孩任性、霸道的坏习惯。即使在家里，父母也得让着他。在学校，男孩表现得很自私，不懂得体贴、关心别人。其实，之所以出现这种情况是因为父母对男孩的溺爱。虽然父母都疼爱自己的孩子，但是如果教子无方，将不利于男孩的健康成长。因此，父母不要对男孩过度溺爱，要教会男孩关心体贴别人，懂得分享。

加利的父母非常疼爱他，唯恐他受到什么委屈。加利有什么心愿，父母总是尽量满足他。但是，令父母没有想到的是，加利越来越任性。无论做什么事情，加利只想着自己，对父母给予他的关爱，并不知道感激。在和别的男孩玩耍时，加利也不懂得忍让别人，总是以自己为中心。

一次，加利拿着父母给他刚买的小汽车玩耍，被邻居家的亮亮看到了，亮亮想和他一块玩耍，加利故意拿着小汽车在亮亮面前晃了晃，得

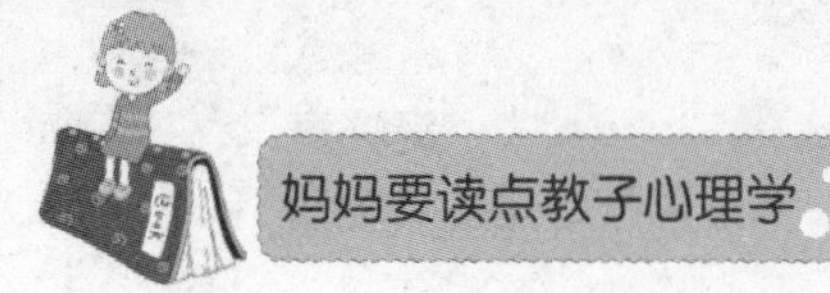

意地对亮亮说，他不想让亮亮玩他的小汽车。亮亮非常生气，于是大哭起来。

伙伴们都知道加利自私，不好相处，所以不愿意和加利做朋友，加利感觉越来越孤独。

看到这种情况，加利的父母这才意识到，应该对加利进行教育，让他懂得如何与人相处，如何结交朋友及主动关心、帮助别人。经过父母的劝说和教育，加利不再那么任性了，他把自己的玩具和别的小朋友一起分享，当别的小伙伴有了困难时，他会主动帮助他们。渐渐地，伙伴们对他的印象变了，都愿意和他做朋友，加利的朋友越来越多。

男孩的自私，是父母溺爱的结果。大方、有同情心、知道关心体贴别人的男孩才会受到伙伴们的欢迎。当男孩变得自私时，父母要及时给予教育，培养男孩良好的品行，男孩才会健康成长。事例中的加利由于被父母宠爱，变得任性自私，朋友也很少，父母对于加利的这种情况及时进行了教育和疏导，使加利具备乐于助人、关心他人的优秀品质。

父母要知道，纵容男孩不良品质的发展，对男孩有百害而无一利。因此，父母要教子有方，让男孩懂得感激与付出，摒弃自私的心理。

心理小贴士

父母过分溺爱男孩，会使男孩变得自私，不懂得关爱体贴别人。为了男孩的健康成长，父母要培养男孩具备大方、乐于助人等优良品德。

Part 2

教育中的心理学良方

第07章　培育健康品格，性格心理学让孩子积极地感知幸福

心理学家威廉·詹姆士说过：“播下一个行动，收获一种习惯；播下一种习惯，收获一种性格；播下一种性格，收获一种命运。”作为父母，在教育孩子的过程中，一定要重视孩子的性格培养，并联系一些性格心理学的教育方法，将孩子培养成一个积极阳光、乐观向上、充满幸福感的人。的确，人生是一个不断奋斗的过程。任何一个孩子，只有勇于面对生活的磨难并克服它，继续迎接下一个挑战，他才能成为最后的赢家。

好孩子不盲从，正确引领追星梦

随着时代的发展，物质生活水平的提高和价值观的多元化，跟上“时尚”与“潮流”的步伐已经不再是成年人的专属，很多孩子，也纷纷把追逐时尚作为重要的生活内容。有些孩子甚至盲目追星。这一点，在那些青春期的孩子身上体现得尤为明显，不难发现，现在的校园里，聊得最多的话题就是明星和偶像，很多孩子为追星变得疯狂，他们盲目地“随大流”，疯狂地收集明星资料、相片和唱片，这是非常愚蠢的做法。这样既浪费钱财，又浪费时间。为此，很多父母不知如何是好。

事实上，无论是成人也好，孩子也罢，都需要一个目标，榜样的力量也是无穷的，正如“没有星星，宇宙将漆黑一片”一样。年轻人需要榜

样，偶像肯定是某个领域的杰出代表。英国一项研究表明：名人崇拜可能在个人成长过程中发挥着重要作用。研究人员认为，那些十几岁的追星族成员，通常把他们的情绪调节得很好并且拥有较好人缘，这是因为名人效应在他们的成长和交际过程中产生了积极影响。

但盲目地追星，还是会使自己的生活陷入无目的之中。对于孩子盲目“追星”的行为，家长一定要及时予以纠正，对此，家长可以从以下几个方面努力：

方法一：帮助孩子树立明确的目标与理想。

实际上，追星现象在那些学习成绩差，没有目标的孩子身上体现得更为明显，他们这样做，是为了在同学们心中树立形象，他们刻意模仿明星们的作风，收集明星们的信息，通过这些炫耀自己的能干、消息灵通的资本，以此抬高自己的身价。很明显，我们可以发现，那些学习成绩优异的同学，对明星的关注度会小很多，因为他们已经具备了树立威望的资本——学习成绩。

因此，作为父母，要帮助孩子找到学习的乐趣，让其树立学习的目标，当他为理想奋斗的时候，也就没有那么多精力“追星”了。

方法二：让孩子“追星”“追”得有意义。

父母不可否定孩子的追星行为，但你要告诉孩子：“追星”要“追”得有意义，不可盲目地做一些“傻事”。怎样“追星”才算有意义呢？就是说在“追星”的同时，学习别人的哪些高贵品质。许多明星之所以成名，是因为他们付出了许多心血和汗水。他们的人生道路并不是一帆风顺的，许多明星的品质都值得我们学习。

你可以举一些能启发孩子的明星例子，比如郑智化：他虽然是残疾人，但他身残志坚，毅然选择了自己所喜爱的事业——演艺。他靠坚强的意志，唱出了许多好听的歌，大家都熟悉的《水手》就足以证明。

当你告诉孩子这些后，他们就会有选择性地寻找自己心中的偶像，而不至于盲目，同时，他们会学习这些明星身上的那些可贵品质，这就是“追星”的意义。

方法三：培养孩子正确的审美取向，让孩子知道什么是美。

培根说：“人一旦过于追求外在美，往往就放弃了内在美。”很多孩

子之所以追星，完全是因为他们被明星俊美的外表打动，于是，他们刻意地模仿明星的穿着。这是因为孩子还不知道什么是真正的美丑，所以，作为父母，要对孩子进行一些价值观的教育，让孩子知道，心灵美才是真的美，当孩子对审美的标准发生改变以后，也就理智多了。

心理小贴士

现代社会，追星族中，学生占大多数。盲目地追星，对孩子的成长有着极为严重的负面影响。因此，作为父母，要正确引导孩子追星，让孩子理智地认识追星，这样，孩子就不会盲目地跟在明星后面，而是行动起来，为自己的目标奋斗，为自己的梦想努力！

疏导攀比心理，帮孩子摆脱虚荣心

可能很多父母都遇到过这样的问题：孩子小小年纪就虚荣心作祟，盲目追求与攀比。虽然虚荣心是一种常见的心态，但虚荣心对孩子的成长具有很大的负面作用，最重要的是，孩子爱虚荣，有碍真正的进步，甚至会形成忌妒成性、冷酷无情的性格。

有很多父母都这样抱怨过：

“我女儿每个星期天一回到家，就对我提出各种要求：‘同学们都买新球鞋了，我的球鞋一点也不好看，更不是名牌，太丢人了，我要买双名牌。’”

“我女儿说：‘我的电脑太旧，人家笑话我是老牛拉破车。你什么时候给我买一台新的？’”

“孩子大了，有了攀比心理，这我理解。但是家里经济条件有限，孩子每次提出要求，我都很为难。请问，有什么方法可以既不伤害孩子的自尊，又能消除她的攀比心理？”

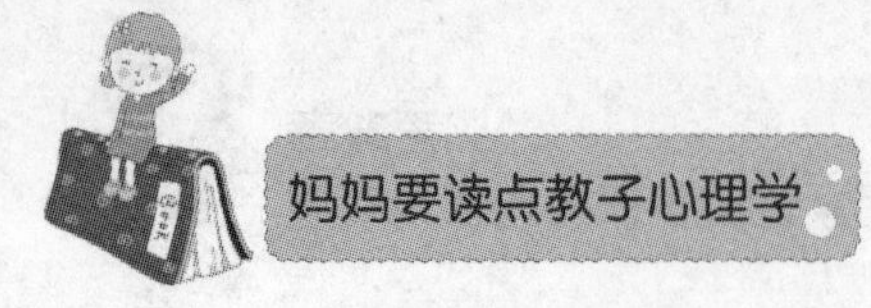

“现在的孩子怎么了，做父母的不容易啊，为他们提供这么好的学习环境，怎么还要求这要求那？”

的确，很多父母产生了这样的疑问：该怎样正确地引导孩子，让孩子把精力放在学习上呢？

其实，很多时候，孩子的虚荣心，和家庭以及父母的教育有很大的关系。现在许多父母溺爱自己的孩子，认为只有一个孩子，又有经济承受能力，所以舍得买高档玩具、流行服装。有些父母不注意孩子的修养和教育，喜欢在吃穿打扮、玩具图书等方面与他人攀比，甚至给孩子大把零花钱以显示自己的富有和与众不同。他们总喜欢讲自己孩子的优点，甚至在亲朋之间也炫耀自己的孩子，亲朋出于礼貌也都讲孩子的优点，孩子在生活中一直听到的都是一片赞扬声，很少有人讲孩子的缺点。家长对孩子一味“吹高”“捧高”，从而使孩子形成了强烈的虚荣心。

我们不能否定的是，攀比是很正常的心态，每个人或多或少都有攀比心，包括成人。有时候这种心态的存在可以促使人努力、奋斗，从一定意义上说，攀比心是促进人前进的动力，良性的攀比能使人奋发，但孩子如果不经父母的帮助和指点，很容易盲目攀比而误入歧途。因此，父母要引导孩子，不要让孩子在物质上比，而是比学习、比品德、比做人的本领、比对集体的奉献、比各自的理想、比自己的特长，在这种良性的竞争中，孩子才会健康地成长！

具体来说，你可以从以下几个方面及时给予纠正：

1.榜样示范。你应加强自身修养，言谈举止，不落俗套，给孩子树立一个好榜样。

2.引导年幼的孩子明白什么是真正的美。通过说教，使孩子明白整洁、合体、大方的衣饰也是美，爱劳动、爱学习、乐于助人的品德更美。

3.少表扬。当他成功地做完一件事时，尽量不在众人面前夸奖他，别人夸奖时，应转移话题，避免孩子骄傲。

4.高要求。如果孩子做事总比别人快和好，试着交给她有一定难度的任务，使他感到自己能力不足，需要别人指导和帮助。进行挫折训练，教孩子学会调节情绪，经受失败的考验是很必要的。

另外，最重要的一点，在家庭中，要把孩子当作普通一员，不要让他

成为“中心人物”，不管经济条件如何，家长都不能放纵她的消费欲，应有目的、有计划地引导，逐步纠正孩子追求穿戴、羡慕虚荣的坏习惯。

心理小贴士

每个人都有一些消极心理，攀比只是其中之一。攀比就是一种“人有我也要有，人好我要更好”的比较心理，它隐含着竞争、好胜的心理成分。为了帮助孩子克服虚荣心，作为父母，你需要时刻注意孩子的心态。要时刻启发孩子，对任何生活细节都要认真对待，不过分炫耀自己。父母不能过分夸大孩子的优点，也不要掩盖孩子的缺点。要孩子正确对待自己的缺点，对自己有一个正确的估价，避免产生虚荣心。

培养坚强意志，“挫折教育”不可少

人们常说，“自古英雄多磨难。”这句充满智慧的警句，生动地说明了一点：父母培养孩子从小学会应对挫折，会使孩子终身受益。实践告诉我们，要教育好下一代，除了要教孩子掌握一定的科学文化知识和技能外，还必须帮孩子塑造良好的思想素质。人只有经历过挫折，从小培养顽强的意志力、忍耐力，坚韧不拔、不屈不挠的精神，最终才会获得成功，才能在竞争中立于不败之地。让孩子经历一些挫折，对孩子的一生是大有益处的。放手让孩子独立面对生活的各个方面，让其自己解决，孩子几经如此“折磨”，将来就不会像温室里的花朵那样不堪一击。

印度前总理甘地夫人，不仅是一位非常杰出的政治领袖，更是一位好母亲、好老师。在她教育儿子拉吉夫的过程中，曾有这样一次经历：

在拉吉夫12岁的时候，他生了一场大病，医生建议他做手术。手术前，医生和甘地夫人商量术前的一些事，医生认为可以通过说一些安慰

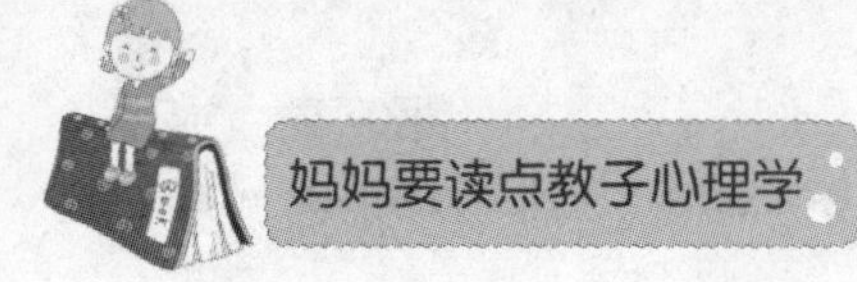

的话让拉吉夫轻松面对手术，比如，可以告诉拉吉夫“手术并不痛苦，也不用害怕”等。然而，甘地夫人却认为，拉吉夫已经12岁了，应该学会独立面对了。于是，在拉吉夫被推进手术室前，她告诉拉吉夫：“可爱的小拉吉夫，手术后你有几天会相当痛苦，这种痛苦是谁也不能代替的，哭泣或喊叫都不能减轻痛苦，可能还会引起头痛，所以，你必须勇敢地承受它。”

手术后，拉吉夫没有哭，也没有叫苦，他勇敢地承受了这一切。

关于孩子的教育，甘地夫人有自己的心得。她认为，生活本来就不是一帆风顺的，有阳光就有阴霾，孩子在成长的过程中，有快乐，也就会有坎坷。而一个个性健全的孩子就要接受生活赐予的种种，这样，才能从容不迫地应对未来生活的各种变化。这就是人们常说的甘地夫人法则。

的确，困难和挫折是一所最好的学校，在这所学校里，孩子能历经磨练，“艰难困苦，玉汝以成”。没有尝过饥与渴的滋味，就永远体会不到食物和水的甜美，不懂得生活到底是什么滋味；没有经历过困难和挫折，就品味不到成功的喜悦；没有经历过苦难，就永远感受不到什么叫幸福。尽管每位父母都不想让孩子经历苦难，希望他们的人生路上充满欢笑和鲜花，但生活是无情的，每个人的人生路上都会遭遇各种各样的苦难，畏惧苦难的人将永远不会感觉幸福。

父母作为孩子的第一任老师，不论孩子将来干什么，都要培养孩子从小学会面对困难、面对挫折，不能一味地将他们视为掌上明珠，不让他们受一点委屈，以为多给孩子方便，少让孩子遭受挫折就是爱孩子。实际上，这是过早地剥夺了孩子的吃苦精神和创造力培养的机会，导致他们长大后陷于平庸和无能。同样地，家长还要考虑到孩子还有一定的依赖性，对孩子放手固然正确，但要适度，孩子对挫折的承受能力有限。当孩子受挫时，家长要告诉孩子，告诉孩子：跌倒了，自己爬起来，这就给了孩子一种肯定，此时的挫折教育才是最有意义的。

父母要想让孩子在充满竞争的社会中立足，必须从小对孩子进行挫折教育，培养他们坚韧不拔的意志和毅力，教他们敢于面对挫折，不怕失败，跌倒了自己爬起来，勇于接受艰难困苦的磨炼，这也是父母应尽的义务和责任。

心理小贴士

挫折是一种珍贵的资源，也是一种人生的财富。古今中外的理论和实践都证明：挫折教育可以增强孩子的适应能力、磨炼意志、形成自我激励机制，有其他教育所无法替代的作用和价值，这正是孩子成长所不可缺少的“壮骨剂”。但挫折教育也需要家长的正确引导，父母应引导和培养孩子在不同情境下战胜挫折的应变能力，激发孩子的知识积累和大脑潜能，激发他们探究未知事物的兴趣，提高他们解决问题的能力，并从中获得可贵的人生智慧和坚忍的意志品质。

培养责任感，正确的方法很重要

责任感是人们对自己的言行带来的社会价值进行的自我判断，并从中产生情感体验。这种体验来自对自己行为后果的反馈，同时又激励、督促自己去履行一定的义务，以实现一定的行为目标。关于责任感，有个著名的心理学效应——“融合效应”。

融合效应，是指一个人在受挫或者犯错误后，因为害怕承受压力，而将自己应尽的责任与他人的责任混在一起，以平分过失，来减轻心理愧疚的消极心理效应，这一心理效应在未成年的孩子身上体现得尤为明显。比如，在玩耍的过程中，几个孩子将他人的物品损坏了，他们会说：“又不是我一个人的错。”他们之所以这样说，是因为每个人都认为这比独自承到要轻松得多，大有“平摊过失”之意。

融合效应是个消极效应，它有推卸责任、降低责任感之嫌。所以，作为父母，在教育孩子的过程中，一定要让孩子拒绝这种心理。

大科学家爱因斯坦在总结自己一生的成就时说，他没有特别的天赋，只有强烈的好奇心。他强调指出，只用专业知识教育人是不够的。

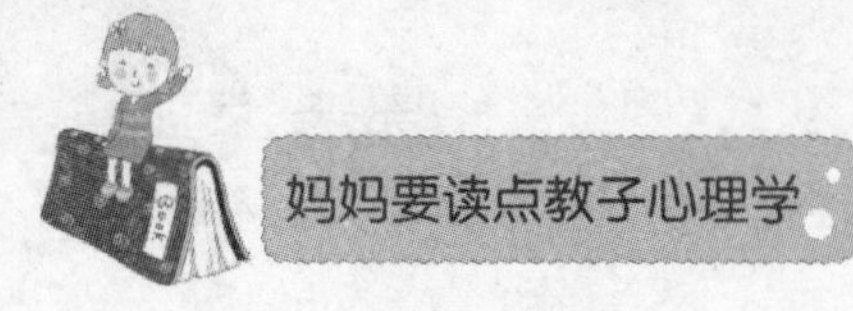

通过专业教育，一个人可以成为一种有用的机器，但是不能成为一个和谐发展的人。

因此，对于家长来说，培养孩子的责任感，离不开正确的教育方法。从现在起，父母要摒弃那些教育孩子的误区，具体来说，家长可以做到：

方法一：从孩子的动手能力开始培养，孩子的事让他自己做，让孩子对自己负责。

对自己负责就要自己的事情自己做。比如，父母要让孩子做到这些：每天早晨闹钟一响，就应该马上起床，再困也要起来，准时去上学。遇到刮风或雨雪天气，还应该提早起床，坐不上车，就要走到学校，绝不能迟到。书包、书籍、衣物等物品自己整理，房间自己打扫。你要让孩子明白，以上这些事情，不能依赖父母，要让他记住“这是我的责任”。

方法二：培养孩子的孝心，让孩子对家庭负责。

作为家长，可适当地让孩子了解一些父母的忧虑和难处，提出一些问题，引导孩子独立思考和选择，大胆发表自己的见解。也可以让孩子表达自己的孝心，比如，当家里的长辈过生日时，你可以要求孩子亲手制作一份生日礼物，并让他写上一句知心的话，让孩子感到家庭的美满幸福，要靠爸爸妈妈和自己的共同参与，进而增强孩子对家庭的责任心。让孩子关心父母，主动帮父母做些力所能及的事，从而记住“这是我的责任”。

方法三：鼓励孩子大胆参加集体活动，让孩子对集体负责。

集体责任感的树立还是要回到集体中，如果你的孩子性格内向，不愿意参加一些集体活动，你一定要给予鼓励：“我相信你一定可以表现得很好！”父母的鼓励是对孩子最大的肯定。同时，当孩子在集体中犯了错误时，也要鼓励孩子承担责任。

方法四：父母要对自己的言行负责，为孩子树立榜样。

无论作出什么许诺，都要尽可能地实现，如果不能实现，一定要向孩子说明。告诫孩子不要轻许诺言，一旦许诺，就必须遵守。家长自身对家庭、对社会的责任心如何，对孩子来说就是一面镜子，父母的责任心水平可以折射出孩子的责任心。对家庭、社会毫无责任感的父母，是不可能培养出有责任心的孩子。

心理小贴士

责任感作为一种道德情感，是一切美德的基础和出发点，是人类理性与良知的集中表现，是社会得以存继的基石。一个缺乏责任感的人不能称之为成熟的人，对孩子来说，责任感不是大而空的东西，培养孩子的责任感要让孩子学会对自己负责、对他人负责。

告诉孩子世界上没有绝对的“公平”

生活中，我们总是强调人人平等，公平竞争等。但实际上，这个世界上，是没有绝对的公平的。人的心理常常受到伤害的原因之一，就是期望每件事都应当公平。基于这种想法，人们一旦受到不公平的待遇，便开始抱怨、发泄内心的不满，而其实，我们完全没有必要苛求绝对的公平，这是一种不明智的做法。成人尚且如此，人生观、世界观尚不完善的孩子更是如此。关于这一点，有一个著名的“马太效应”。

《新约·马太福音》中有这样一个故事。

从前有一个国王，他要进行一次远行。临出门时，他交给他的三个仆人三锭银子，并吩咐他们：“这是我给你们做生意的本钱，等我回来时，你们再带着所赚的钱来见我。”

过了一段时间，国王回来了，他的第一个仆人说：“陛下，你交给我的一锭银子，我已赚了10锭。”国王很高兴并奖励了他10座城池。

第二个仆人报告说：“陛下，你给我的一锭银子，我已赚了 5 锭。”于是国王奖励了他 5 座城池。

第三个仆人报告说：“陛下，你给我的银子，因为害怕丢失，所以我一直包在手巾里，一直没有拿出来。”

国王一听，气不打一处来，便将第三个仆人的那锭银子赏给了第一个仆人，并且说：“凡是少的，就连他所有的，也要夺过来。凡是多的，还

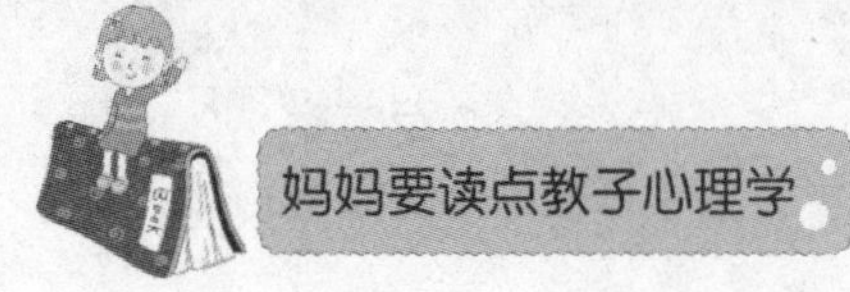

要给他，叫他多多益善。”

后来这一现象被人们称之为“马太效应”。

事实上，在我们的生活中，马太效应也处处存在。而在孩子们的世界里，“马太效应”的作用多数是消极的。

例如，在一个班级里面，那些尖子生，老师就会认为他们在其他方面也是优秀的，并对他们寄予很高的期望，于是，在这种激励下，他们的表现会越来越好，而那些学习成绩差、调皮的学生，就会受到老师的冷落、同学们的孤立等。

现实生活中，很多孩子在学校都遭遇了这样的不公平，于是，他们回到家，会向父母抱怨，认为老师偏心，那些成绩好的同学即使犯了错也会被老师一笔带过，而自己犯了一点无心的过错也会被老师批评。渐渐地，孩子们对老师产生逆反心理，对于师生关系很不利。对此，父母要帮助孩子正确认识“不公平”。

具体来说，可以从以下两个方面入手：

首先，避免孩子总是提及别人，不要总是将注意力放在别人身上，而应该学会关注自己，这样，就不会因为比较而产生不公平的心理了。

其次，让孩子多关注生活中快乐的事。这时，孩子就会豁然开朗。生活中的诸多快乐接踵而至，即使没有一个好天气，你都会感到内心的喜悦。

总之，作为父母，你一定要让孩子明白，这个世界上，总是有这样或那样的不公平，没有百分之百的公平，越是苛求所谓的公平，越觉得自己正在遭受不公平的待遇。凡事要摆正心态，不必苛求百分百的公平，否则就是自己和自己过不去。要把注意力放到重要的事情上面。

心理小贴士

在孩子看来，很多事都是绝对的，他们希望得到绝对公正的待遇。而实际上，这个世界上，绝对的公平是不存在的，因此，作为父母，要告诉孩子，一定要学会摆正自己的心态，要注重自己的生活，不要把眼光放在他人的表现上，否则，就是徒增烦恼。

关注孩子情绪的变化，培养孩子乐观的性格

乐观的人往往善于在平凡的生活中找到快乐，在不愉快的情境中找回欢乐，能轻松自如地化解一些尴尬，以积极的心态来面对生活，不但自己整天开开心心，也会感染别人。可见，乐观的心态对人来说是很重要的。

心理学的研究表明，乐观的孩子开朗、活泼；对待生活热情，不怕失败，敢于尝试；对事物充满极大的兴趣，创新意识较强。乐观的孩子在学校的表现往往比较好，日后也容易获得成功。我们还发现，那些成功人士，无不有着乐观的心态，而他们乐观的心态，是经历了人生的磨难和生活的历练以后才获得的。

关于乐观，有个著名的"斯万高利效应"。

在美国，有一种神奇的魔术牌，叫"斯万高利"，说它神奇，是因为它真的具有魔术般的功效。

表演者先将牌摊开让观众看清楚每张牌都是不同的，然后让一名观众随便抽出一张，假如他抽到的是红桃K，他不用告诉表演者，把牌再放到整副牌中。表演者任意洗完牌后大叫一声"斯万高利"，然后摊开牌，观众就会发现每一张牌都变成了红桃K。心理学上把这种现象称为"斯万高利效应"。

"斯万高利效应"告诉我们，"在现实生活中，当一个人遭受心理挫折后，如果不设法及时排解，而是任挫折感在脑中像红桃K那样繁殖、增强，最终使自己所做之事皆带着挫折与失败的阴影，这就是心理上的'斯万高利效应'。"

事实上，不仅仅是孩子，即便成年人在遭到挫折时，也会产生很多消极的想法。其实，这是一种很正常的心理，但如果人们不及时想办法遏制这些消极的想法，便会产生一种很可怕的心理效应。

所以，家长一定要时刻关注孩子的情绪变化，当孩子遇到挫折时，家

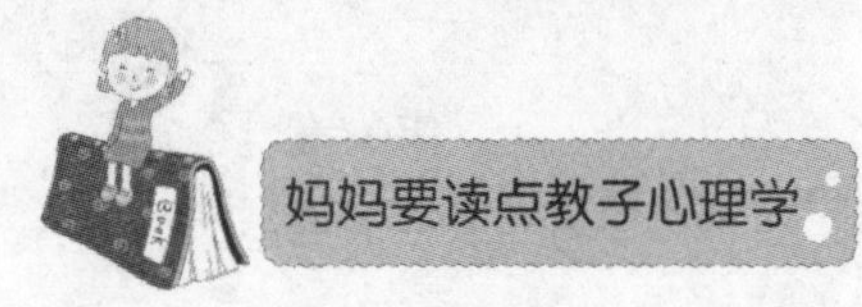

长要教孩子正确认识挫折，并帮助孩子及时消除挫败感，转而用乐观的态度面对挫折。

然而，事实上，乐观的心态并不是每个人都拥有的，但是可以培养。作为家长，在孩子的成长过程中我们一般只注重孩子的健康和智商，却忽略了影响孩子一生至关重要的一点，那就是孩子健康的心理。那么，培养孩子乐观的心态，家长该如何做呢?

1.勿对孩子控制过严

作为家长，当然不能对孩子不加管教、听之任之，但是控制过严又可能压制孩子天真烂漫的童心，对孩子的心理健康产生消极作用。不妨让孩子在不同的年龄阶段拥有不同的选择权。只有从小享受选择权的孩子，才能真正感受到快乐和自在。

（1）让孩子有时间享受“不受限制”的快乐。孩子一旦喊叫、跳跃，父母便会想办法制止，孩子只好越来越乖了。但由此产生的是：孩子的热情和活力一点点丧失，孩子的心灵也受到了压抑。

（2）体育活动。好的身体状况和运动技能，有利于让孩子树立正确的自我形象观。

（3）笑出声来。笑出来，对家长和孩子的健康都有好处。

2.鼓励孩子多交朋友

不善交际的孩子大多性格抑郁，因为时时可能遭受孤独的煎熬，享受不到友情的温暖。不妨鼓励孩子多交朋友，特别是同龄朋友。性格内向、抑郁的孩子更适宜多交一些开朗乐观的朋友。

3.让孩子拥有适度的自信

拥有自信与快乐性格的形成息息相关。对一个因智力或能力有限而充满自卑的孩子，家长务必将其长处发扬光大，并审时度势地给予表扬和鼓励。来自家长和亲友的正面肯定无疑有助于孩子克服自卑、树立自信。

4.创建快乐的家庭气氛

家庭的气氛，家庭成员之间的关系，在很大程度上会影响孩子性格的形成。研究表明，孩子在牙牙学语之前就能感觉到周围的情绪和氛围，尽管当时他还不能用语言来表达。由此可见，一个充满了敌意甚至暴力的家庭，绝对培养不出开朗乐观的孩子。

心理小贴士

孩子毕竟是孩子，他们的人生阅历是有限的，因此，在遇到挫折时，不懂得如何处理自己的挫败感，只能任挫败感在头脑中蔓延、扩大，在这种情况下，孩子很容易形成悲观的性格。所以，作为家长，一定要注意孩子的情绪变化，帮助孩子正确认识挫折，并帮助孩子及时清除挫败感，转而用乐观的态度面对挫折。

塑造孩子好性格一定从小开始

任何父母，都希望自己的孩子能拥有一个好性格，因此，他们对于培养孩子好性格这一点尤其重视。然而，很多父母误以为，对于孩子的性格培养，应该在孩子懂事——也就是五六岁开始，实际上，这是不科学的。在孩子五六岁时才意识到培养孩子的性格，已经错过了培养孩子性格的最佳时期。

那么，培养孩子性格的最佳时期是何时呢？应该是婴幼儿时期。

从孩子的心理发展角度来看，0～6岁是孩子一生中大脑发育最迅速的阶段，是孩子一生中最富可塑性的阶段，也是为孩子的性格奠定最坚实基础的阶段。此时，外界的刺激会在他们的大脑里留下很深的痕迹，刺激反复呈现，就会转化为内在信息，对孩子的性格形成产生很深远的影响。

艳艳是个可爱的女孩，如今的她已经10岁了，谁初次见到她，都会忍不住和她多说几句话，但接下来，艳艳就会表现出很黏人的样子，甚至想一整天都跟别人在一起，于是，很少有小伙伴或同学愿意和她玩。

其实，艳艳很可怜，她刚出生不久，父母就离婚了，爸爸把她交给保姆带，而这个保姆除了定时给艳艳做饭外，也不怎么和艳艳说话。现在的艳艳已经形成了一种黏人的性格，她渴望被人关心，渴望和人说话。

从心理学的角度来分析，艳艳之所以会养成过度依赖的性格，是因为

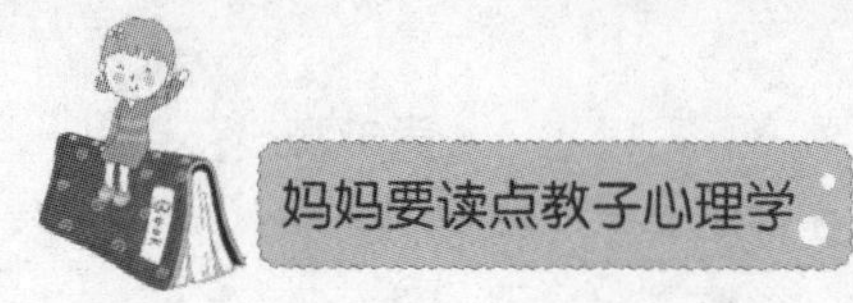

在她性格形成的最佳时期，家长不但忽略了对她的教育，而且忽略了给予她足够的爱。因此，这种渴望爱的感觉便在孩子的心中延续下去，逐渐形成了一种性格。

由此我们也可以看出，在孩子小时候，家长对他们的性格教育有多么重要。事实上，我们强调培养孩子的性格要从婴幼儿开始，是有科学依据的。在孩子小时候，他们对任何事物都充满了好奇，接受能力也很强，因此他们的性格很容易塑造，这就是易塑性原理。

那么，在孩子小时候，家长应该如何塑造孩子的性格呢?

有人说，性格决定命运。虽然不完全对，但也有一定的道理。一个人的性格是在很小的时候就形成的，为了让孩子有一个好性格，父母应该怎样培养呢? 下面的一些策略或许可以为家长提供参考。

1.让孩子自己做主

他们虽然还是孩子，但已经有自己的情绪，有自己的意愿，父母不能事事替他做主，即使你真的为了他好，比如，你认为他该写完作业再看电视；你认为他一天应该吃两个苹果；你认为他应该在九点之前上床睡觉……要知道，强加的结果只能适得其反，让孩子学会自己做主，那么，孩子不但开心，还能形成独立、自主、有主见的性格。

2.父母在家中要为孩子树立好榜样

可能父母会认为，孩子还小，骗骗他也是为了他好，其实，这样做，只会让孩子对你产生信任危机，甚至他会在以后的生活里学会骗你。

因此，作为父母，不要对孩子轻易许下承诺，一旦许下，就一定要做到。对于同一件事，也不要给孩子多重标准，假如你今天答应孩子这么做，明天没有任何理由地告诉他不行，就会造成混乱。

3.不要什么要求都答应孩子

很多孩子会采取撒娇耍赖、哭闹的方式迫使你答应他的要求，如果这些要求是无理的，你一定要拒绝，不然他会有恃无恐，同样的事情会一而再再而三地发生，坚定地告诉他“不行”，他能从你的态度上看到这件事真的没有商量的余地。

4.让孩子承担一点责任

有个十岁的小女孩儿，负责为家里倒垃圾已经五年了。在她四五岁

时，突然对倒垃圾产生了兴趣，一听到收垃圾的铃声，她就提着垃圾桶了出门。她的父母为了激发她参加家务劳动的积极性，培养她的责任感，就及时予以表扬，说她能干、勤快，还经常当着外人的面称赞她："干得不错！我们都应该向你学习！"这样，孩子油然产生了一种自豪感，并慢慢地形成了习惯，把这项劳动看成一种责任。

心理小贴士

孩子的性格都是在日常生活中逐渐培养起来的，作为父母，更应该努力探索，在孩子很小的时候就教育孩子成为一个受欢迎的人、一个高情商的人。

任何时候勤俭节约的美德都不能丢

古话说："艰难困苦，玉汝于成。"任何一个孩子，要想成才，就不能回避"艰难困苦"，方能"玉汝于成"。所以，作为父母，一定要教育孩子，要懂得以勤俭节约、艰苦奋斗为荣，以骄奢淫逸为耻，方才体会到靠自己的努力争取所需要的东西，也才懂得珍惜，这对于孩子的自立自强也是一种磨练。关于这一点，有个著名的"棘轮效应"。

"棘轮效应"，又称为"制轮作用"。这一理论认为，对于消费者来说，增加消费容易，减少消费则难。因为一向过着高品质生活的人，即使实际收入降低，多半不会因此马上降低消费水准，而会继续保持相当高的消费水准。即消费"指标"一旦上去了，便很难再降下来，就像"棘轮"一样，只能前进，不能后退。

"棘轮效应"是出于人的一种本性，人生而有欲，一旦有了欲望就会千方百计地寻求满足。对于欲望，我们没有办法禁止，但一定不能放纵，对于过度的乃至贪得无厌的奢求，必须节制。如果对自己的欲望不限制的话，过度地放纵奢侈，没能培养俭朴的生活习惯，必然会使自古“富不过三代”之说成了必然，也会使自己骄奢淫逸、不思进取。

在西方国家，很多成功企业家虽然家境富裕，但依然对子女要求极严，从不给孩子很多的零花钱，甚至寒暑假还让孩子四处打工。这些企业家并不是苛求子女能为自己多赚一点钱，而是希望子女懂得每一分钱的来之不易，懂得俭朴和自立。这是一种难能可贵的家庭教育观念。让孩子从小养成勤俭节约的好习惯，有利于孩子的成长和发展。在中国，有些成功人士也将勤俭节约作为孩子性格培养的重要方面。

香港特别行政区原首席行政长官董建华是世界船王董浩云的儿子。在香港，董浩云是首屈一指的大富豪，但在子女的教育上，却一直很严格，从不娇惯孩子。

正因为父亲严格的教育，董建华从小就很节俭，读书期间，他每天都会乘坐公交车往返于家里和学校之间，从不因为自己是富豪的儿子而高高在上。

毕业以后，所有人都会以为他会接手父亲的生意，但大家没想到，他却接受父亲的安排，进入了美国通用汽车做了一个普通的职员。

父亲告诉董建华：“小华，我不怀疑你是个有理想的人，但我担心你的刻苦精神不够，你不要觉得自己有依靠，你必须主动去找苦吃，磨炼自己的意志，接受生活对你的种种挑战，并战胜它。”

董建华听从了父亲的话，在通用的四年，他认认真真、勤勤恳恳，不仅学习了先进的管理经验，还学会了怎么与人打交道，也培养了吃苦耐劳的精神，为今后的事业打下了坚实的基础。

那么，具体来说，作为父母，如何培养孩子勤俭节约的品质呢？

1.多劳动，认识劳动的价值

在美国，不管其家里多富有，男孩子12岁以后就会给邻居或自己的父母家里剪草、送报赚些零用钱，女孩子则做小保姆去赚钱。

在瑞士，十六七岁的姑娘初中一毕业就被送到一家有教养的人家当一年女佣人，上午劳动，下午上学。

德国法律还规定，孩子到14岁就要在家里承担一些义务，比如要替全家人擦皮鞋等。这样做，不仅培养了孩子的劳动能力，也有利于培养孩子

的社会义务感。

2.物质生活避免奢华

物质生活的奢华容易使人产生一种贪得无厌心理，而对物质的追求往往又难以获得自我满足感，这就是贪婪者大多不快乐的根本原因。

我们发现，日常生活中，一些孩子在物质生活水平急速发展的社会，却形成了一种“唯钱是亲”的不健全人格。主要原因是：生活的环境过于优越，不知道何谓“吃苦”。

心理小贴士

尚未成年的孩子，正处于个性定型的重要阶段，由于个性极不稳定，从而影响了个人素质的高低。作为父母，让孩子养成勤俭节约的习惯，孩子才能学会珍惜，才会具有吃苦的精神和毅力。

第08章　学习潜能一触即发，用心理效应提升孩子学习力

作为家长，我们都知道，对于孩子来说，能不能掌握正确的学习方法，关乎到孩子学习效率的高低，而学习效率的高低，又是一个学生综合学习能力的体现。提高学习效率并非一朝一夕之事，需要家长的引导，需要家长帮助孩子进行长期的探索。然而，这一工作需要父母掌握一定的心理学效应，毕竟，家庭教育实际上是一门“动心”的艺术，如果不能把工作做到孩子的心坎上，其教育的效果往往苍白而无力。因此，在教育孩子的过程中，每位家长都应努力探索一些心理学效应，并趋利避害地发挥它们的作用，从而科学地引导孩子在学习上取得好成绩！

制订目标要充分考虑孩子的身心承受能力

在日常生活中，我们大概都有过这样的经验：在求人帮忙时，如果我们开门见山地提出自己的请求，那么，对方很可能会因事情难办而拒绝我们，假如我们事先提出一个小要求，当别人同意后，我们再提出预期的要求，对方居然也答应了。这是为什么呢？心理学家认为，一般情况下，对于那些难度大的要求，人们是不愿意接受的，而对于那些较小的、易实现的要求，人们是乐于接受的。在实现了较小的要求后，人们才慢慢地接受较大的要求，这就是“登门坎效应”对人的影响。

“登门槛效应”，又称得寸进尺效应，是指一个人在答应了他人提出的某个较小的要求后，也会不自觉地接受对方提出的更大要求。这种现象，犹如登门槛时要一级台阶一级台阶地登，这样能更容易更顺利地登上高处。

在家庭教育中，作为父母，也可以运用“登门槛效应”。例如，如果这次你希望孩子进入班级前十名，而现在他的成绩是全班倒数，那么，你就不能一次性要求他达到目标，而应该先鼓励他：“下次超过你的前一位同学，好不好？”而当孩子实现了自己的第一个目标后，他便有了自信，找到了学习的动力，自然会积极奋发向上。

在国外，曾经有个心理学家指出，人们认为一件事完成的概率性越大时，完成的积极性也就越高。

然而，我们不难发现，在教育孩子的问题上，一些家庭认为，为孩子制定学习目标，一定要从长远的角度出发，一个大的目标，即使孩子完不成，那么，也可以达到离目标不太远的程度。正因为有这样的教育思想，一些家长总是把孩子的长期和短期的目标都设得太高。但事实上，很多时候，孩子并没有能力实现这样的目标，孩子的积极性就会消减，甚至渐渐失去学习兴趣和自信心。

因此，教育孩子的正确方法是，既要给孩子一定的学习压力，又不能打击孩子的自信心和学习热情。我们来看看洋洋的妈妈是怎么做的：

洋洋学习成绩一般，他已经上初二了，不久，他也要和很多面临中考的孩子一样接受高强度的学习压力，他知道学习的重要性，但每次考试不理想已经削减了他的积极性。这次，洋洋又考了70分。

这天，他的心情很不好，放学回到家，他就直接钻进了卧室，连饭都不出来吃。

妈妈一看，便知道了原因，她并没有责备洋洋，而是耐心地问洋洋：“你之前那位同学考了多少分？”

“75分。”洋洋小声地回答。

“儿子，别灰心，咱下次考试争取超过他，好吗？”妈妈试探着问道。

这时候洋洋毫不犹豫地说：“行！”洋洋这时在想，区区5分，肯定能超过的。

从那以后，洋洋很努力地学习，不仅上课认真听讲，还按时完成作

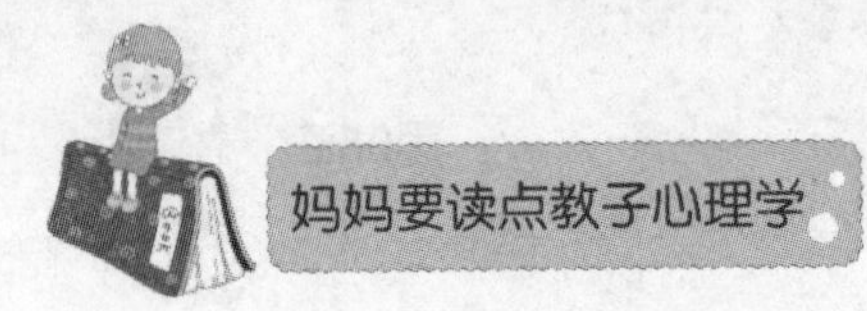

业，对于自己不懂的问题，他不是问老师就是问同学，终于，在一个月后的会考中，洋洋居然考了85分，连他自己都没有想到。

我们发现，洋洋的妈妈是个聪明的家长，她为洋洋设置了一个“门槛”——超过前面最近的那个同学。结果，洋洋通过妈妈的鼓励和自己的努力，不但成功地跨越了这道“门槛”，还给了妈妈一个惊喜。

可见，家长在给孩子制定学习目标时，应充分考虑孩子的身体和心理承受能力，把目标定在孩子能够承受的范围内，并留有一定的余地。把目标设定得低一些，孩子通过自身努力可以轻松跨越一道道“门槛”，然后信心百倍地去迎接新的挑战，从而一步步走向成功。

心理小贴士

家长在为孩子制定学习目标时，可以充分运用“登门槛效应”。先对孩子提出一个较低的要求，等他们实现了，马上予以肯定、表扬，甚至奖励，然后提高要求，这样既能使孩子享受到奋发向上所带来的巨大快乐，也能在成绩的稳步提高中树立起对学习的信心。

学习成绩并非最重要

生活中，人们常说：“可怜天下父母心”。如今，很多家长在孩子的教育问题上更是操碎了心，尤其是孩子的学习成绩，他们想尽了办法，为孩子补课、让孩子做课后练习……而事实上，在看重孩子学习成绩的同时，他们却忽略了，未来社会需要的是全方位的人才，对孩子的成绩太苛刻，就等于扼杀孩子的其他方面的能力，比如，人际沟通能力、领导管理能力、创造力、协调力等。关于这一点，有个著名的心理学效应——第十名效应。

在杭州市的天长小学，有个老师叫周武。1989年，他受邀参加一次

往届毕业生的聚会。这次聚会上，他发现一个奇怪的现象：那些担任副教授、经理的学生，在小学时成绩并非十分出色。相反，当年那些成绩突出的好学生，现在却成就平平。

这个现象令周老师很好奇，他决定进行一番跟踪调查，他调查的对象是151名小学生。十年后，他发现，学生的成长是一个动态的过程。在这种动态变化中，小学生随着就读年级的升高，会出现名次波动的现象：小学时主科成绩在班级前五名的学生，进入中学后名次后移的比例为43%；相反，小学时排在六到十五名的学生，进入中学后，名次往前移的比例竟达81.2%。

实际上，除了周老师以外，很多教师在教学的过程中，也发现了这样的现象，那些曾经学习成绩好的优等生，在进入大学或者参加工作后，并没有和在学校时一样表现出色，也多半没能出人头地，相反，排在第十名左右、成绩一般的学生，在社会生活和工作中却发挥了巨大的潜力，令人刮目相看。这种后来居上的现象便是“第十名效应”。

于是周老师提出所谓“第十名现象”：第十名左右的小学生，有着难以预想的潜能和创造力，使他们未来在事业上崭露头角，出人头地。

当然，这里所指的“第十名”，并非刚好排名第十的学生，而是指成绩中庸的学生。根据周老师的解释，这个群体的共同特征是：他们受老师和父母的关注不那么多，学习的自主性更强、兴趣更广泛。至于名列前茅的学生因为得到父母、师长过分关注，过分强化学科成绩，反而抑制了潜能和学习自主性。

那么，导致这种现象的原因是什么呢？周老师通过对这些学生的跟踪调查总结出了以下几个原因：那些一味追求第一、第二名的学生，他们把所有的精力放到了学习成绩上，而忽视了其他知识的摄取，也忽视了体育锻炼，更忽视了对自身心理承受能力的历练，正因为如此，参加工作后，他们体弱多病，无法胜任繁重的工作；他们知识面狭窄，心理脆弱，经不起挫折，最终碌碌无为。而相反，那些成绩平平的学生，学习成绩中等，同时，他们兴趣爱好广泛、喜欢参与各种社会活动、文艺活动、体育活动，他们对学习成绩不是过分在乎，因此，即使没考好，他们也能轻松面对，正因为如此，他们的心理承受能力明显比那些追求第一、第二名的学生强很多。在参加工作后，他们有足够的能力、体力承担各种压力，他们表现得自然更出色。

事实上，我们不难发现，爱因斯坦和比尔·盖茨都是“第十名效应”的代表人物。他们在读书时期，成绩并不好，可是后来却分别成了出类拔萃的科学家和企业家。

由此可见，一个人要想成功和成才，起决定作用的是他的全面素质，即品德、知识、能力等，身心健康缺一不可。所以，为了孩子的长远发展，家长千万不能只看重孩子的学习成绩，而忽略了孩子的均衡发展，一张成绩单并不能代表一切。

心理小贴士

未来社会，一个合格的社会人需要具备多方面能力，如人际沟通能力、领导管理能力、创造力、协调力等。这些能力都是无法通过考试成绩体现出来的。考试第一名的孩子，综合能力不一定是最强的。因此，作为父母，不要对孩子的成绩太苛刻，以免忽视了孩子其他能力的培养。

父母不是全能的，向孩子“请教”不丢脸

在中国几千年的家庭模式中，家长似乎都是高高在上的，孩子必须听父母的话。家长们认为，只有在孩子心中树立威严，孩子才能接受自己的教育方式。而实际上，二十一世纪的今天，孩子们越来越要求和家长平等对话。对此，作为父母，如果能放下架子，向你的孩子请教，适当示弱，那么，更能拉近你与孩子的心理距离，增进与孩子的交流。对此，心理学上有个著名的“示弱效应”。

“示弱效应”原本是人际交往中的一种心理效应，一般适用于上下级之

间，比如，作为上级，如果能放下面子，主动向下级请教问题，那么，下属一定能感受到被尊重，有利于上下级之间的感情联络，从而促进组织发展。

实际上，示弱效应适用的范围很广，无论是朋友之间、敌友之间，还是商场上等，示弱都是一种武器。当家长把“示弱效应”用在督促、指导孩子学习时，效果更佳。我们可以通过这一心理学技巧，轻易地改掉孩子学习上的坏习惯，激发孩子努力学习。

我们先来看下面这位父亲是怎么做的：

老张的儿子今年上小学三年级，但小家伙好像对学习一点也不感兴趣。每天放学后，他不是玩游戏就是看电视，老张妻子开始着急了，孩子要是继续这样下去，别说考大学，连掌握基本的科学文化知识都成问题。为此，老张决定和儿子好好谈谈。

这天晚饭后，老张故意拿出一张公司的报表，算来算去，并不断地摇头叹气。儿子看见了，很不解地问：“爸爸，你怎么了？”

“哎，这些密密麻麻的数字，把我搞糊涂了都，现在真是老了啊，这点事情都做不好。看样子是要下岗了啊。”

这时，儿子很急切地问老张：“爸爸，你不是说你小时候学习挺棒的吗？”

“是呀，爸爸小时候学习很棒，但是，我估计我连你现在学的数学公式都想不起来了，我会做的题目还不如你多呢，你说我不下岗谁下岗呀？你帮爸爸想想办法吧！”

儿子听后，思考了一下，说：“那这样，每天晚上我给你补课吧，反正三年级的内容我正在学。”

这天晚上，儿子一做完作业，老张便坐在了儿子旁边。

小家伙拿出他的笔记本认真地给老张讲课。为了更顺利地教会爸爸，他在讲解之前很认真地复习了一遍，他的这股认真劲儿让老张很高兴。

就这样，老张的示弱方法收到了成效，这段时间，儿子的学习成绩已有很明显的改善，并且，他渐渐喜欢上了学习。

这则故事中的爸爸是聪明的，他正是利用“示弱效应”，向孩子求教，使孩了有一种成就感，进而激发了孩子的学习兴趣。

具体来说，家长在向孩子“请教”的过程中，需要注意两点：

1.尊重孩子的智力和能力，要有耐心。

在和孩子一起学习的过程中，对于孩子遇到的问题，你不必马上给出答案，而应该和孩子一起钻研，与孩子共同解决问题。当孩子面对思考问题上的不足时，不必急于指正，而是坦率地承认自己也犯过类似错误，然后巧妙地指出孩子的错误，这对培养孩子的自信心有极大的帮助。

2. 让孩子自己思考

孩子在学习的过程中，必然会遇到一些问题，如果父母处处为孩子指导，那么，他就会形成依赖性，往往不会主动思考而等待你的帮助，因此，要想让孩子养成动脑的习惯，遇到问题时父母不妨示弱，让孩子自己去分析，在此基础上再教给孩子分析问题的方法、考虑问题的思路。经过长期的训练，孩子遇到问题后自然就知道该如何思考了。

心理小贴士

在家庭教育中，如果家长能放下架子，向孩子示弱，那么，你的孩子不仅会把你当父母，还会把你当朋友，因为他感受到了自信心、成就感和平等感。的确，在孩子心目中，大人几乎是无所不能的，如果他连大人提出的问题都解答了，他自然会产生成就感。于是，孩子会慢慢成熟起来，再也不是父母眼中的小不点儿了，什么事情都愿意与家长分享和分担。

多用积极的心理暗示鼓励孩子

有人说，孩子是父母的作品。父母希望孩子朝什么方向发展，孩子就会朝什么方向前进。生活中，一些父母为了让孩子日后谦虚为人，并取得更大的成功，他们在孩子很小的时候就给孩子一些消极的暗示，并在教育中一味地指出孩子的缺点，并强化它，孩子就真的认为自己有那样的问

题，孩子的心灵倾斜了。这种奇妙的心理暗示就是“罗森塔尔效应”。

罗森塔尔是20世纪美国著名的心理学家，他曾做过这样一个试验：

1966年，他来到一所普通的中学，走进一个班级，然后在教室里随便转了一圈，在学生的点名册上圈了几个名字，他告诉正在上课的老师，这几个学生智商很高，很聪明。

几个月以后，他又来到这所中学，结果，令他惊奇的事情发生了，那几个被他选出的学生真的成了班上的佼佼者。

为什么会出现这种现象呢？这就是“暗示”的神奇魔力。

事实上，我们每个人在生活中都会接受来自外界的一些暗示，有些暗示是消极的，有些是消极的。对于孩子来说，最亲近、最信任的人是他们的父母，因此，父母对他们暗示的影响是巨大的，如果他们长时间能接受到来自父母的积极的肯定、鼓励、赞许，那么，他们就会变得自信、积极。相反，如果他们收到的是一些消极的暗示，那么，他们就会变得消极悲观。

这就是著名的“罗森塔尔效应”。这一效应表明，一个孩子能不能成为天才，取决于家长和老师能不能像对待天才一样爱他、教育他。我们再来看下面这位母亲是怎么教育孩子的：

夏雨是个可爱的女孩，但成绩却不佳，是班级中的后进生，这令她的父母很是头疼。她的妈妈对老师说；“孩子自上学以来，被老师留下是常有的事。为了她的学习，我放弃了工作，每天检查作业，辅导她，还是很差，我早就对她没信心了。我很失败，我连一个孩子都没教好。您教这么多学生，对夏雨这么关注，我们很感谢您。”

孩子是一个家庭的未来，老师望着夏雨妈妈一脸的无奈，恻隐之心油然而生，说道：“夏雨其实一点也不笨，只是对学习没有产生兴趣，自觉性差些，我们的教育方法不适合她，我想只要家长和我们都能肯定她，鼓励她，她会进步的。”夏雨妈妈仿佛一下子看到了希望。

后来，妈妈开始对女儿实行赏识教育，孩子回家后，她即使再忙，也陪孩子一起做作业，并鼓励她：“乖女儿，你的字好像越写越好了，如果继续坚持下去，该有多好，妈妈相信你一定能写好的。”夏雨露出了惭愧又充满信心的表情。

除此之外，妈妈在夏雨遇到问题时，也会鼓励她：“你会做这道数学题

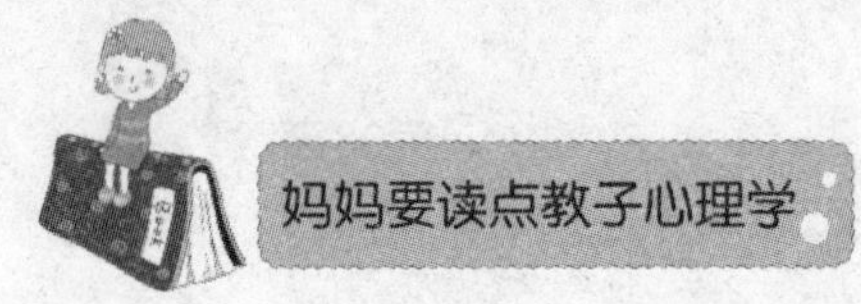

已经很不错了，妈妈那时候，做数学检测，一百道题只能答对三十道。”

后来，当妈妈再去学校开家长会时，老师对她说：“夏雨现在学习很努力，上课经常主动发言呢，课堂上总能听到她耳目一新的发言，同学们对她都刮目相看了，课间她不再独处了，而是和许多同学打成了一片。”听到老师这么说，妈妈很是欣慰。

从这则教育故事中，我们得出，我们家长一定要好好运用“积极暗示”这个法宝。父母对孩子的期望态度一样会影响到孩子。如果你认为你的孩子是优秀的，那么，他就会按照你的期望去做，甚至全力以赴让自己变得优秀起来；相反，如果你总是挑孩子的缺点、毛病，那么，他们就会产生一种错觉：我不是好孩子，爸爸妈妈不喜欢我，我好不了了。在这种恶性循环中，便产生了家长“说你行，你就行；说你不行，你就不行”的牢骚。因此，家长积极的期望和心理暗示对孩子很重要。

心理小贴士

孩子是处于生理、心理变化关键时期的特殊群体，他们尚未形成独立的自我意识，非常在乎他人对自己的看法。因此，对孩子进行“积极暗示”，尊重孩子，相信孩子，鼓励孩子，不仅可以及时发现他们身上的优点和长处，挖掘其身上隐藏的巨大的、不可估量的潜力，而且能够缩短家长和孩子的距离，从而促进孩子的健康成长。

学习上自卑的孩子需要你的帮助

生活中，很多家长都听到孩子在学习成绩不佳时这样说：“算了，就这样吧，没用的”、“听天由命吧”……孩子的这种消极、自卑的心理是他们在学习上积极进取的最大“杀手”。作为家长，一定要注意孩子的态度，如果你发现孩子在学习上表现出自卑，你一定要帮助孩子重拾自信。

关于这一点，心理学上有个著名的词语——“习得性无助”。

“习得性无助”是美国心理学家塞利格曼1967年在研究动物时提出的。

他用狗做了一项实验：他先把狗关在笼子里，当准备好的蜂音器一响，就电击笼子里的狗，狗在笼子里只能呻吟和颤抖。

就这样重复了几次后，当他再次打开蜂音器，在电击之前将笼子的门打开，但奇怪的是，狗居然没有夺门而出，而是在电击之前一听蜂音器响就呈现出痛苦状。原本，这只狗可以主动地离开笼子，免除这种痛苦，但它却选择逃避。心理学家们把这种在受到多次挫折之后产生的对付情境的无能为力感叫做“习得性无助”或“习得性绝望感”。

那么，“习得性无助”又是怎样产生的呢？原因很简单，当一个人总是经受失败和打击，体验到的成功太少，或者根本没有尝到成功的滋味，那么，他就会形成一种无助感、自卑、失望、悲观，甚至对自我价值的认知也是消极的。

习得性无助是一种常见的心理现象，它不仅发生在成人当中，在孩子中也普遍存在。比如，有些孩子之所以对学习提不起兴趣，一到上课就睡觉，甚至厌学、逃学，其中很大一部分原因就在于学习上的“习得性无助”。因此，作为家长，一定要注意孩子的情绪，不要让孩子产生“习得性无助”。对于自卑的孩子，一定要帮助他们重拾信心。

具体来说，家长可以这样做：

1.尊重孩子的成长规律，不要总拿他和其他孩子作比较

事实上，我们不得不承认，每个孩子的智力是不一样的，学习能力也不可能完全一样，因此，当你的孩子学习效率不如其他人时，你不能这样打击他：“你怎么这么笨啊，你看人家半个小时就能背下来，你怎么就是背不下来。”本来孩子很努力地学习，现在你又拿他和别的孩子比较，这势必会给孩子造成一定的心理压力，孩子会认为自己真的比别人差、比别人笨，于是形成恶性循环。其实，家长需要做的是为孩子营造宽松的家庭氛围，使孩子能够放松心态自然地进入求知状态。

2.不要总是批评孩子

有的父母认为“棍棒之下出人才。”事实上，那些很少被父母表扬或者总是被父母批评的孩子很容易对自己失去自信心，对自己力所能及的事也会

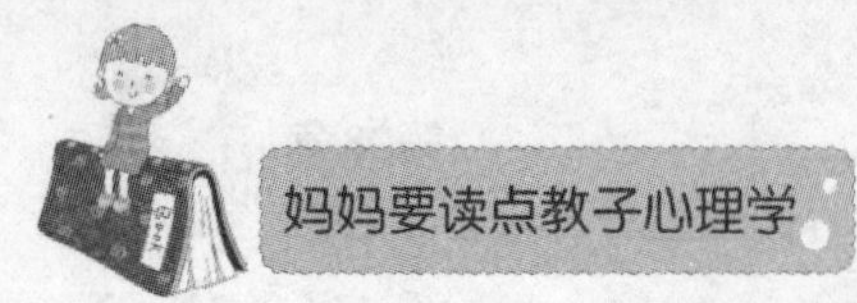

产生退缩心理，从而慢慢地失去主动性，形成对任何事都漠不关心的态度。

3.关注孩子的点滴进步

有的孩子学习成绩差，家长总是焦急甚至埋怨。要知道，孩子学习成绩的转化是需要一个过程的，今天他考五十分，你不可能让他明天就考一百分。因此，你要有耐心，要关注孩子的点滴进步，如果他们的努力和进步被忽略，或者努力没有取得任何效果，孩子就会怀疑自己的能力，进而产生习得性无助感。

所以，家长要特别关注孩子的点滴进步，发现他们的闪光点。要善于纵向比较，多表扬和鼓励，让孩子看到自己努力的成果，从而产生自信，减少挫折感。

4.鼓励孩子大胆尝试

孩子都是充满好奇心的，他们很喜欢尝试，对此，家长应给予鼓励和知指导，千万不要打击孩子的积极性，即便孩子做错了，也不要训斥，要及时地关注自己的孩子，鼓励和帮助他们树立自信心，排除挫折，远离无助感。

心理小贴士

孩子天生就是积极的，喜欢尝试的，但在他们后天的教育中，他们很少成功，经常被父母批评等，以至于变得胆小、自卑、消极，这对于孩子的成长是极为不利的。因此，为人父母，有必要关注孩子在成长过程中的情绪变化，应避免孩子产生习得性无助。

给予孩子适当且正当的奖励

生活中，当孩子取得一定成绩时，一些父母为了鼓励孩子，常常采取一些奖励措施，但奖励只有在正当的情况下，才能产生积极的作用，否则只会适得其反。让孩子对奖励产生依赖，这就是所谓的“德西效应”。关

于这一效应，有个著名的试验。

这一实验的研究对象是一群大学生。在这一试验中，这些学生需要解答一些有趣的智力问题。实验分三个阶段：

第一阶段，所有的人都没有任何奖励；

第二阶段，所有的人被分成两组，一组是有奖励的，被称为实验组，他们每完成一道题可以得到一美元的奖励；一组是无奖励的，他们被称为控制组；

第三阶段，这个阶段可以自由活动，也可以继续解题。

结果表明：实验组（有奖励组）的被试者在第二阶段确实十分努力，但到了第三阶段，愿意继续解题的人数却变得很少，这表明兴趣与努力的程度在减弱；而控制组（无奖励组）则愿意花更多的休息时间继续解题的被试者却相对增多，这表明兴趣与努力的程度在增强。

德西在试验中发现：人们在外加报酬和内感报酬兼得的时候，工作动机不但不会增加，反而会有所降低。此时，动机强度会变成两者之差。后来，心理学家把这种规律称为“德西效应”。

这种效应表明，在进行一项愉快的活动（即内感报酬）时，如果提供外部的物质奖励（即外加报酬），反而会削弱这项活动对于参与者的吸引力。

“德西效应”在父母教育孩子这一点上也经常适用。比如，为了鼓励孩子考得更好，一些父母常常说：“如果你这次考一百分，我就给你买个笔记本”、“要是你能考进前五名，就奖励你100元”等。家长们也许没有想到，正是这种不当的奖励方法，一点点泯灭了孩子的学习兴趣。

因此，在激发孩子学习动力这方面，家长即使奖励孩子，也一定从树立孩子的远大理想出发，尽量给予孩子精神奖励。

在孩子取得一定进步的时候，可以采用多种形式的奖励。但具体来说，我们应遵循以下几条原则：

1.奖励不能过度

对于孩子的奖励，家长要注意一点，孩子毕竟还未长大，没有必要对其奖励一些高消费产品。再者，也不是所有家庭都是高收入的，奖励孩子太贵重的东西，容易让孩子产生虚荣心、攀比心，这样既达不到奖励的效果，又娇纵了孩子，与奖励的初衷背道而驰，显然是不合适的。

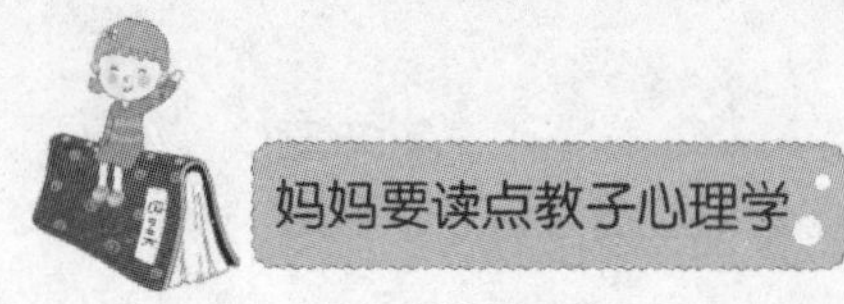

2.不要只根据孩子的学习成绩奖励

只要孩子在任何一方面获得进步，我们都应该奖励，比如，孩子助人为乐、孩子在游戏中获胜等。但如果我们只对孩子取得好成绩给予奖励，那么，孩子就会产生“只有学习才是重要的”这一错误观点。

3.精神奖励为主

有时候，父母的一句“你真棒”比给孩子几百元钱都能让孩子产生热情。一般来说，精神奖励的范围很广，比如，一本书、一次书法展等。

4.言出必行

父母要做到一诺千金，除非你不说，说了就一定要做到，这样的奖励才会让孩子心服口服，达到奖励的预期目的。

5.让孩子自主选择

奖励孩子的最高级别，就是给孩子一些主导权。例如，当孩子取得好成绩时，你可以征求孩子的意见，让他自己决定想得到什么……给孩子一定的主导权，才是最受孩子欢迎的奖励。同时，这种奖励有利于培养孩子多种的能力。

心理小贴士

心理学认为，动机是一个人发动或抑制自身行为的内部原因。当动机达到最佳水平时，活动效率就会达到最大值；而动机不足则会使活动效率降低。因此，为了鼓励孩子努力学习，父母要给予孩子正当奖励，要以精神奖励为主、物质奖励为辅，并让孩子拥有主导权，从而达到奖励孩子的预期目的。

多种感官并用，孩子学习效率高

生活中，一些家长常常为如何提高孩子的学习效率而头疼。的确，一

些孩子虽然学习努力、刻苦，但成效甚微。那么，作为家长，该怎么帮助孩子呢？宋代的大学者朱熹曾发明了“三到”读书法，即心到、眼到、口到。这个方法被很多后人推崇，其实，现代社会，这一方法仍然有效。如果想要孩子取得事半功倍的学习效果，就要指导他们在学习时尽量几种感官并用。这种利用多种感官学习的方法就叫“感官协同效应”。

科学家发现，从听觉获得的知识能够记住15%，从视觉获得的知识能够记住25%，但是如果把听觉和视觉结合起来，就能记住65%的知识。这是因为孩子在收集信息的时候，参与的感官越多，信息就越丰富，所学的知识也就越扎实。换言之，孩子如果能在学习中多种感官并用，就能够提高感知的效果，从而取得良好的成绩。

因此，在帮助孩子提高学习效率的过程中，家长完全可以使用这种方法，你是否发现，你的孩子在课堂上认真听讲，但一回到家，当你让他将课堂学习的内容温习一遍的时候，他却印象不深刻，其实，这就是孩子不会听课的表现。

运用多种感官学习，已经成为很多成绩优异的孩子的“学习心得”，我们先来看看玲玲的学习方法：

玲玲的数学成绩一直很好，在其他同学看来，她一定是个特别喜欢做题的人。而实际上，只有玲玲自己心里明白，她更喜欢动手，而这一点，是爸爸教给她的。

上小学的时候，有一次，她遇到了一道数学难题，怎么也算不出来，这时候，爸爸告诉她，为什么不动手试试呢？爸爸为她找来一些火柴，她就这样比画着，没想到，原本一道很难的数学题，就这样轻松解决了。

现在，玲玲已经上初中了，但她还是喜欢动手操作，这有助于她对很多图形有透彻的了解。

这里，玲玲之所以能将数学学好，就是因为她采取了多种感官并用的方法。的确，学习的关键是理解，只要真正掌握每一堂课老师教授的内容，就能够学好功课。而要做到这一点，首先应该认真听讲，力求做到“五到”，即耳到、眼到、口到、心到、手到。所以，作为父母，如果想要孩子取得良好的学习效果，就要告诉孩子在学习时尽量多使用几种感官。

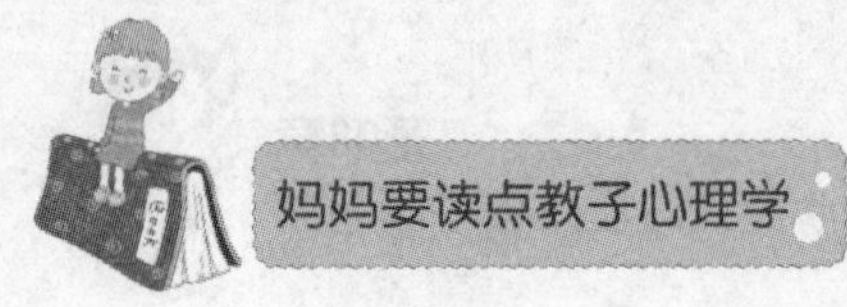

具体来说，这几种感官包括：

耳到——运用听觉系统。这需要孩子不但学会听老师的讲授，还要学会听同学们之间关于问题的讨论，听也是孩子接受知识的一种方法。

眼到——眼看。孩子需要看的有教材、老师的板书、参考资料等。

口到——口说。学会复述老师上课的内容是考察孩子是否真正将知识吸收的一种重要方法。

手到——手写。好记性不如烂笔头，上课时，将老师板书的重点记下来，有助于课后复习。

心到——对课上接触的新知识积极思考。这需要孩子发挥自己的主观能动性，而不是将学习当成一件苦差事或任务。

事实上，只有做到“五到”才能全身心地投入学习，这样，大脑处理信息的能力和速度也会加强。另外，“五到”法可适用于各学科。总之，父母要让孩子明白，学习时耳朵、眼睛、嘴巴、手、心配合起来，就能产生很好的学习效果。

心理小贴士

“感官协同效应”是指人们在收集信息的时候，参与的感官越多，所得到的信息就越丰富，所掌握的知识也就越扎实。也就是说，多种感官齐上阵，能够提高感知的效果。在学习知识的时候，家长要教育孩子尽量使用多种感官，如用耳听，用眼看，用嘴读，或者亲身去做，这样才能达到最佳的效果。

孩子陷入学习低谷，找准因由再“对症下药”

可能很多家长都遇到过这样的困惑：为什么我的孩子经过一段时间学习后反而停滞不前、提不起学习兴趣呢？实际上，这就是学习中常见的

“高原现象”。

“高原现象”是一个比喻。现在，我们来画一个图形，以时间为X轴，学习效果为Y轴，将学习者所花的学习时间和取得的学习效果连成一条线，从这条线中，我们不难发现一个问题：第一，学习者的学习效果与其所花的学习时间是有一定关系的，并且，基本上是成正比的；第二，很多时候，学习时间和学习效果不会呈现规律变化。也就是说，学习者开始学习时，进步快，收效大，曲线斜率也较大，但紧接着会有一个明显的、长短不定的接近水平的波浪线，再往后，又会出现斜率较大的曲线。这条呈现学习效率与所花学习时间、学习精力之间关系的曲线，常被比喻为学习的“高原现象”，而中间呈相对水平状态的那段波浪线，常被比喻为学习的“高原时期”。

一般情况下，孩子在刚开始学习都有明显的效果，但后来就会收效不大，学习原地踏步甚至出现倒退的情况。此时，对于孩子来说，他们会显得慌张，不知如何是好，作为父母，也会焦急，甚至把原因归结于孩子的不努力、不认真。而实际上，孩子的学习状况之所以会出现“高原现象”，是有一定原因的。一般来说，可以分为以下几种情况：

1.学习难度大，学习方法守旧

我们需要肯定的一点是，孩子学习的难度，会随着学习层次的上升而逐渐加大，因此，当孩子还是用同样的方式方法去学习新内容时，自然会觉得吃力。

2.学习动机因素

这一点，多半会发生在那些学习成绩一般的孩子身上。他们认为，反正自己学习成绩不好，再怎么努力也不会有效果，于是，他们得过且过，也不去努力。当然，有的孩子则是目标过高，动机过强，总是无法企及，因而学习兴趣降低，甚至产生厌学等消极情绪。

3.身体原因

身体是学习的本钱，孩子身体不适，自然不能静心学习，导致成绩不佳。

但无论何种原因，当孩子出现“高原现象”时，家长一定要找到原因，并平衡自己的心态，稳定情绪，这样才能帮助孩子走出“高原时

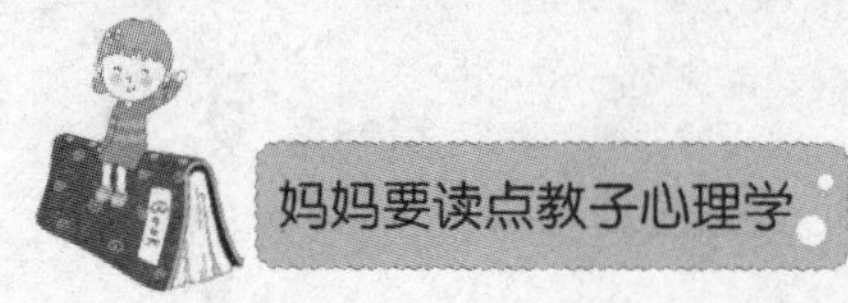

期”。家长可以帮助孩子这样做：

1.注重基础知识的学习

基础知识学不好，当面对难度更大的知识时，只能束手无策，因此，要想走出“高原时期”，家长首先需要帮助孩子打好基础。

2.改进学习方法

家长要告诉孩子，在学习中，一定要善于思考，发现哪些方法是应该保持的，哪些是需要改进的。比如，如果孩子有不复习的习惯，那么，他就很容易忘记刚学过的内容，这一点，就是需要家长帮助改正的。

3.坚持体育锻炼

身体是“学习”的本钱。没有一个好身体，再大的能耐也无法发挥。因而，学习再紧张也不可忽视身体锻炼。有的同学为了学习而忽视锻炼，身体越来越弱，从而越来越力不从心。这样怎么能提高学习效率呢？

4.注意休息

晚上不要熬夜，定时就寝。中午坚持午睡。充足的睡眠、饱满的精神是提高效率的基本保证。

心理小贴士

“高原现象”在学习每一种新知识时都会发生，在各个年龄段孩子的身上都会出现。这种现象和学习者的年龄、学习内容、心理品质等诸多因素有关系，而且会循环出现。有时持续时间短，有时持续时间长。作为家长，当孩子在学习上遇到这一问题时，不能急躁，而是及时找到具体的原因，对症下药，帮孩子顺利走出低谷。

遵循遗忘规律，帮孩子合理安排学习时间

很多家长在辅导孩子学习时，常常会遇到一个头痛的问题：孩子很健忘，刚学过的知识就忘了，要怎样帮助孩子复习才能取得好的效果呢？对

于这一问题，德国心理学家艾宾浩斯提出了一个著名的遗忘曲线，他经过研究发现，遗忘的时间原本就是从学习之后开始的，而且遗忘的进程并不是均衡的。随着时间的推进，遗忘的语速是先快后慢的。

根据这一规律，后来，又有人做了这样一个实验：

两组学生学习一篇课文，甲组在学习后不久进行一次复习，乙组不予以复习。一天后，甲组对课文记忆保持98%，乙组保持56%；一周后，甲组保持83%，乙组保持33%。乙组的遗忘平均值比甲组高。

这个实验告诉我们，在学习中的遗忘是有规律的，遗忘的进程不是均衡的，而是在记忆的最初阶段遗忘得最快，后来就逐渐减慢，到了相当长的时间，几乎就不再遗忘了，这就是遗忘的发展规律，即“先快后慢”的原则。根据遗忘规律我们可以知道，如果孩子所学知识一天之后不抓紧复习，就会所剩无几。

因此，父母在了解遗忘曲线的同时，帮孩子制订记忆计划也是十分必要的。具体来说，父母可以指导孩子掌握以下复习要点：

要点一：掌握最佳的复习时间。

要求孩子听讲之后尽早复习，可减少遗忘，同时可使新知识联系起来，弄清楚知识前后的联系和规律。

根据遗忘曲线我们发现，晚上睡觉前和早上醒来后是两个绝佳的记忆黄金时段！睡前可复习白天或以前学过的内容，对于24小时以内接触过的信息，根据艾宾浩斯遗忘规律可保持34%的记忆，此时复习便可巩固记忆。

而早晨起床后，重新复习一遍昨晚复习过的内容，那么，整个上午都会对那些内容记忆犹新。所以说睡前和醒后这两个时间段千万不要浪费，若能充分利用，事半功倍。

要点二：多种形式复习。

复习是对信息的重新编码，可采用看、听、记、背、说、写、做等多种形式复习整理知识，不必一味机械重复。科学指出，复习的效果在于编码的适宜性，而不在次数。

要点三：单元系统复习。

这一般在测验和考试之前进行，这种复习重点领会各知识要点之间的联系，要抓重点和难点，并使知识系统化、结构化。对错题进行再次练习

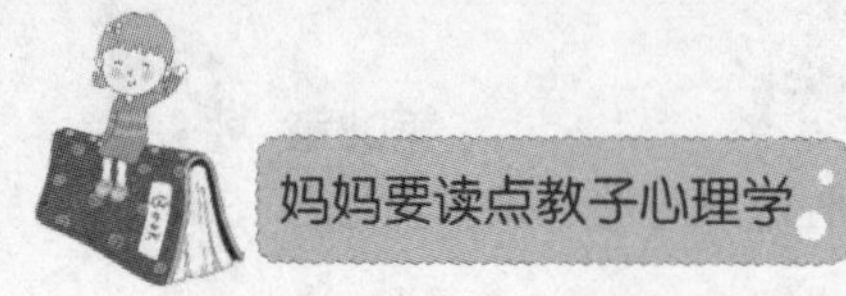

被证明是提高成绩的一大法宝。

要点四：假期不忘复习。

每年的寒署假及劳动节、国庆节学生闲暇时间较多，家长可以督促和提醒孩子，除完成作业外，应适当复习，防止遗忘。在节假日，孩子还可以适当阅读课外书，加深和拓宽对知识的理解、巩固和运用。

的确，知识的积累，就像建造房子，从砖到墙、从墙到梁，是一个循序渐进的过程。家长在督促孩子学习的时候，也要掌握一定的方法，这样，孩子复习的时间不用很长，但效果会很好。磨刀不误砍柴工，说的就是这个道理！

心理小贴士

艾宾浩斯遗忘曲线告诉我们，遗忘的规律是先快后慢，特别是识记后48小时左右，如果不再次记忆，遗忘率则高达72%，所以不能认为隔几小时与隔几天复习是一回事，应及时复习，间隔一般不应超过2天。

要给孩子压力，也要适时缓解压力

作为父母，我们都知道，在孩子学习这一问题上，给孩子一定的压力有助于激励孩子，让孩子更加努力。但事实上，给孩子的压力也要注意分寸，压力过大会让孩子产生受挫感而失去学习动力和兴趣。因此，对于家长来说，帮助孩子找到这个承受压力的最佳点尤为重要。

对此，美国学者威廉森提出著名的倒U形假说。

这一假说运用到人所承受的压力上，是指无论是学习还是工作，压力过大或者过小都会降低效率，只有最佳的压力才能使人们发挥出最佳水平。也就是说，压力较小，人们的工作或学习缺乏挑战性，会使人处于松懈状态，因而效率不高；当压力逐渐增大，变成一种动力时，人的工作效

率达到最大值；但如果压力超过了人的最大承受力，压力就会成为阻力，效率也会随之降低。

对此，法国心理学家齐加尼克也曾做过一个实验对这个假说进行求证。

他把参与实验的人分成2组，然后让他们去完成20项工作。他对其中一组人进行干预，让他们无法完成任务，而对于另一组，他则让他们顺利完成任务。

实验结果显示，虽然所有受试者接受任务时都显现出一种紧张状态，但顺利完成任务者，紧张状态会随之消失；而未能完成任务者，紧张状态会持续存在，他们的思绪总是被那些未能完成的工作困扰，心理上的紧张压力难以消除。

其实，孩子的成长也符合倒U形假说，尤其在学习上。如果家长给他们过大的压力，他们的学习负担太重，那么，他们就会长期处于紧张状态，其效果往往与家长的期望背道而驰。

因此，父母必须对这一现象引起重视，采取有效措施，既不要对孩子提出过多、过高的要求，也要设法帮助孩子按时完成任务，适当缓解孩子的紧张情绪，让孩子在快乐中学习。

其实，现代社会，很多教育心理学家提出“为孩子减压”，并不是没有道理的。现在的孩子从小学起就忙着学习，不但要完成老师布置的作业，还要参加各种各样的补习班，即使假期也没有玩的时间。这种紧张的学习状态让很多孩子喘不过气来，甚至会出现“学习恐惧症”这样的心理障碍。对于这一问题，父母必须引起重视，再也不要认为“有压力才有动力”了，最好的办法是找到一个最佳点，并以此为标准。当孩子压力较小时适当增加压力，当孩子压力较大时缓解压力。若是孩子出现了“学习恐惧症”，家长最好及时帮助孩子做心理疏导，以免影响孩子的心理健康。

具体来说，根据倒U形假说，父母在教育孩子时，应注意以下几个问题：

1．给孩子的期望一定要合理

每个孩子的智力、能力都是不同的，家长在对孩子表达自己的期望时，一定要根据孩子的具体情况。期望值过高，孩子不易实现，他自然会产生失望的情绪；而期望值过低，孩子会认为自己“很没用”。因此，家长的期望必须根据孩子的具体情况来确定，最好是孩子稍加努力就能实现。

2.给孩子压力，也要给孩子支持

很多时候，孩子能承受多大的压力取决于家长给孩子多大的支持。一个孩子在成长的过程中，不能没有压力，但压力过大，孩子很容易被压垮。如果孩子接受的只是高压而缺少相对应的支持，这样孤军作战的孩子很难走向成功。

因此，父母一定要善于赞扬孩子，时刻关注他取得的进步，就像关注他的缺点一样，这对缓解压力有很大好处。为了不辜负你的赞赏，孩子会全力以赴，怀着积极的心态，从而激发出强大的自信。

3.当孩子承受压力时，家长要和孩子一起面对

孩子是否能承受住挫折，很多时候，是和父母有一定的关系的。家长和孩子一起面对压力和挫折，他们能看到父母的关爱和自己的优点，抗压能力就会增强很多。

心理小贴士

任何人都需要有一定的压力，我们的孩子也不例外。但在学习的过程中，他们承受压力的能力是有限的，父母对孩子的实际能力和承受能力应有一个恰当的估计，找到一个最佳点并以此为标准，适当地给予压力和缓解压力，以便达到最佳的激励效果。

第09章　培养良好习惯，巧用心理学让孩子学会生活

什么是习惯？习惯实际上是一种动作定型，是一种自动化的、稳定的、不容易改变的动作。习惯动作已经进入潜意识，不需要经过大脑思考，不需要刻意用意志去控制！一个人好习惯越多，对这个人成长越有利。所以说，我们有必要让孩子从小就养成许多好习惯，从而帮助他在未来的人生中实现远大目标。

帮孩子纠正做事拖拉的习惯

生活中，我们很多人都有这样的坏习惯：面对要完成的事情，人们都会尽量把事情拖到最后期限才去做，到了不能再拖的时候才拼命完成，这种拖拉现象在心理学上叫做“最后通牒效应”。其实，不仅我们成人如此，很多孩子在成长的过程中也会有这样的坏习惯，比如，早上起床，发现要迟到了，他们才从床上爬起来；要考试了，他们才发现有很多知识点没有复习。而在寒暑假作业上，孩子们更是将这一效应发挥得淋漓尽致。

对于他们来说，他们每个学期最盼望的就是放长假，一到长假，他们就可以暂时摆脱学习的压力，不需要每天按时上学，做功课，可以和伙伴们尽情地玩。放假前，他们会对自己的假期有无限的憧憬，也会制订很多

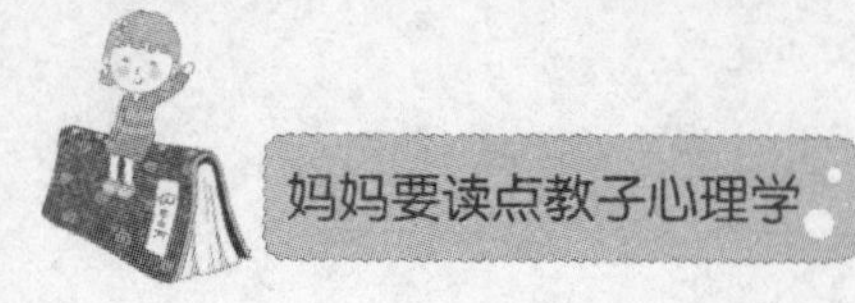

计划，但他们似乎忘记了假期还有一个重要的任务——老师布置的作业。因为孩子们会认为，假期长着呢，先好好玩吧。

但假期总会过去，很快，孩子们发现，很快就开学了，可是作业还没做呢。“一个星期肯定能搞定”，孩子们这样为自己打算着。但实际上，真到最后一星期的时候，他们发现，作业太多了，太难了，自己根本没有精力和能力完成所谓的假期作业。于是，孩子们积极活动起来了，他们开始给同学打电话，开始走街串户，只为“借”作业“参考”一下，用半天的时间就完成了一个假期的作业，孩子们悬着的心终于落了地。

面对长假作业，孩子们的拖拉就是典型的“最后通牒效应”。其实，我们每个人都有这样的毛病，因为人们都愿意先享受轻松的时刻，将负担任务放到最后突击完成。但事实上，“临时抱佛脚”往往为了应付任务，结果只能勉强过关。而当下次再遇到这种情况时，孩子还会重复这种做法。以这样的态度学习、生活，孩子又怎么能形成良好的习惯呢？因此，每一个家长，都应该意识到这一点，决不能让孩子养成拖拉的习惯。

另外，做事拖拉表面上看是享受了快乐，但实际上，这是一种心理的折磨。试想一下，总有一件未完成的事压在心里，不能放弃，不能忘记，时不时地还要打扰快乐的心情，这种感觉多么纠结和痛苦。

快乐是第一位的，我们要告诉孩子，既然问题不能逃避，那么，为何不先解决了再尽情地玩耍呢？如此感受快乐的心境和有事情没有完成的心境是截然不同的。

然而，孩子毕竟对自己的行为缺乏一定的自制力，他们总想先玩耍，对此，就需要家长要求他们在规定的时间内做完应该做的事，让孩子产生一种紧迫感，这样完成的作业就比仓促之下完成的效果好得多，孩子在假期也能真正学到一定的知识。当孩子养成“今日事今日毕”的好习惯后，他会终生受益。

当然，督促孩子并不是说要孩子二十四小时都努力学习，当孩子完成作业非常辛苦的时候，家长最好不要打扰他，更不要逼迫孩子做事情。只要不是最后通牒，适当放松一下有助于更好地完成接下来的工作。

心理小贴士

拖拉是一种坏习惯，也容易引起心理内疚和焦虑，那些做事拖拉的人常常受到一定程度的心理折磨。一些现代教育专家认为，人们拖拉的真正原因其实就是恐惧。而驱除恐惧的唯一办法就是迎向它，行动起来，尽早完成任务。因此，作为父母，你的孩子如果也行事拖拉，那么，你一定要引起重视，这对于孩子的成长和未来的发展是十分不利的。在日趋激烈的竞争中，磨蹭拖拉的人是很容易被社会淘汰的。因此，家长要努力改变孩子拖拉的坏习惯。

正面评价对孩子有积极影响

生活中，我们常听到这样一句流行语：“说你行你就行，不行也行；说你不行就不行，行也不行。”从心理学的角度讲，这句话有一定道理。一个人的成长，除了先天因素外，其他种种影响因素中，社会评价和心理暗示起着非常大的作用。而在他们成长的过程中，他们最信任、最亲近的就是父母，如果父母给他们的评价是正面的，那么，孩子长大后就会自信、开朗、勇敢。关于这点，心理学有个著名的“标签效应”。

所谓“标签效应”，是指当一个人被他人贴上一定的名称后，他的行为会自动地与这一标签的内容一致，这是因为他们做出了自我印象管理。

心理学认为，之所以会出现“标签效应”，主要是因为，“标签”具有定性导向的作用，标签无论是好的还是坏的，它对一个人的个性意识都会有强烈的影响作用，给一个人“贴标签”的结果，往往是使其向“标签”所喻示的方向发展。

的确，孩子的世界是简单的，他们的情感也是最直接的，作为父母，你给他贴上什么标签，他就会做出与标签一样的事情来。比如，如果你赞扬他是个乖巧的孩子，那么，他就会按照你的意愿，处处都表现得乖巧：不说脏话，主动做家务，不与小朋友打架等；相反，如果你说他不听话，

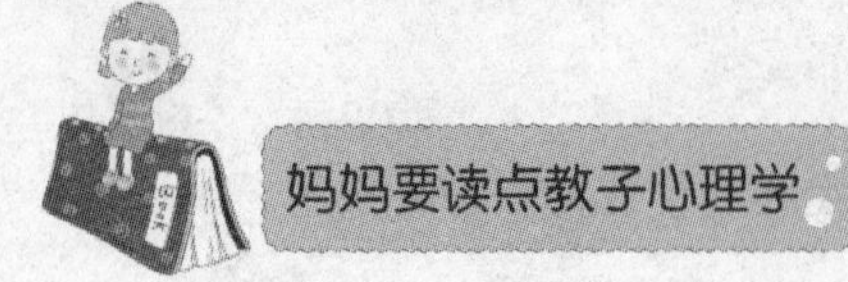

那么，他就会骂人、打人，做出一些让人生气的事情来。

因此，在家庭教育中，每一位父母都应该认识到标签效应的显然作用，尽量不要给孩子贴负面标签，当孩子受挫后，应该找出孩子的闪光点，把这个亮点放大，贴在他身上，他就会向着你期望的目标一步一步靠近。

曾经有一位科学家，在他成长的过程中，他的母亲对他的影响很大。

在他很小的时候，一次，妈妈让他从冰箱里拿出一瓶牛奶，但他一不小心把牛奶瓶打翻了，一瓶牛奶洒得到处都是，他害怕极了，生怕母亲会骂他。

谁知道，母亲听到声响后，走进厨房，并没有生气，而是对他说："哇，你制造的混乱还真棒！我几乎没看过这么大的奶水坑。反正事情已经发生了，你看我们在清理它之前要不要先玩几分钟？"于是他真的这么做了。

几分钟后，母亲说："你知道，现在的场面是你造成的，你是男子汉，应该把事情摆平，那现在家里有海绵、毛巾，还有拖把，你想怎么处理？"他选了海绵，于是他们一起清理满地的牛奶。

母亲又说："我知道你不是故意把牛奶打翻的，是因为瓶子太沉了，那现在你要不要再做个试验，看自己能不能拿起一瓶牛奶呢？现在让我们到后院去，把瓶子装满水，看看你是否拿得动它。"他采纳了妈妈的建议，并且再一次将装满水的牛奶瓶抓在手上，这一次他发现，如果用双手抓住瓶子上端接近瓶口的地方，他就可以拿住它。

后来，这位科学家回忆说，他的母亲是伟大的，她一直采取独特的教育方式，让自己从来不害怕犯错误。他还认识到，错误只是学习的机会，科学实验也是如此。即使实验失败了，我们还是会从中学到有价值的东西。

这里，我们看到了正面的标签对一个人的积极影响。

那么，作为父母，该如何让标签产生积极的作用呢？

1.多看到孩子的优点

教育要严格，并不是说要将孩子批评得一无是处，为此，家长最好从多方面、多层次了解和评价，不能只盯住孩子的缺点。

2.多鼓励你的孩子，不能因为一次错误而给孩子贴上永久的负面标签

孩子难免犯错，父母要给孩子改错的机会，并鼓励孩子，每个孩子都是不断地在犯错、认错、改错中成长的。错误是这个世界上的一部分，也是与人类共生的一部分。父母切勿因为孩子的一次错误而给孩子贴上永久的负面标签。

3.不宜过分夸大孩子的优点

孩子表现好时，父母要给予表扬，赞赏之言可以稍微夸大，这有利于增强孩子的自信心，但是不宜过分夸大。

心理小贴士

对于别人对自己的评价，孩子会下意识地产生一种认同感，进而以此塑造自己的行为。而且，这种评价出现的次数越多，对孩子的心理和行为的塑造固化作用越强，甚至会影响其终生。

家庭教育也需要立规矩

俗话说“国有国法，家有家规”，“没有规矩，不成方圆”。在家庭教育中，父母也应该为孩子制定一定的行为规则，比如，按时吃饭、睡觉、做作业等。制定规则有助于帮助孩子形成良好的行为习惯。关于这一点，有个著名的“热炉法则”。

“热炉法则”源自于西方管理学家提出的惩罚原则，这条惩罚规则规定，任何人都是平等的，谁在工作中违反了制度，都要受到惩罚，这就像触碰了烧红的火炉一样。

关于这条规则，有四个特点：适用于任何人；警醒性；即刻性；彻底贯彻性。也就是说，工作前，就有一个火炉摆在那里，谁触碰了，谁就会被烫。

父母教育孩子，同样需要“热炉法则”。在家庭教育中，可能很多父

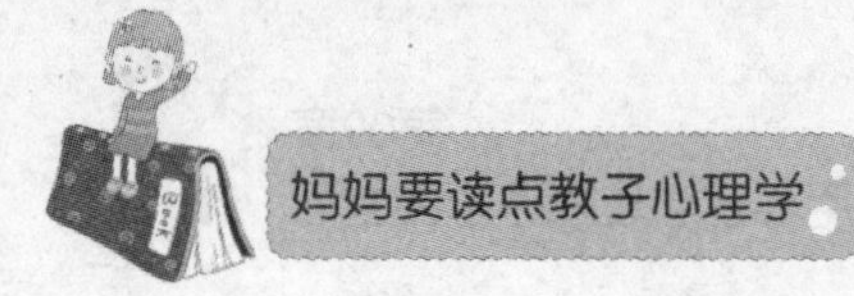

母认为，孩子是需要奖励而不是惩罚的。实则不然，因为有一些孩子很任性，光靠说教根本不起作用。因此，对于他们的一些错误行为，必须采取惩罚措施。有教育专家认为："没有惩罚的教育是不完整的教育，没有惩罚的教育是一种虚弱的、脆弱的、不负责任的教育。"

曾经，在美国，有一个11岁的小男孩，他在踢球时，不小心将球直接射进了邻居家的窗户上，打碎了他们家的玻璃。为此，小男孩和邻居协商好，他必须向邻居赔偿13美元。这可是一笔不小的数字，小男孩为此很苦恼。

最后，他决定求助自己的父亲，但没想到的是，父亲居然让他自己想办法。

"我哪有那么多钱赔人家？"男孩非常为难。

"我可以借给你。"父亲拿出13美元，"但一年之后你必须还我。"

于是，为了偿还父亲借给自己的13美元，男孩开始艰苦的打工生活。经过半年的努力，终于挣够了13美元这一"天文数字"，偿还了父亲。

这个男孩就是日后的美国总统里根。他在回忆这件事时说："通过自己的努力来承担过失，使我懂得了什么是责任。"

这里，我们发现，年幼时的里根总统通过"足球事件"获得了成长。这个故事告诉家长，在家庭教育中，惩罚的作用是无法代替的。惩罚作为一种教育手段，最大的优势是：有利于培养孩子从小树立对自己行为负责的观念。社会中的每个正常人都必须对自己的行为负责，孩子也不例外。如果你做错了事或说错了话，就必须承担相应的后果。

而让孩子形成良好的习惯，最好的方法就是制定规则。作为父母，想让孩子遵守规则，你要用行动，而不是冲着孩子吼叫或斥骂，也不是空洞的威胁。孩子犯了错，你生气、愤怒都无济于事，只有规则能让孩子对自己的行为负责，并逐渐培养孩子成熟的品质。相反，歇斯底里只会使孩子在情感上远离你，甚至导致亲子关系变得紧张，孩子自然不会服从你的教育。当然，在给孩子制订家庭规则时，以下几点是需要提醒父母们注意的：

1.规则要明确、细致化

给孩子制订规则，一定要简单易懂，让孩子容易遵守

例如，让孩子做到遵守规则，就要让孩子知道红绿灯的作用；让孩子早睡早起，就要规定具体的时间。这样，孩子容易理解，也容易做到。另外，你最好明确告诉他违反规则会受到什么样的惩罚。

2.告诉孩子制订规则的原因

家长语重心长地告诉孩子为什么要早上床睡觉，为什么要孝敬爷爷奶奶，孩子会感受到你的尊重，会认为你的话说得有道理，这样，他就会接受。因此，在制订规则的时候，父母最好能和孩子一起沟通、交流、平等对话，鼓励孩子发表自己的意见，与孩子共同制订一些规则，这样可以使孩子有一种责任感、义务感，并自觉自愿地遵守。

3.任何规都必须无条件执行

遵守规则就必须无条件执行，无论是时间、地点变化，都不能例外。比如，在外面不能说脏话，那么，回家也是如此。今天需要遵守这条规则，明天也是如此。

4.父母要以身作则

所有的规则不仅仅是立给孩子的，父母也要严格遵守、以身作则。

心理小贴士

孩子的成长是离不开成人的督促的。作为父母，要细心观察孩子在日常生活中的行为习惯，如果发现孩子的言行不符合规则，那么，我们就应该及时提醒，并且，我们需要让孩子明白，一旦违反规则，某些惩罚就一定会降临到他身上。这样，孩子的规则意识就会在日常生活中慢慢得到强化。言必行，行必果，这句话对父母和孩子都将受益无穷。

培养竞争意识，开发孩子潜能

竞争，在字典里是这样解释的：为了自己的利益而跟别人争胜。良性竞争是发展自己、提高自己的动力，所以，在家庭教育中，倡导孩子进行良性竞争是很有必要的，尤其在当今竞争如此激烈的社会，只有学会竞争，才能更好地适应社会。相反，如果不鼓励孩子参与竞争，就很难开发他们的潜力，更不用说发掘出人生的深层意义和享受美好的人生。关于这点，心理学上有个“鲶鱼效应”。关于这一效应，有这样一个由来：

挪威人喜欢吃沙丁鱼，尤其是活鱼。市场上活鱼的价格要比死鱼高许多，所以渔民总是千方百计让沙丁鱼活着回到渔港。可是虽然经过种种努力，绝大部分沙丁鱼还是在中途因窒息而死亡。但却有一条渔船总能让大部分沙丁鱼活着回到渔港。船长严格保守秘密，直到船长去世，谜底才被揭开。原来船长在装满沙丁鱼的鱼槽里放进了一条以鱼为主要食物的鲶鱼。鲶鱼进入鱼槽后，由于环境陌生，便四处游动。沙丁鱼见了鲶鱼十分紧张，左冲右突，四处躲避，加速游动。这样沙丁鱼缺氧的问题就迎刃而解了，沙丁鱼也就不会死了。这样一来，一条条沙丁鱼欢蹦乱跳地被带回到了渔港。

这就是著名的“鲶鱼效应”。“鲶鱼效应”告诉我们，竞争可以激发人们内在的活力。对于孩子的教育同样如此，父母应该培养孩子的竞争意识。

一位家长有这样的隐忧：“儿子已经九岁了，身体的发育超越了同龄的孩子，高高的个子，健壮的身体，帅气的面庞，可他的心理年龄依旧很稚嫩。尤其在勇敢、独立和竞争方面让我着急，让我不知所措。老公因为工作原因常驻国外，孩子的教育基本都是我一肩挑，家里的住房面积比较大，空旷的房间里，楼上楼下就我们两个人，楼上有个窗动门响的，他就躲在我后面，用手指着楼梯说：‘妈妈，你走前面，让我们上去看看！’一脸恐惧的样子。如果晚上他睡觉，半夜醒来，必定要拉开所有的灯，跑到我房间找我，然后倒在我身边睡觉，有时，我故意跑到客厅的沙发上睡，看他半夜起来，还找不找我！无可救药的是，他居然找到客厅，宁可躺在地板上睡，也不回自己房间。

儿子在小区里有三四个要好的同学，他们经常到我家玩电子游戏，比如赛车，三国，他们在一起很友好，但友好得让我有点担心，他们从不比

第一。本身来自家长的竞争意识很淡，所以儿子也缺少竞争意识，如此这般身体力行地教育男孩子，将来我们这些妈妈会不会也‘栽培’出新一代的‘啃老族’？”

这位家长的隐忧是有道理的，不愿意做元帅的士兵不是好士兵，必须从小培养孩子的竞争意识，引导他们适者生存。也有越来越多的家长认为，“乖”孩子已经不适应社会了，要想将来不被社会淘汰，就要从小培养竞争意识。为此，家长们纷纷出“奇招”为孩子在竞争中获胜创造条件，如带孩子参加招聘会，给孩子报名参加各种比赛等，让孩子从小体会到成人世界的压力，并将压力转变为学习的动力，让孩子具备实力，这样培养出来的孩子自然不怕竞争，在竞争中也就敢于过五关斩六将，最终获得成功。

当然，我们运用“鲶鱼效应”激励孩子时，并不是简单地找几个学习更好的孩子来作比较，而是要讲究一些方法。

1.在帮助孩子寻找竞争对手时，是找一个还是几个，这需要家长根据孩子的具体情况作出决定。

2.注意帮助孩子寻找竞争对手的时间。在孩子取得一定成绩，并暗自得意时，引进最合适。

当然，我们还需要注意的是，竞争意识不是最重要的，意识在孩子成长过程中会逐步形成；重要的是竞争心态，只有建立良好的心态，才是正确的竞争意识。面对一个充满激烈竞争的世界，孩子在树立竞争意识的同时，家长也要教育孩子们一定要有友爱意识，否则会使他们在竞争中变得冷酷无情。

心理小贴士

竞争的力量会让一个人发挥出巨大的潜能，创造出惊人的成绩。因此，每一位家长都应该让孩子树立竞争意识，并把培养孩子竞争能力当作家庭教育的一项重要内容。

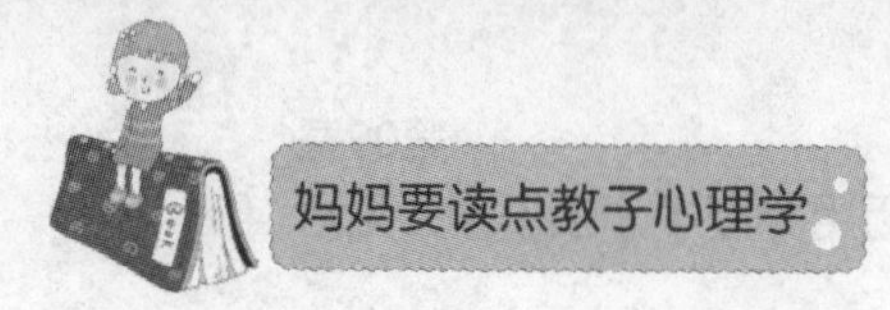

聪明的父母懂得保护孩子的好奇心

生活中，作为父母，当你的孩子缠着你问“为什么”的时候，你是怎么做的？耐心地为他解释，还是批评他多事、厌烦？其实，孩子问“为什么”，这表明他们开始展露他们的好奇心。在孩子成长的过程中，好奇心非常重要，这是他们探索世界的动力。父母要学会挖掘、保护孩子的好奇心，鼓励孩子积极探索与求知。

人都是充满好奇心的，对于自己不明白的问题，我们总想探个究竟。这一点，在孩子身上体现得尤为明显。常常向父母问这问那，但很多父母，却对此感到不耐烦，其实他们往往忽视了重要的一点，好奇心是促使孩子学习、成长的良机。

3岁的小雅相对于其他同龄的女孩来说，显得格外活泼好动。周末，妈妈带她到公园去玩。妈妈轻声和女儿交谈着，可是一回头却发现小家伙不见了，妈妈急忙四处寻找，发现在不远处的草地上，小雅正趴在地上，专注地玩什么东西。

妈妈悬着的一颗心落下了，她悄悄地走到小雅背后，发现小家伙正专心致志地用一只草棍拨弄着一只小蚂蚁，翻来覆去，仔细观察蚂蚁的每个动作。“宝宝，你在干什么？”妈妈问。“妈妈，我正在玩小蚂蚁。”小雅连头也没回，妈妈受到了启发，这是孩子好奇心的表现。

回家后，妈妈给小雅买了一只玩具小鸟，它会叫、会飞。小雅高兴极了，爱不释手，她专心致志地观察小鸟的各种动作。第二天，妈妈下班回家，却发现女儿正动手拆玩具鸟，桌子上已经摆着几个小零件。见妈妈来了，小雅似乎有些害怕。妈妈故意板着脸问：“你怎么把玩具给拆开了？”小雅怯生生地说：“我只是想看看它肚子里有什么，为啥会拍翅膀、会叫。”

妈妈很高兴，她相信：会玩的孩子才会学，她必须抓住这个时机，培养孩子的智力。于是，她鼓励女儿说：“宝贝，你做得对，应该知道它为

啥会拍翅膀。”听了妈妈的鼓励，小雅高兴极了。不一会儿就把玩具鸟给拆开了，并对里面的结构观察起来。

小雅妈妈做得对，会玩的孩子才会学，活泼也是一种特征，每一个活泼好动的孩子，总是具有敏锐的观察力、想象力和思考力，而这些才是成才的关键。

具体来说，在培养孩子好奇心方面，父母可以从以下几个方面入手：

1.孩子发问，就要积极回答，不要挫伤孩子的积极性

如果孩子问你“为什么”，父母不要以“以后你就会明白了”等敷衍塞责的话回应孩子。父母应认识到，好奇是孩子认识世界、实现社会化的起点，如果不予以支持和鼓励，将会挫伤其积极性。

2.为孩子提供动脑、动手的机会

生活中，你可以利用孩子好动的特点，为他们多提供动手的机会，比如，他的小玩具坏了，你可以让孩子试着修修看，让孩子体验到一种自我成就感和乐趣。

3.让孩子自己寻找答案

孩子对周围的事感到新奇，对于这一点，父母应该把探索的机会留给孩子，而不是把答案直接告诉孩子。

心理小贴士

对于孩子的好奇心，父母应该用正确的态度加以培养，不但要热情地回答孩子的问题，还要创造机会，培养孩子的好奇心，让孩子主动去探索、观察，促进他们的求知欲。一时回答不了的问题，不能一推了之，更不能胡编乱造，而应努力与孩子一起寻求正确的答案。

放手让孩子独立才是真正恰当的爱

我们都知道，人应该是独立的，独立行走，使人类脱离了动物界而成

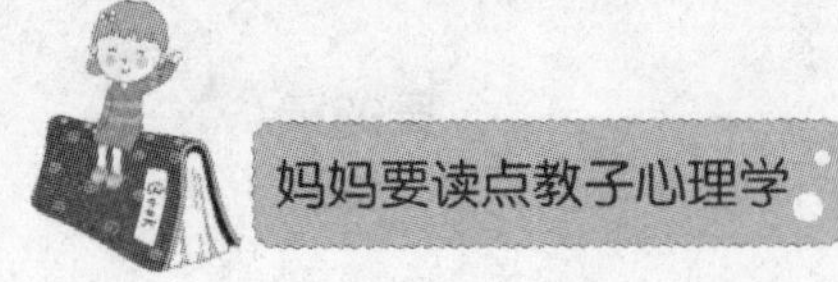

为万物之灵。每个孩子的成长过程都是一个逐渐独立与成熟的过程。一些父母在教育孩子的过程中，常常只把眼光放到孩子的学习上，而忽视了孩子独立意识的培养。这些孩子，一旦失去了可以依赖的人，他们常常不知所措。因此，父母必须爱孩子，让孩子独立起来。关于这一点，有个著名的狐狸法则。

狐狸世界的法则是：成年后就不能与父母住在一起，就不能靠父母养活，得自己去生活。我们必须懂得，这也是所有自然界的生存法则。如果你不知道如何生存，那么你将被大自然无情地淘汰。

狐狸们在很小的时候，就开始学习如何捕食，当它们长大成熟后，老狐狸就不再允许它们留在身边，而是无情地驱赶出去，迫使它们去独立生活，去开拓新的生存领域。即便那些不能，或不愿独立生活的小狐狸哀求老狐狸留下时，老狐狸们也是毫不留情地把它们赶走。

然而，在我们人类社会，随着物质生活水平的提高，很多父母把帮助孩子积累财富当成“终生事业”，千方百计地为孩子积累钱财。而这也给孩子们一个误导，父母留给自己金山银山，就可以高枕无忧了，实际上，即使金山银山，也有吃空的一天。而且，坐享其成会使孩子们养成依赖性和惰性，缺乏毅力和恒心，缺乏奋斗精神，将来必定无法立足于社会。

从前，有一对夫妇，老年得子，高兴异常，所以对这个“老来子”十分疼爱，几乎不让孩子做任何事，孩子除了吃喝以外什么都不会。就这样，很快，这个孩子长大了。

一天，老两口要出远门，担心儿子在家没法照顾自己，就想了一个办法：临行前烙了一张中间带眼儿的大饼，套在儿子的脖子上，告诉他想吃的时候就咬一口。

可是，这个孩子居然只知道吃颈前面的饼，不知道把后面的饼转过来吃。等老两口出门回来时，大饼只吃了不到一半，而儿子竟活活饿死了。

这个故事告诉所有的父母，教育孩子，一定要培养孩子的独立意识，只有独立，才具备生存的能力。“自己动手，丰衣足食”说的就是这个道理。

根据狐狸法则，我们的家长需要从以下几个方面培养孩子的独立意识和独立能力：

1.让孩子学会自理

日本的孩子从小家长就灌输“自己的事情自己完成”，所以日本孩子出外，再重的包裹也要自己背，如需别人来帮忙，那是被别人看不起的。有的男孩从小一年四季就洗冷水，来锻炼自己的意志和吃苦精神。

因此，家长不能再对孩子的生活大包大揽，在孩子的能力范围内，家长应该鼓励孩子大胆尝试，坚持让孩子自己动手，才能在潜移默化中培养他们的自理能力。

2.让孩子学会独立应对生活中的一些问题

不管做什么事，总是有一个从不会到会的过程。家长可以让孩子独立面对一些生活中的小问题：比如，当你有事出门，你可以让孩子自己做饭吃；家里来了客人，应该让孩子学会主动打招呼等。

3.和孩子一起体验生活

现代社会，很多父母都忙于工作，孩子每天也忙于学习，致使亲子间的代沟越来越大。其实，作为家长的你，也可以制造机会与孩子相处，比如，可以和孩子一起晨跑，一起打球，一起游泳，一起旅游，这样不仅能增加与孩子沟通的机会，也能使孩子得到锻炼。

心理小贴士

所有的父母都是爱孩子的，但父母不可能陪伴孩子一生，如果不能及早让孩子学会独立，那么，当孩子不得不独立去面对这个世界的时候，它将无所适从。因此，任何一个父母，都应该把培养独立自主的孩子当成家庭教育的重要部分，应该为孩子多创造锻炼的机会。

延迟满足，让孩子学会控制自己的欲望

“金无足赤，人无完人。”人最大的敌人是自己。只有战胜自我的人，才是真正的强者。这就考验了人的自制力。一个有着强烈自制力的

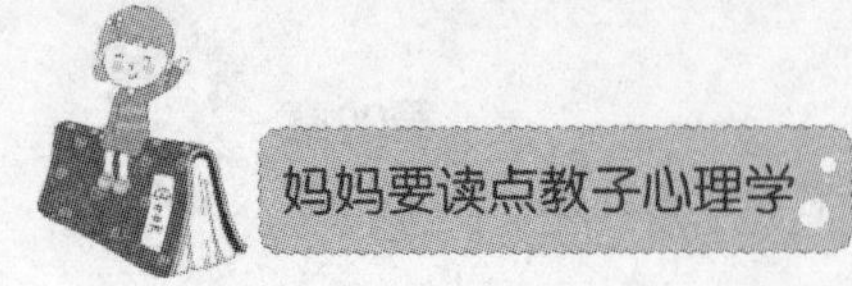

人，就像一辆有着良好制动系统的汽车一样，能够在很大程度上随心所欲，到达自己想要去的任何地方。因此，我们可以说，美好人生，就是从自我控制开始的。而生活中，人们之所以会做一些让自己后悔的事，归结起来，大多是因为自制力薄弱，抵挡不住诱惑。可见，任何一个父母，在教育孩子的过程中，一定要培养孩子的自控能力，让孩子学会约束自己，他才能战胜未来生活中的种种困难，取得成功。

关于这一点，心理学上有个概念叫延迟满足，它是指人们为了获得更大的目标，可以先控制自己的欲望，放弃当下的诱惑。如果一个人没有忍耐力，那么，在遇到压力时就会退缩不前或不知所措。生活中，我们发现，一些家长在自己年轻时受过很多苦，因此，对于自己孩子的各种要求，他们都尽量满足，这样孩子对物质的需求或对欲望的需求就会越来越弱，因为不需要通过努力就能得到。而一个自我延迟满足能力强的孩子，成年后在面对困难和挫折时，知道自己要付出很多才能达到那个目标。

事实上，懂得控制自己欲望的孩子的眼光是长远的，在他们成年后，对于眼前的事，他们会作出综合的考虑，考虑这件事情现在对我有没有利，五年以后有没有利，十年以后有没有利。如果小时候不控制自己，长大了就会习惯“控制不住”的状态，矫正起来则比较难。

那么，作为父母，如何培养孩子自我延迟满足能力呢?

1.适当延迟满足孩子的时间

培养孩子的自我延迟满足能力，就不能对孩子太过迁就，当他们想要什么时，我们可以适当延迟一下时间，比如，过半个小时再来处理孩子的要求，在这个过程中，孩子的忍耐能力就提高了。

2.立场要温和，态度要坚定

如果你想拒绝孩子的要求，那么，你就必须表现得立场坚定，进而让孩子明确自己的要求是无理的，但同时，你的语气必须要温和，这样才是真正以理服人。

比如，孩子想买一样东西，你可以这样说：“抱歉，宝贝，妈妈最近经济有些拮据，大概三天后妈妈才能拿到钱，那么，这三天妈妈必须努力工作，你能帮妈妈在这三天干点家务吗？到时候妈妈再给你一点补助，3天以后再买给你好吗？”这样温和地说，是让孩子感受到：“虽然妈妈没给我买，但妈妈是有原因的，妈妈也是爱我的。”

然而，很多父母在这方面做得并不好，一旦孩子提出的要求不合理，他们总是对孩子疾言厉色，甚至打骂孩子，这样孩子既得不到这个玩具，又觉得你不爱他。

假若我们在教育孩子的时候态度温和，客观地看待孩子的要求，当孩子做出任何不好的举动时，都能包容和接纳，那么，我们在与孩子进行一切互动时，就能很好地把握分寸。

3.是否满足孩子要看孩子的要求是否合理

当孩子提出某个要求时，家长是否立刻满足，最重要的是看这个要求合不合理。如果家长认为孩子的这个要求是合理的，就应该马上满足；如果家长认为孩子提出的要求不合理，就一定要拒绝，但家长需要注意的是，必须在拒绝孩子的时候告诉他原因，告诉他怎样做才是对的。

心理小贴士

家庭教育中，每个父母都要遵循孩子的天性，但这并不意味着我们要满足孩子的所有要求。相反，适当延迟满足，能培养孩子控制自己欲望的能力。这一点，需要家长在生活中加以贯彻实施，当你的孩子明白只有付出才有回报时，他就拥有了一定的自控力。

教育孩子“勿以恶小而为之”

日常生活中，可能我们都有过这样的体验：一个错误的数据，可以导致整个报告成为一堆废纸；一个标点的错误，可以使几个通宵的心血白费；一个烟头的失误，可能导致一场巨大的火灾。这就是细节的力量。生活中，人们常说：“勿以恶小而为之”，一个小的坏习惯可能会让我们最终走上错误的道路。著名的“蝴蝶效应”也对此有所诠释：蝴蝶效应是指在一个动力系统中，初始条件下微小的变化能带动整个系统的长期的巨大的连锁反应。这是一种混沌现象。蝴蝶在热带轻轻扇动一下翅膀，遥远的国家就可能出现一场飓风。“蝴蝶效应”告诉我们，教育孩子无小事。一句话的表述、一件事的处理，正确和恰当的，可能影响孩子一生；错误和武断的，则可能贻误孩子一生。

“蝴蝶效应”的由来是这样的：

美国气象学家爱德华·罗伦兹1963年在一篇提交纽约科学院的论文中分析了这个效应。“一个气象学家提及，如果这个理论被证明正确，一只海鸥扇动翅膀足以永远改变气候。”在以后的演讲和论文中他用了更加有诗意的蝴蝶。对于这个效应最常见的阐述是：“一只南美洲亚马孙河流域热带雨林中的蝴蝶，偶尔扇动几下翅膀，两周以后在美国得克萨斯州就会引起一场龙卷风。”其原因就是蝴蝶扇动翅膀的运动，导致其身边的空气系统发生变化，并产生微弱的气流，而微弱气流的产生又会引起四周空气或其他系统产生相应的变化，由此引起一个连锁反应，最终导致其他系统的极大变化。它被称为混沌学。

此效应说明，教育无大事，处处皆小事。作为父母，我们更应该时刻关注孩子的成长，告诫孩子“勿以恶小而为之”。因为任何大事都是无数小事的重复叠加而成，等到事态严重时，我们才如梦方醒，又有什么意义呢？

成功始于习惯，失败也始于习惯；成功者有成功的习惯，失败者有失败的习惯！每个孩子在成长的过程中，都有自己的行为习惯，但有些行为，是家长必须帮助孩子克服的，具体来说，这些坏习惯有：

1.自制力不强

孩子自制力的形成不是一蹴而就的，也不是孩子下了决心就能获得的，这是一个长期的过程。

以学习为例，家长在教育孩子好好学习的过程中，如果他决定从明天起好好学习，并且每天学习10个小时以上，那么，他很可能因为没有达到目标而气馁，而如果家长先给他定一个较为合理的目标，比如，他可以在第一周每天学习1个小时，少玩15分钟，倘若能做到这一点，第二周每天学习1个半小时，少玩20分钟，如果再做到这一点，就可以每天学习2个小时，少玩30分钟。慢慢地，他便会发现，自觉地学习已经成了一种习惯，

而自制力也自然而然地形成了。任何坏习惯的改变或好习惯的形成都可以采取这个方法。

2.准备不足

很多孩子学习成绩很好，但为什么一到考试就失利，因为他对自己太自信了，他认为自己不用复习就能取得好成绩，实则不然，考试前的准备不充分是很多孩子失利的重要原因。因此，你必须告诉孩子，无论你对自己的评估如何，都不要掉以轻心。

3.不能坚持到底

可能你的孩子也想努力做好一件事，比如钻研某件乐器，学好习等，但最终往往不能成功是因为他的中途退缩。因此，你必须让孩子尽早改掉这一坏习惯，否则，它会影响到孩子的一生。

心理小贴士

古人云："勿以善小而不为，勿以恶小而为之。"生活中，孩子的一些小的坏习惯看来无关紧要，但作为家长，如果不及时提醒孩子，并帮助孩子纠正，那么，很可能会影响到孩子的健康成长。教育无小事，我们对孩子的任何一次行为的态度，孩子都会记在心里。想要孩子拥有成功的人生，就要让其改掉坏习惯！

良好习惯照亮孩子的一生

一种行为习惯，是人们成长过程中，逐渐形成的一种行为倾向。从某种意义上说，"习惯是人生最大的指导"。世界著名心理学家威廉·詹姆士曾说：播下一个行动，收获一种习惯；播下一种习惯，收获一种性格；播下一种性格，收获一种命运！可见，好的习惯是十分重要的，它可以使人的一生发生重大变化。满身恶习的人，是不会有大作为的，唯有有好习惯的人，才能实现自己的远大目标。

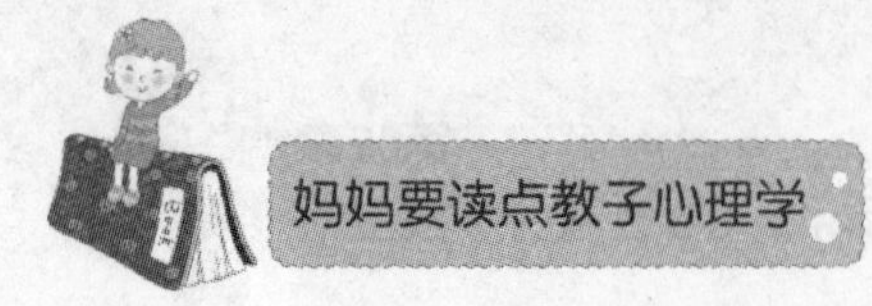

这就告诉所有家长，你若希望自己的孩子能拥有一个成功的人生，你就必须从小教育孩子养成良好的行为习惯。

因为孩子的习惯就像走路，如果他选择了好的行为习惯，也就选择了一条正确的道路。其中，对孩子的行为起着重要作用的就是惯性，阻止其走出自己选择的道路，生活中的这种现象就被称为“路径依赖”。

路径依赖，又译为路径依赖性，它的特定含义是指人类社会中的技术演进或制度变迁均有类似于物理学中的惯性，即一旦进入某一路径（无论是“好”还是“坏”）就可能对这种路径产生依赖。一旦人们作了某种选择，就好比走上了一条不归路，惯性的力量会使这一选择不断自我强化，不会让你轻易走出去。第一个使“路径依赖”理论声名远播的是道格拉斯·诺思，由于用“路径依赖”理论成功地阐释了经济制度的演进，道格拉斯·诺思于1993年获得诺贝尔经济学奖。

“路径依赖”理论被总结出来之后，人们把它广泛应用于选择和习惯的各个方面，包括父母应该如何培养孩子的习惯。我们先来看下面一个故事：

有人将5只猴子放在一只笼子里，并在笼子中间吊上一串香蕉，只要有猴子去拿香蕉，就用高压水教训所有的猴子，直到没有一只猴子再敢拿香蕉。然后用另一只猴子替换出笼子里的一只猴子，新猴子不知这里的“规矩”，竟又去拿香蕉，结果触怒了原来笼子里的4只猴子，于是它们代替人执行惩罚任务，把新来的猴子暴打一顿，直到它服从这里的“规矩”为止。

试验人员如此不断地将最初经历过高压水惩戒的猴子换出来，最后笼子里的猴子全是新的，但没有一只猴子再敢碰香蕉。

起初，猴子怕受到“株连”，不允许其他猴子去碰香蕉，这是合理的。但后来人和高压水都不再介入，而新来的猴子却固守着“不许拿香蕉”的制度不变，这就是路径依赖的自我强化效应。

对于孩子的未来，同样需要作好路径选择。父母应该培养孩子正确的路径选择观点，让他们从小就懂得取舍，追求生活的真正意义。然而，习惯的养成，并非一朝一夕之事；而要想改掉某种不良习惯，也常常需要一段时间。

因此，父母在培养孩子良好习惯的同时，需要注意以下几点内容：

1.好习惯要从小培养

从孩子还在幼儿期开始，家长就要注意培养孩子良好的生活习惯，有些父母认为，等到孩子懂事了再培养，这样孩子更易接受。实际上，这样只能适得其反。因为，等孩子到了自我意识渐渐形成的年龄，父母过多的指令就会遭到孩子的反抗。年幼时如果养不成好习惯，就不利于孩子的健康成长。

2.必要时要使用强制的方法来约束孩子

生活中，孩子的很多习惯总是养不成，比如，饭前便后洗手等，你只是简单地提醒几次，孩子还是会忘记，对此，你不妨经常叮嘱孩子，这样，他就能记住了。要知道，“强制出习惯”是个不折不扣的真理！可见，在养成好习惯，去除坏习惯的初期必须靠父母的强制作用。

3.父母需要以身作则

如果你是一个满身坏习惯的家长，你又凭什么奢望你的孩子养成好习惯呢？因此，你必须重视言传身教的作用，在举止、谈吐和生活习惯方面给孩子树立一个好榜样。

心理小贴士

在一定程度上，人们的一切选择都会受到路径依赖的可怕影响，人们过去作出的选择决定了他们现在的选择，人们关于习惯的一切理论都可以用“路径依赖”来解释。任何一位家长，都必须把从小培养孩子的良好习惯作为家庭教育的重要内容。

第10章　掌握心理学技巧，架起与孩子沟通的桥梁

我们都知道，每个家长都望子成龙，望女成凤，但在教育孩子的问题上，他们明显过于焦躁，孩子一旦出了什么问题，就乱了方寸，以为大声呵斥就能让孩子听话。这些父母是否想过：你们要求孩子听话和了解你们的意思，但你们有没有了解过孩子的想法？加强沟通，要求父母掌握一些心理学技巧，主动将自己的心声向孩子表达，同时多倾听孩子的心声，这样，才能了解孩子的所思所想，而后给予适当的引导，使孩子健康成长。

和孩子沟通时把音调降低

生活中，很多父母总认为，只有在孩子面前树立威信，才能让他们信服，于是，他们尽量提高音调，以为孩子会听自己的话。但结果常常事与愿违。其实，假如我们能降低音调，那么，孩子会感受到你对他的尊重，同时，他们也会集中注意力听你说话，沟通效果自然会好很多。这在心理学上叫做“低声效应”。

“低声效应”是指与他人对话时，如果你低声说话，那么，对方也会低声说话；如果你高声说话，那么，对方也会随之变得高声。关于这一点，美国耶鲁大学的一位心理学家曾做过研究，结果表明：沉稳型的讲课

方式和雄辩型、演说型的讲课方式相比，前者能够让学生对讲义达到最大化理解。

家庭教育中，“低声效应”同样有效。在与孩子沟通，尤其是批评他时，如果我们能降低音调，与孩子平等对话，和颜悦色地与孩子讲道理，那么，孩子更易接受。

我们先来看看下面这位妈妈是怎么教育孩子的：

周日这天，妈妈带着莉莉一起逛商场，莉莉看上了一件粉色的裙子，莉莉非要买，妈妈说该回家做饭了，莉莉就是赖着不走，非要妈妈买给她。这时候，妈妈蹲下来，对莉莉说：“我的乖女儿，妈妈知道你很喜欢这件衣服，但你发现没，你已经有十几件类似的裙子了。你看，妈妈每天这么辛苦地工作，才能挣钱给你买喜欢裙子。莉莉是不是应该体谅一下妈妈呀？”妈妈说完，莉莉还是撅着嘴。妈妈见状，就继续说：“要不，等下周妈妈发了工资再给你买，好不好？”听到妈妈这样说，莉莉高兴地答应了。

第二周的一天，妈妈下班后对莉莉说：“妈妈今天带你去商场买那条裙子好不好？”但莉莉却对妈妈说：“妈妈，我以后要做你的乖女儿，再也不乱买衣服了。”听到莉莉这样说，妈妈欣慰地笑了。

这种事例中，莉莉妈妈的教育方法值得很多父母借鉴。当家长批评和教育孩子时，降低说话的音调，能诱使孩子听我们说话，从而接受我们的教育。相反，如果我们大声训斥孩子，则会让孩子产生逆反情绪。生活中，就是有这样一些家长，他们一遇到孩子犯错误，就大声责骂孩子，结果，孩子反对的声音比他们还大，最终，双方的情绪都很激动，致使亲子之间的关系很紧张。

另外，在使用低声效应时，家长还需要注意几点：

1.注意你的语气和表达

孩子犯了错，家长必须要批评，但我们需要考虑到孩子的接受能力。为此，在批评的时候运用恰当的语气和措辞就显得尤为重要，比如，我们可以这样对孩子说：“你是个很听话的孩子，也是妈妈的乖宝贝，但是你知道吗？你如果能改正一些不好的行为就更好了。”这种口吻听起来会比较委婉，孩子也相对容易接受。

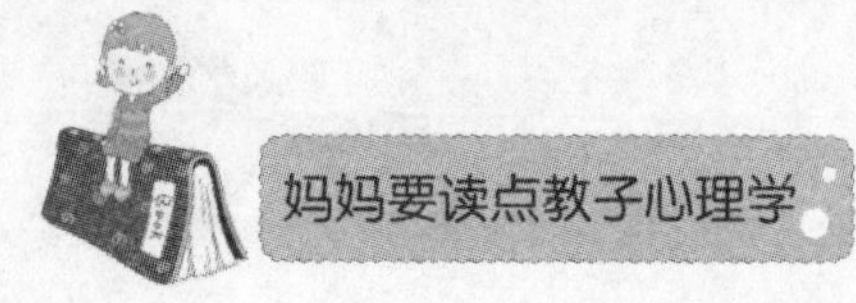

2.明确地告诉孩子能做什么，不能做什么

比如，当你带孩子去亲戚家做客的时候，你要告诉他，不能随便动人家的东西，并告诉他，这是不好的行为习惯。

3.批评孩子时不要伤害孩子的自尊心

孩子的内心是脆弱的，他们在某些行为习惯上有不好的地方时，我们应该主动指出来，但一定要照顾到孩子的自尊心。比如，当他饭前不洗手时，你可以这样指出来："你知道吗？饭前不洗手是很不卫生的，会滋生很多细菌。"这种十分轻柔的声音，会让孩子接受你的建议。而相反，假如你说："你看你那脏兮兮的手，真恶心。"那孩子会怎么想呢？

心理小贴士

日常生活中，我们在教育、批评孩子时，要用比平时更低的音调。因为降低音调能体现出对孩子的尊重、保护。反过来，若大声训斥，会让孩子产生一种心理错觉，他会认为你不爱他。总之，家长要想使孩子接受你的意见，就要学会控制情绪，把沟通的音调降低。

教育孩子，父母的态度要保持一致

我们深知一个道理，如果我们只有一块手表，可以知道时间；而如果我们拥有两块或者两块以上的手表，我们并不知道更准确的时间，反而会制造混乱，使得我们对准确时间丧失信心。这就是著名的手表定律。手表定律的深层含义在于：每个人都不能同时挑选两种不同的行为准则或者价值观念，否则，他的工作和生活必将陷入混乱。同样，家庭教育中，父母双方也要保持一致的态度，否则，孩子将无所适从。

我们不难发现，中国传统的家庭模式多半是严父慈母：就是说"一个唱红脸，一个唱白脸"，他们相互配合，相得益彰。事实上，这种观点并

不合理。试想，如果父母双方，一个执行自己的严格教育方法，另一个则表现得过于温和，对孩子一味迁就，那么，不难想象，就会出现这样的情形：孩子见到严厉的家长就会像老鼠见了猫一样，唯唯诺诺；而见到温和的家长，就马上像变了一个人似的，立即变得放肆起来，甚至不把家长的话放在眼里。久而久之，孩子的性格和行为就会变得不稳定，甚至出现性格上的缺陷，也不利于孩子树立正确的人生观和价值观。

就像下面案例中这样的情景，在我们的生活中比比皆是：

周末这天，小雷满身泥巴地回来，衣服还被撕破了，妈妈知道他肯定又和小伙伴们打架了，就问："你是不是又打架了？"

"是他们先耍赖的，说好了，谁输了球谁就请客吃冰棍。"小雷解释道。果然，孩子是去打架了，妈妈气不打一出来，就直接骂道："跟你说过多少遍了，不要和别人打架，难道你长大了想当混混不成？"说完，就伸出手准备打小雷，小雷被吓哭了。

这时，正在看报纸的爸爸从卧室走出来，他赶紧说："来，雷雷，到爸爸这儿来。"

小雷赶紧躲进卧室，爸爸对他说："别哭了，爸爸就觉得你没有错，不过一个男子汉要勇敢点，不要动不动就哭，来，笑一下。"听到爸爸这么说，小雷笑了。

其实，这样的教育场景在生活中经常出现，在孩子眼里，父母好像很喜欢"红黑"配合，但教育孩子的效果似乎并不明显，孩子的错误并没有改正，因为他们不知道到底该听谁的。

因此，根据手表定律，作为父母，在教育孩子的时候，必须保持一致的态度，具体来说，需要注意以下几点教育方法：

1.教育孩子前先商量，保持意见一致

的确，在教育方法上，父母的意见有时也存在一致，对此，父母一定要学会求同存异，在教育孩子前先沟通，如果做不到这一点，孩子就会左右为难，心中充满了矛盾，其心理上也会产生压力，不知道自己怎样做才对。

例如，生活中，有些父母就喜欢唱反调，就像事例中的小雷父母一样，妈妈教育孩子，爸爸却出来阻拦，并说："别听你妈妈的，他不懂。”以至于孩子不知道到底听谁的。同时，这样做，还会导致夫妻因教育方法不同而吵架，甚至导致家庭矛盾加剧。因此，夫妻双方应尽可能在大问题上一致，并注意减少矛盾，给孩子一个统一的价值观。

2.征求孩子的意见

一切教育方法都应该在孩子能接受的基础上进行，因此，聪明的父母在教育孩子适，多半都会征求孩子的意见，比如，孩子犯了错，你可以让他自己选择惩罚的方式，这样也就避免了父母唱反调的情况。

3.不要当着孩子的面吵架

在实施教育的过程中，一些父母在出现矛盾时便提高音量，然后企图以吵架的方式解决问题。其实这样做，只会降低在孩子心中的威信。

心理小贴士

同一个人不能同时选择两种不同的价值观，否则他的行为将陷于混乱。一个人的思想不能由两个以上的人来指挥，否则这个人将无所适从。从手表定律我们可以知道，对孩子的教育，不能同时采用两种不同的方法，设置两个不同的目标，提出两个不同的要求，因为这会使孩子无所适从，甚至行为陷于混乱。

孩子早恋，平和应对

在教育孩子的过程中，很多家长认为，尤其对于青春期的孩子，一定要严加看管，否则孩子很容易陷入早恋的泥潭，于是，孩子与异性说话都成为他们捕风捉影的信号。实际上，孩子进入青春期渴望与异性交往，是青少年身心健康发展的重要标志。如果没有这种心理需要，反而要打个问号了。再说，异性交往并非必然陷入恋情，更可能是同学、师生、朋友、合作伙伴等多种人际关系。即使孩子真的早恋了，作为父母，我们也不应干涉太多，否则，只会起到反作用，甚至会加深两人的感情，这样的现象

在心理学上叫“罗密欧与朱丽叶效应”。

这一效应的由来是：在莎士比亚的经典名剧《罗密欧与朱丽叶》中，主人公罗密欧与朱丽叶相爱了，但双方的家庭之间却是世仇，对于他们之间的爱情，双方家长都很反对，即使面对外界强大的压力，他们并没有结束爱情，而是选择了殉情。

“罗密欧与朱丽叶效应”就来源于这个故事，它是指，一般情况下，长辈和父母越是反对儿女的感情，两人之间就越站在同一阵营，彼此之间的感情越深。也就是说，如果出现干扰恋爱双方爱情关系的外在力量，恋爱双方的情感反而更强烈，恋爱关系也因此更加牢固。

现实生活中，我们常常遇见这种现象：一些青春的孩子陷入早恋，父母的干涉非但不能减弱两人之间的感情，反而使之增强。父母的干涉越多、反对越强烈，恋人相爱往往越深。

为什么会出现这种现象呢？这是因为，人都是自主的，青春期的孩子也有了一定的独立意识，他们开始关注异性，而父母越是反对，他们越是偏向选择自己的恋人。因此，深谙教育艺术的父母绝不会苦口婆心地劝阻孩子，因为他们知道，这样只会让孩子爱得更深。

我们先来看看一段母亲和女儿的对话：

“孩子，其实妈妈明白你的心情，妈妈也是过来人，在你这么大的时候，也喜欢过一个人，那时候，他经常来学校找我，并对我无微不至，我发现自己爱上他了，事实上，原来他已经有了家庭，我伤心欲绝，学习成绩更是一落千丈。”

“后来怎样呢？”女儿好奇地问。

“后来，就在那段时间，我们学校转来了一个新同学，他开朗、乐观，成为了我的同桌，我们无话不谈，一起学习、交流心得，很快，他帮助我走出了那段情感的阴影。你知道这个人是谁吗？”

“不知道。”

“他就是你爸爸啊，我们很快相爱了，但是我们并没有沉浸在爱情的幸福中，而是约定要一起考大学，一起追求梦想，我们大学毕业后就结婚了……”妈妈沉浸在甜美的回忆中。

“爸爸太棒了！”女儿赞叹地说。

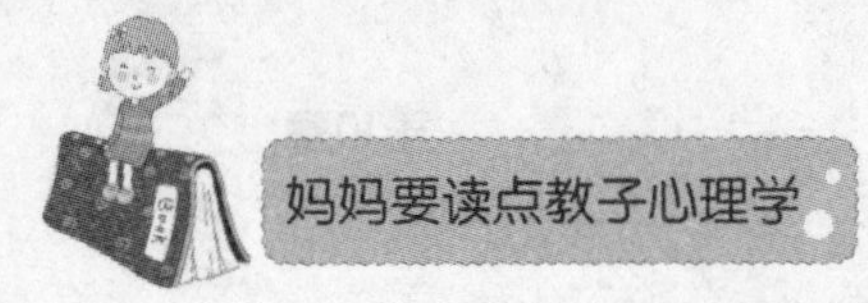

“是啊，我也这么认为。那你觉得他呢？”

女儿脸红了，“我不知道。我觉得他很帅。”

“孩子，妈妈也给你一个建议：跟他设立一个时间期限——譬如考上大学，如果那个时候你还是这么认为，那么你不妨开始一段美丽的爱情。在这之前，你可以跟他做很好的朋友。”女儿点点头答应了。

并不是所有家长都能像这位母亲一样理解孩子，事实上，很多家长在知晓孩子早恋后，都会火冒三丈，然后“棒打鸳鸯”，而结果是，孩子只会越来越坚信自己的选择，甚至做出更加“出格”的事。而家长的理解则是孩子接受家长建议的前提。因此，作为家长，不妨放下架子，与孩子进行一次促膝长谈，帮助孩子脱离早恋的苦恼，从那段青涩的爱情中走出来。

心理小贴士

孩子会不断长大，自然会出现一些心理波动，父母不妨采取一种讨论的态度，和孩子平等地讨论爱情，让孩子明白青春期是积累知识的时期，对异性的好感并不是爱情，并采取一些措施强化孩子的家庭归属感，让孩子重新把精力集中到学习上。

家长的赏识对孩子很重要

对于任何一个家庭来说，孩子能否健康、愉快地成长是家庭是否幸福、和谐的重要因素之一。但对于如何教育孩子，却是令很多家长困扰的问题。随着教育理念的更新，家长对孩子的教育也从以前的严厉批评严格管教变成了现在的“赏识教育“，这对于孩子来说无疑是一件幸事。孩子需要赏识，就如同花草需要阳光和雨露，鱼儿需要溪流和江河。

心理学家曾经做过一个关于“孩子最怕什么”的调查，结果表明：孩子最怕的不是生活上苦、学习上累，而是人格受挫、面子丢光。美国心理

学家威谱·詹姆斯有句名言：“人性最深刻的原则就是希望别人对自己加以赏识。”孩子是处于生理、心理变化关键时期的特殊群体，他们尚未形成独立的自我意识，非常在乎他人对自己的看法。因此，对孩子进行“赏识教育”，尊重孩子，相信孩子，鼓励孩子，不仅能够及时发现他们身上的优点和长处，挖掘其身上隐藏的巨大的、不可估量的潜力，而且能够缩短家长和孩子的距离，从而促进孩子的健康成长。

不论男孩还是女孩，好孩子不是批评出来的，好孩子是科学地夸出来的。因此，赏识教育可以说是亲子教育的灵魂。

心理学家赫洛克曾做过一个实验，他把被试者分成四个组，在四种不同的环境下完成任务。

第一组为表扬组，每次工作后能得到表扬和鼓励；

第二组为受训组，每次工作后将受到严厉训斥；

第三组为被忽视组，不予评价，只让其静听其他两组受表扬和挨批评；

第四组为控制组，让他们与前三组隔离，不予任何评价。

结果工作成绩是：前三组均优于控制组，受表扬组和受训斥组明显优于忽视组，而受表扬组的成绩不断上升，学习积极性高于受训组，受训组的成绩有一定波动。

这就是“赫洛克效应”，它是指对于工作结果及时给予评价，能强化工作动机，对工作起促进作用。适当表扬的效果明显优于批评，而批评的效果比不予以任何评价要好。

“赫洛克效应”用于家庭教育当中，也同样有效：什么是赏识呢？所谓“赏”，就是欣赏赞美，“识”，就是认识和发现，综合起来就是家长们要认识和发现自己孩子所特有的长处和优点，并加以有目的地引导，勿使其压抑和埋没。

很多家长说，我该怎么夸孩子呢？总不能一天到晚说“好啊，乖啊”。这里就涉及了赏识教育的中心话题，鼓励孩子，让孩子在“我是好孩子”的心态中觉醒，同时一定要注意表达的方式和内容。具体来说，你的赏识必须满足两个要求：

1.赏识必须是真实的

对于孩子的赏识一定要是发自内心的，而不是虚伪的。你可以不直接表达你的赞赏，比如，你可以说："红红，你这件裙子在哪里买的呀，我也想给我家安安买一件呢，却一直没见到，回头你能不能带我去？"你这样说，她就会觉得自己的衣服很好看，觉得自己的眼光得到了别人的肯定，你虽然没有直接夸奖，但效果达到了。不要认为孩子是可以随便哄哄的，假惺惺的夸奖也会被他们识破。

2.表扬不要附带条件

有些家长虽然认识到了赏识教育的重要性，但却担心孩子会骄傲，于是，他们常常在表扬后还附加一个条件，比如说："你做这件事很对，但是……"这类家长认为这样会让孩子更有心理承受能力接受教训，其实，孩子最害怕这类表扬，他们会以为你的表扬是假惺惺的。因此，你千万不要低估孩子的智力，他们是能听出你的弦外之音的。

对于孩子的表扬最好是具体的，比如，"真乖，今天你开始学会自己叠被子了。""我听李阿姨说你今天主动跟她打招呼了，真是个懂礼貌的孩子。"……

心理小贴士

家长一定要好好运用"赏识"这个法宝，不要因为孩子做得好学得好是应该的事而疏于表扬，渴望被人赏识是人的天性。大人们也是如此，就连美国著名的作家马克·吐温先生曾经也说过："凭一句动听的表扬，我能快活上半个月。"

别把自己的想法强加给孩子

任何家长都是"望子成龙，望女成凤"，很多时候，对于自己年轻时没有实现的理想，他们会强加在孩子身上。比如，家长是做文艺工作的，那么，他也希望孩子能青春于蓝，希望孩子有更深的造诣；如果家长早年

因为某些原因而不得不放弃心中的理想，那么，他们更希望孩子能帮自己实现梦想；如果家长在生意场上有一番作为，那么，他们多半希望孩子能继承自己的衣钵……这种把自己的好恶和意愿投射到孩子身上的心理现象就叫做“投射效应”。

心理学家罗斯曾做过这样一个实验来研究“投射效应”：

被试者是80名在校大学生，问卷调查表明，48人愿意在校园内背着大牌子走动。并且，他们很肯定：剩下的32人也愿意和自己这样做。事实上，那32名拒绝的学生同样认为，愿意背的学生肯定是少数。可见，这些学生将自己的态度投射到了别人身上。

心理学研究发现，日常生活中，人们经常不自觉地将自己的心理特征强加到他人身上，比如，他是个多疑的人，那么，他认为别人也一定不怀好意；喜欢撒谎的人，他认为周围到处都是欺骗；心地善良的人，认为全世界都是好人……“投射效应”是指认为自己具有某种特性，他人也一定会有与自己相同的特性，把自己的感情、意志、特性投射到他人身上并强加于人的一种认知障碍。

作为家长，在家庭教育的过程中，如果也把自己的意愿投射到孩子身上，往往会事与愿违。比如，很多父母为了让孩子出人头地，他们常让孩子学习各种知识、各种技能，但实际上，孩子并不会按照他们的意愿好好地学习。父母的投射心理往往得不到满足，投射效果甚至等于零。

“莉莉8岁的时候，我给她做了一块小黑板，从此她每天都教邻居家4岁和5岁两个小男孩识字。现在她是一所中学的教师。学生们都很喜欢她。”

“很多年前，我给女儿娜娜买了一个漂亮的芭比娃娃，接下来我发现女儿经常给娃娃做新衣服，她做的衣服剪裁还不够细致，针脚也不够整齐，可是非常有创意，她也很善于搭配色彩和花纹，现在她正就读服装设计专业。”

“一天晚上，我在厨房做晚饭，听到客厅传来并不悦耳的歌声，我走进客厅，看到我10岁的女儿随着伴奏的音乐正练习唱歌，我马上对她说：‘宝贝，你唱的简直太棒了！’现在她已经出了自己的专辑，我是她忠实的歌迷。”

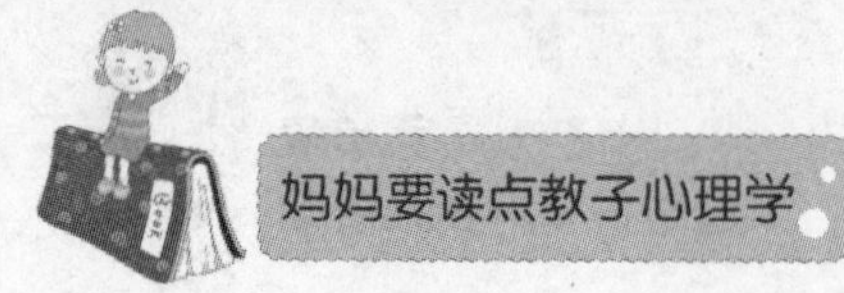

从这些成功教育孩子的母亲身上，我们可以发现，每个孩子都是一粒亟待发芽抽枝、开花结果的种子，也许他是玫瑰花种，将来会绽放绚烂的玫瑰；也许他是一株小草，将来会焕发出绿色的，勃勃生机……然而有一点不容置疑：孩子天赋的发挥必须得到父母的尊重、鼓励和支持。

因此，在与孩子沟通的过程中，家长不要总是将自己的观点强加给孩子。具体来说，家长们需要做到：

1.让孩子根据自己的兴趣选择

我们在帮助孩子作选择时，一定要考虑孩子的兴趣，兴趣是最好的老师，家长可以给孩子一定的建议，但不能替孩子拿主意，比如，有的孩子喜欢看科幻小说或漫画，而你非让他看科普读物的话，孩子只会越来越排斥看书。

2.学会体谅孩子的情绪和思维

可能在你看来，孩子是幼稚的，他们的想法不可思议，但你千万不要嘲笑他们，也不要以自己的思维来要求孩子，你要允许孩子把自己的观点表达出来。当孩子主动和你谈起他对某件事情的感受和想法时，不要敷衍了事，而应该陪孩子一起聊聊。

3.父母要善于称赞孩子

当孩子努力去做，或做得很好时，家长要立即予以称赞和鼓励，以调动孩子的积极性，增强孩子的自尊心和自信心。这种称赞尽量不要以实物的形式，比如给孩子买玩具，买好吃的东西等，因为这样容易刺激孩子的虚荣心，时间久了，反而会阻碍孩子的健康成长。

心理小贴士

任何家长都必须认识到，他既是你的孩子，同时也是独立的人，也有自己的个性。如果总是把自己的想法强加给孩子，那么，你就无法真正了解孩子的兴趣、爱好、特长，也会限制孩子的成长。家长不应该把自己的价值观强加给孩子，而应该学会从孩子的角度看问题。

巧妙说服孩子

很多家长在教育孩子的过程中，都遇到过这样一个头疼的问题，孩子太固执了，想尽办法也说服不了他！其实，如果我们能找到孩子喜欢的沟通方式，让孩子一开始就认同你，那么，他自然会接受你。关于这一点，心理学上有个著名的“欧弗斯托原则”。

“欧弗斯托原则”是指说服一个人的时候，利用巧妙的说辞，让对方不得不接受你的提议。这个理论的提出者是英国心理学家欧弗斯托。

生活中，我们都可能遇到过这样聪明的服务员：当你来到餐馆用餐时，你对服务员说：“我要一份米饭，一份宫保鸡丁。”服务员立即说：“好的，您点的是一份米饭，一份宫保鸡丁，那您是要番茄蛋汤还是西湖牛肉羹呢？”

于是你接着回答：“番茄蛋汤吧。”

多么高明的“捆绑销售”。假如服务员问你：“你要不要来点汤呢？”你肯定回答“要”或者“不要”，而对方问你是要“番茄蛋汤”还是“西湖牛肉羹”，那么，你的选择就不一样了——你只能在这两种汤之间选择。

其实，在教育孩子的过程中，家长们也可以将这种巧妙的说服术灵活运用。假如你与孩子意见不合，孩子坚持己见，此时，你要想达到目的，也可以让孩子做是要“番茄蛋汤”还是“西湖牛肉羹”的类似选择题，这样，能减少亲子间的冲突，并通过把决定权交给对方的方式，让听者感觉受到尊重，因而作出配合的决定。

例如，你想让孩子按时上床睡觉，但他就是想看电视，此时，你可以这样对孩子说：“宝贝，动画片很好看，对吧？那你以后是饭前看呢，还是饭后看呢？”这样，用选择题代替是非题，孩子不论做出哪个选择，都能达成共识。

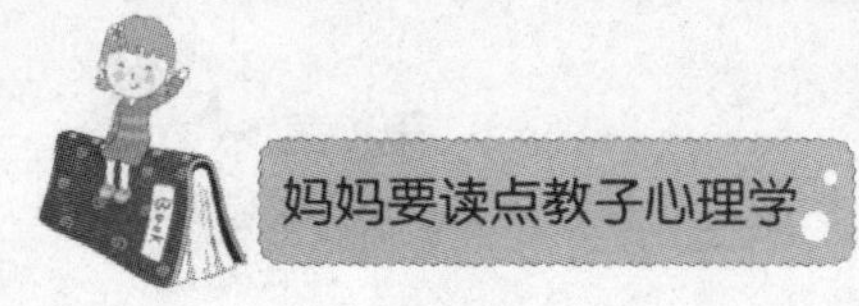

我们再举个例子，妈妈想叫孩子关上电视，去做功课，这时与其大吼“快把电视关了，去做功课”，不如说“乖，你是先吃饭还是先做功课”。这么一来，不论孩子做任何选择，妈妈都可达到让他离开电视机的目的。

在使用欧弗斯托原则时，家长可以掌握以下几条原则：

1.检查自己的行为

有时候，孩子之所以和家长对着干，其实是因为你过度控制他们，对此，你一定要反省一下，自己是不是管得太多了？是不是总在下命令？是不是经常责备孩子，让孩子觉得受委屈了？

2.多倾听，先不急着发表意见

即使孩子的看法与大人不同，也要允许孩子有自己的想法。父母应考虑到孩子的理解能力，举出适当的事例来支持自己的观点，并详细地分析双方的意见。父母不压制孩子的思想，尊重孩子的感觉，孩子自然会敬重父母。

3.晓之以理、动之以情

我们来看看林先生是怎么教育他的孩子的：

林先生是一名物理教师，他在教育孩子方面很有自己的心得，他曾这样陈述自己的一次教子经历：

我的儿子上小学时，一次体育活动课玩疯了，回家的时候忘带了语文书，他偷偷和妈妈说，不要告诉爸爸。吃晚饭的时候，他妈妈忍不住告诉我了，我就叫他不要吃饭了，把书找回来再吃饭，他哭着叫他妈妈和他一起去找书，在学校找保安拿到书。回来后表情舒展了。我和他说，一个学生丢了书，就像战士丢了枪一样。他马上说，“战士丢了枪，鬼子来可以躲起来啊！”我严厉地说：“是的，战士丢了枪可以躲起来，那么老百姓谁保护啊？”他无言了，我又说，“一个人不能忘记自己的责任啊！”前几天，孩子他妈妈去青岛开会，我和孩子在家里，我发现他每天夜里都要检查煤气、检查家门。一天，我因为提前去学校，忘记拿牛奶了，回家以后发现孩子已经拿回来了，而且放到了冰箱里。孩子长大了。

林先生对孩子进行的责任教育，并不是陈述大道理，而是从生活中孩子丢书本这一事件人手，让孩子明白书本对于学生的重要性，从而让孩子

从这件小事中明白做人必须有责任感，后来孩子检查煤气、家门、拿牛奶等事，证明了林先生的教育起作用了。

心理小贴士

每个孩子都有自己喜欢的沟通方式，父母要想成功说服孩子，就要从他喜欢的方式入手，并掌握一定的说服技巧，而不是把自己的观点强加给孩子，这样孩子才会接受你的观点。

关爱是最好的沟通方式

生活中，我们在与人沟通的过程中，常有这样的体验：用好的态度、温和的方式比用高傲相持的生硬方式更容易提高办事效率。在与人相处时，用友善体贴的方式会比强悍冷漠的方式更易俘获他人的心。同样，在教育孩子的过程中，如果家长也能轻声细语地与孩子交流，用真心感化孩子，那么，孩子就能感受到你对他的尊重，从而愿意相信你。这就是“南风法则”。关于“南风法则”，法国作家拉封丹写过一则寓言：

北风和南风相遇，他们都认为自己可以把行人身上的大衣吹掉，并争论得不相上下，为此，他们决定比试一下。北方先使劲地吹，一时间，天气变冷，寒风凛冽，人们赶紧裹紧身上的大衣。然后，南风徐徐吹起，人们在风和日丽的天气里顿觉暖意升起，于是解开扣子，继而脱掉了大衣……这便是所谓的“南风法则”。

这则寓言故事告诉所有的父母温暖胜于严寒。运用到教育工作中，就是要求父母关心和尊重孩子，这样，在与孩子沟通时，他才能放下心理包袱，从而接受你的意见。

然而，现实生活中，我们看到，一些家长一旦发现孩子和自己观点不一致，马上表现出不耐烦甚至对孩子发脾气，久而久之，孩子要么不敢发表自己的意见，变得怯弱胆小；要么故意和家长对着干，造成难以收拾的

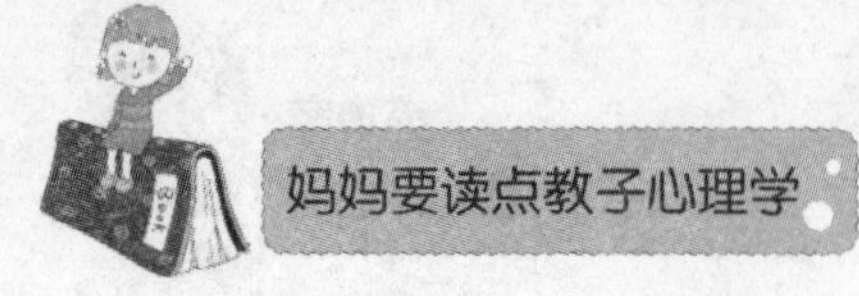

局面。曾有哲人说过："要人家服，只能说服，不能压服，压服的结果总是压而不服。以力服人是不行的。"每一个家长都应该有所启示，要让孩子心服口服接受你的教育，不能强来，只能靠真情感化。曾经有个"不抽烟的球王"的故事。

巴西球员贝利，被人们称为"世界球王"、"黑珍珠"，在很小的时候，他就对足球表现出了惊人的才华。

一次，贝利和他的同伴们刚踢完一场足球赛，精疲力尽的他找小伙伴要了一支烟，并得意地吸了起来。很快，原先的疲劳都烟消云散了，然而，这一切都被他的父亲看在眼里了，父亲很不高兴。

晚饭后，父亲把正在看电视的贝利叫过来，然后很严肃地问："你今天抽烟了？"

"抽了。"贝利知道自己做错了事，但又不敢不承认。

但令他奇怪的是，父亲并没有发火，而是站了起来，在房间里来回踱步，接着说："孩子，你踢球虽然有几分天赋，也许将来会有出息，可是，抽烟会损害身体，如果你现在抽烟了，你在比赛时就发挥不出应有的水平。"

听到父亲这么说，小贝利惭愧地低下了头。

父亲又语重心长地说："虽然作为父亲的我，有责任也有义务教育你，但真正主导你人生的是你自己，我只想问问你，你是想继续抽烟还是做一个有出息的足球运动员呢？孩子，你已经长大了，该懂得如何选择了。"说着，父亲还从口袋里掏出一叠钞票，递给贝利，并说道："如果你不想做球员了，那么，这笔钱就拿给你做抽烟的经费吧！"父亲说完就走了。

看着父亲的背影，贝利哭了，他知道父亲的话有多大的分量。他猛然醒悟了，他把桌上的钞票还给了父亲，并坚决地说："爸爸，我再也不抽烟了，我一定要当个有出息的运动员。"

从此以后，贝利再也不抽烟了，不但如此，他还把大部分时间都用在刻苦训练上，球艺飞速提高。15岁贝利参加桑托斯职业足球队，16岁贝利进入巴西国家队，并为巴西队永久占有"女神杯"立下奇功。如今，贝利已成为拥有众多企业的富翁，但他仍然不抽烟。

这则故事中，贝利的父母在教育孩子这个问题上所选用的方法是正确的。家长要想打开孩子的心扉，让孩子信服自己，就要用轻声细语去感化孩子，与孩子平等沟通。

心理小贴士

孩子也渴望被尊重、被关心，因此，家长在与孩子沟通的过程中若能巧妙运用“南风法则”，多关心孩子，那么，便能促使孩子意识到自己同成年人是平等的，有利于从小培养孩子独立的人格，能帮助孩子认真面对自己的问题或缺点。同时，也为孩子创造了乐于接受教育的良好心境。

批评孩子不能过度，达到目的即可

我们都知道，为人父母，除了给孩子生命，还需要教育他们，而孩子犯错了，批评管教少不得，而孩子心灵是脆弱的，我们批评教育孩子，千万不能过度。因此，任何批评，都必须讲究方法，如果孩子一犯错，就采取谩骂、呵斥的方式，那么，不但不能让孩子接受并改正错误，还会让孩子产生逆反情绪。关于这一点，有个著名的“超限效应”。所谓“超限效应”，是指刺激过多、过强或作用时间过久，从而引起的极不耐烦或逆反的心理现象。

然而，生活中，很多父母却经常犯这样的错误：家长三番五次地对孩子说：“跟你说过多少遍了，做作业的时候不要贪玩。”可是孩子还是边学习边玩；妈妈经常提醒孩子不要打架，可孩子还是“恶习”不改；面对孩子网瘾问题，父母强行干涉，结果把孩子逼急了，孩子居然离家出走……

实际上，父母过分的叮嘱、管教不但不能达到预期的效果，反而会使孩子的神经细胞处于抑制状态，从而产生逆反心理。因此，任何一个父母，在教育孩子的时候，都应把握一个度，时间不能过长，内容也不应过多。

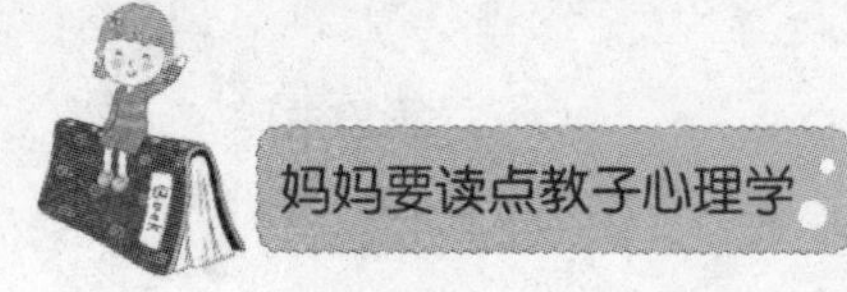

该吃饭了，四岁的儿子拿着玩具不肯放，叫了几遍也没反应，小琳决定来点硬的。儿子哭闹着不肯放下玩具，挣扎间竟用玩具把妈妈的头给敲出了个大包。小琳这下可火了，把孩子训斥一顿。可是，看着儿子一副可怜兮兮的模样，小琳又心软了，后悔这样批评孩子，担心会不会给他留下心理阴影呢？

和小琳一样，不少妈妈都有类似的困扰：孩子难免会犯错，不批评是不可能的，可我的批评会不会过火呢？或者说，怎样批评，才能既起到教育的作用，又不伤害孩子呢？

心理专家告诉我们，在批评和尊重之间，了解孩子的承受能力，并选择适合的批评方式，会帮助父母找到平衡，但父母们必须掌握以下几个原则：

1.注意时间和场合

批评孩子尽量不要在清晨、吃饭时、睡觉前。在清晨批评孩子，可能会破坏孩子一天的好心情；吃饭时批评孩子，会影响孩子的食欲，长此以往，会对孩子的身体健康不利；睡觉前批评孩子，会影响孩子的睡眠，不利于孩子的身体发育。

2.批评孩子之前自己先冷静下来

孩子犯了错，特别是犯了比较大的错或者屡错屡犯时，家长难免心烦意乱，情绪波动比较大，很可能在冲动之下说出不该说的话，或者做出不该做的举动，这都可能对自己和孩子产生极为不良的影响。

3.先进行自我批评

父母是孩子的第一任老师，孩子所犯错误，父母或多或少都会有一定的责任。在批评孩子之前，如果父母先进行一番自我批评，如“这事也不全怪你，妈妈也有责任”；“只怪爸爸平时工作太忙，对你不够关心”等，会拉近家长和孩子的心理距离，会让孩子更乐意接受父母的批评，还可以培养孩子勇于承担责任、勇于自我批评的良好品质，一举多得，父母何乐而不为呢？

4.一事归一事

在批评孩子的时候，家长只要明白自己的批评，是为了让他知道，做什么事会带来什么后果，而不是为了伤害他或给他贴上“坏孩子”的标

签，就不会给孩子造成心理阴影。

5.给孩子申诉的机会

导致孩子犯错的原因是多种多样的，有孩子主观方面的失误，但也有不以孩子的意志为转移的客观原因。从主观方面来说，有可能是有意为之，也有可能是无心所致；有可能是态度问题，也可能是能力不足了等等。

所以，当孩子犯错时，不要剥夺孩子说话的权力，要给孩子一个申诉的机会，让孩子把想说的话和盘托出，这样家长会对孩子所犯的错误有一个更全面、更清楚的认识，对孩子的批评会更有针对性，也让孩子心悦诚服地接受自己的批评。

6.批评完孩子要给孩子心理上一定的安慰

孩子犯错后，情绪往往比较低落。父母批评完孩子，应及时给孩子一些心理上的安慰，从语言上来安慰孩子，比如说些“没关系，知道错了改正就行”、“我知道你是个聪明的孩子，自己会知道怎么做”、“爸爸妈妈也有犯错的时候，重新再来”之类的话。

心理小贴士

在家庭教育中，父母对孩子的说教应注意“度”。如果“过度”，会产生“越限效应”；如果“不及”，又达不到教育的目的；掌握好分寸，恰到好处，才能使你的训导对孩子起到“四两拨千斤”的作用。

让孩子把你当成“自己人”

我们都知道，任何父母，都希望孩子把自己当朋友，对自己倾吐成长中的烦恼与快乐，然而，孩子越大越难以沟通？这是很多父母共同的感受。是什么原因呢？其实，孩子也想对父母说实话，只是很多父母不懂沟通技巧，在沟通中多半端着家长的架子，甚至和孩子置气，孩子又怎么愿意与你沟通呢？因此，聪明的父母会使用一些沟通技巧，让孩子把自己当

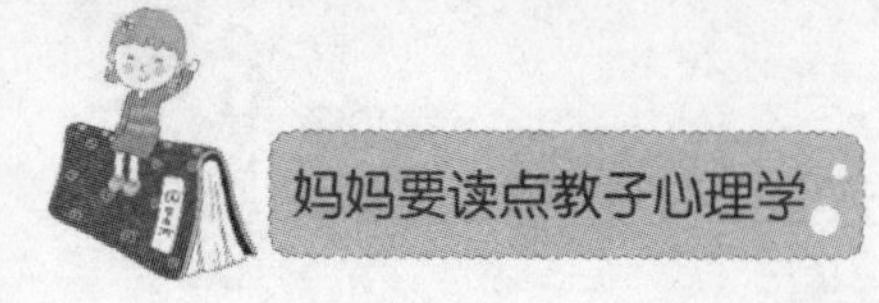

成“自己人”，这对维持亲子间的良好感情很有帮助。

心理学上有个“自己人效应”。生活中，我们常常发现，同一种观点，如果是自己喜欢的人说的，接受起来就比较快和容易；如果是自己讨厌的人说的，就可能本能地加以抵制。有道是：“是自己人，什么都好说；不是自己人，一切按规矩来。”这在心理学上叫做“自己人效应”。

同样，在家庭教育中，如果孩子能把家长当成自己人，那么，就会拉近彼此之间的心理距离，孩子也会消除心理压力，就不会对你心存戒心，沟通就会产生良好的效果。我们来看下面这位妈妈是怎么和孩子沟通的：

这天，儿子放学回家，进门就嚷：“妈，从明天开始，我不去学校了，你别劝我！”

如果平时孩子爸爸在家，一定会严厉地训斥他。但妈妈是个温和的人，她知道儿子肯定受了什么委屈。

“为什么不去呢？”

“没什么，感觉不大舒服。”

“不舒服，哪里不舒服？怎么不早点请假回来呢？”

“不想耽误学习啊，你别问了，反正我不去。”其实，妈妈是聪明的，儿子说话这么有力气，怎么会身体不舒服，一定另有隐情。

“可是，今天不舒服，明天不一定不舒服啊，要不，妈妈带你去医院吧。”妈妈说话的时候，故意露出一点笑容，儿子明白，妈妈看出端倪了，于是，他只好说：“妈，你儿子是不是很没用啊？”

“怎么这么说，我儿子一直是最棒的，有最棒的体格，最棒的学习接受能力，待人温和，还疼妈妈。”

听到妈妈这么说，儿子笑了，主动说出了今天遇到的事：“妈，今天老师叫我们写一篇作文，我拼错了一个字，老师就嘲笑了我一番，结果同学们都笑我，真没面子！”

此时，妈妈没有说话，只是安抚伤心的儿子。儿子沉默了几分钟，从妈妈怀中站了起来，平静地说：“谢谢你听我说这些事，我要去公园了，同学们还等着我呢。”

从这个事例中，我们看到一对母子间的和谐关系。可见，如果家长懂得如何和孩子沟通，让孩子把家长当“自己人”，孩子是愿意和家长沟通

的。具体来说，让孩子把家长当“自己人”，需要家长做到：

1.语气应温和，态度友善

父母应避免用高昂、尖锐并带有威吓的声音和孩子说话，尽可能以微笑、欢快、平和的语气说话，显示出友善和冷静的态度。

2.多说“我”，少说“你”

父母尽量不用命令的口气与孩子说话，不要总说“你应该……”，而应常说“我会很担心的，如果你……”这样孩子就会从保护自己不被指责的状态下转而考虑大人的感受，这个时候沟通才可能更有效。

3.分享孩子的感受

无论孩子是向家长报喜还是诉苦，家长最好暂停手边的工作，静心倾听。若边工作边听，也要及时作出反应，表示出自己的想法或感受，倘若只是敷衍了事，孩子得不到积极的回应，日后也就懒得再与大人交流和分享感受了。

4.多用身体语言

必须让孩子知道，无论在什么情况下，你们都是爱他、支持他的。不管他说了什么或做了什么，或许你并不接纳他的行为，但依然关爱他。有时不说话，而利用身体语言，如微笑、拥抱和点头等，也可以让孩子知道你有多么疼他，不只是在他表现良好时。

同时，身体接触可表达亲昵感情。有些父母只在孩子小时候才表达亲昵的感情，当孩子稍大以后便改以冷淡的态度，拒绝孩子的“纠缠”。然而身体接触可以令孩子切身体会父母的关怀，同时别忘了接纳孩子对你们的爱意。

心理小贴士

所谓“自己人效应”是指对方把你与他归于同一类型的人。强化“自己人效应”，对于父母来说，就是让孩子感受到，父母是理解他的，是能够从他的角度思考和解决问题的，是和他站在同一个立场的。

第11章　赋予孩子个性空间，成长心理学带给孩子成功品质

美国教育家塞勒·塞维若说过："父母生养子女的目的，不该把他们作为自己的延续，也不该把他们当作自己的影子，做宽容的父母，就要让孩子的一切只属于他们自己。"的确，每个孩子都是独立的个体，在成长的过程中，作为父母，我们一定要赋予孩子个性空间。孩子喜欢做什么，就让孩子自由地去做吧，让孩子做真正的自己，而不是成为父母安排的傀儡。

尊重孩子的兴趣爱好，让孩子全面发展

倘若有一个木桶，沿口不齐，那么，这个木桶盛水的多少，不取决于木桶上最长的那块木板，而取决于最短的那块木板。要想提高水桶的整体容量，不是加长最长的那块木板，而是要下工夫依次补齐最短的木板；此外，一只木桶能够装多少水，不仅取决于每一块木板的长度，还取决于木板间的结合是否紧密。如果木板间存在缝隙，或者缝隙很大，同样无法装满水，甚至一滴水都没有。这就是著名的"木桶定律"。

这是个简单得不能再简单的自然现象，然而，往往越简单的道理越饱含更深层的道理。同样，任何一个人的身上，总有优缺点，这些优缺点正如这个沿口不齐的木桶。在教育中，作为父母，在发现了孩子身上存在某

些问题而听之任之的话，那么，孩子的成长就会受到影响，综合能力不但得不到提升，反而每况愈下。

然而，我们却发现，现实生活中，一些父母认为，成绩好才是王道，于是，他们把所有精力都放在引导和帮助孩子提高学习成绩上。而事实上，未来社会，只有全面发展的人才才能适应社会的竞争，为此，我们应通过对孩子的教育，发掘孩子所蕴藏的潜能。

小俊是班上的“大忙人”，似乎他的时间总是不够用，他的爸爸没有征求他的意见就为他报了书法培训班、英语口语班还有奥数三个培训班。周末的时候，黄俊都没有自己的时间，周六上午去学书法，周日下午学英语，晚上练口语，还要做老师布置的课下作业，时间被排得满满的。

每当周末去培训班的路上，小俊看到同龄的孩子自由地玩耍就特别羡慕。他多想和爸爸说他不喜欢那些培训班，但是看到爸爸为他付出的辛苦，又难以开口。他觉得很压抑，生活得很不开心，这些培训班已经影响了他的正常学习。

父母为了孩子好，希望孩子将来能够更好地立足社会，但他们忽视了孩子内心的需求。其实父母的一厢情愿很少能够达到成功的教育目的，反而会引起孩子的逆反心理，阻碍孩子的全面发展。

从未来社会对人才的要求来看，真正能在社会上获得良好发展机会的人才，都具备很好的创新能的和全面发展，因此，父母不要为了追求短期的效应，让孩子把所有精力都放在学习上而忽视了其他方面的发展。尊重孩子的兴趣，让孩子快乐地学习和成长，才是防止孩子在未来出现短板的最好的教育方法。

具体来说，家长需要做到：

1.尊重孩子的兴趣和爱好

日常生活中，家长应该多给孩子选择的权利，从孩子的兴趣爱好出发，否则可能会事与愿违，严重的还会导致孩子产生厌学情绪，对生活和学习造成消极影响。缺乏尊重的家庭环境中，孩子没有自己的意识，丧失独立自主的能力，将来走向社会，也难以适应社会的发展。

作为父母，应该尊重孩子的身心发展规律，在了解孩子兴趣的基础上，和孩子商量，尽量让孩子自己拿主意。这样孩子会感激你的理解，在

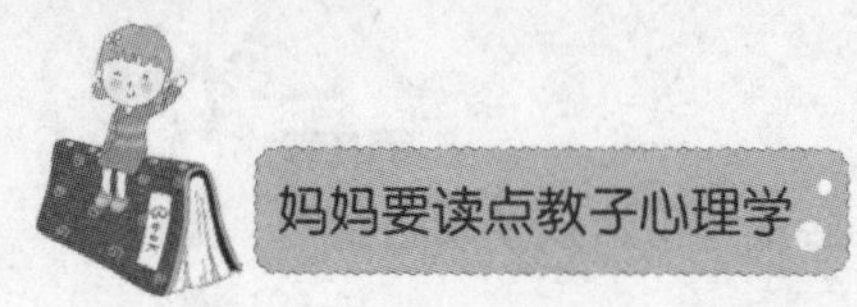

学习的过程中才会更有积极性。

2.要听取孩子的意见

孩子也是独立的个体，尤其是年龄稍大的孩子，他们更希望被家长认同，家长不要一味地为孩子作决定，而应该认真耐心听取孩子的意见。

3.家长不要有功利心理，要允许孩子发生兴趣转移

人的兴趣爱好不一定是一成不变的，大人亦是如此，更何况孩子？随着年龄的增长，接触面的拓宽以及自身社会经验的加深，他们的兴趣也可能发生变化。比如，小时候他喜欢钢琴，而现在却对计算机产生兴趣，而有些父母，出于功利心理，不能接受孩子的兴趣转移。比如因为当初给孩子买了钢琴，就不允许孩子的兴趣再发生变化了。这些父母可能强迫孩子天天练琴，直到孩子彻底对弹琴丧失兴趣。这种做法并不可取。

其实孩子拥有丰富的兴趣对自身发展是种提高，父母要鼓励孩子全面发展，允许孩子的兴趣发生转移。

心理小贴士

一个人，如果不能得到全面发展，在哪一项上存在严重漏洞，都会影响他的前途。因此，作为父母，在教育孩子的过程中，不能只看重孩子的成绩，而应该尊重孩子的兴趣爱好，让孩子全方面地发展。

孩子的梦想，需要父母精心呵护

生活中，我们每个人都有梦想，一个人只有梦想，才能活在希望中。而人们常说，童年是梦想的故乡，在孩子的世界里，一切都是新奇的，未来是充满希望的，因此，他们经常会做各种各样的梦。真爱孩子的父母应当精心保护孩子的梦想，这样，梦想的种子才有可能长成参天大树。这就是著名的梦想法则。关于梦想，有个“少女沃森”的故事：

沃森住在澳大利亚的一个海岸边上，她是一个有梦想的女孩。幼年时，她就对航海有一种情结。曾经，她和家人一起出海航行。后来，她向当地政府提出要独自航海，却在澳大利亚引发了一场争议，所有人都认为她在做白日梦，甚至连当地海事部门都登门拜访，希望她能取消这样的选择。

然而，沃森却坚持自己的梦想，她的父母也全力支持她，他们相信自己的女儿能做到。当沃森独自完成航海壮举后，面对总理陆克文给予自己"英雄"的赞誉，沃森却说："我不是英雄，我只是一个相信梦想的普通女孩。"

这里，我们不但佩服沃森的壮举，更庆幸她有如此明智的父母。可见，面对孩子的梦想，父母所做的不是抹杀，不是打破，更不是冷嘲热讽，而是默默呵护，并与孩子一起坚守与实现。

曾经有篇报道称，中国人的创造力不如西方，中国当代的教育水平慢于西方50年。可能你会不服，但在看完以下两个故事后，你就能明白其中一些道理了：

曾经，在美国，一个孩子对自己的妈妈说："妈妈我想上月球上去玩会儿。"妈妈微笑鼓励他："去吧！记着早点回来吃饭。"结果这个孩子后来成了第一个登上月球的宇航员，他就是阿姆斯特朗。

而作为中国孩子的父母，你不妨想想，面对孩子这样的要求，你会怎么回答，想必你会说："别净想那些，好好学习吧！""你是不是脑子进水了？""吃饱撑的吧你？"而多半是，很多孩子按照父母的想法做了，就这样，他的第一个梦想就被父母扼杀在摇篮里了。再或许，你的孩子按照你的规划慢慢成长着，他也很优秀，最终也很成功，但实际上，你的孩子只不过是你的"傀儡"罢了，他快乐吗？一个没有创造力的孩子，怎能指望他有所建树？请呵护孩子的梦想吧，就像呵护他的生命一样！

实际上，和事例中的沃森一样，几乎每个孩子都有自己的梦想，梦想是孩子对自己未来的美好设计。天真无邪的孩子在谈到自己的梦想时，总是表现得那么兴奋、那么激动，因此，当老师为他们布置作文——《我的梦想》时，他们总有说不完的话，写不完的内容，而他们的梦想，常常被

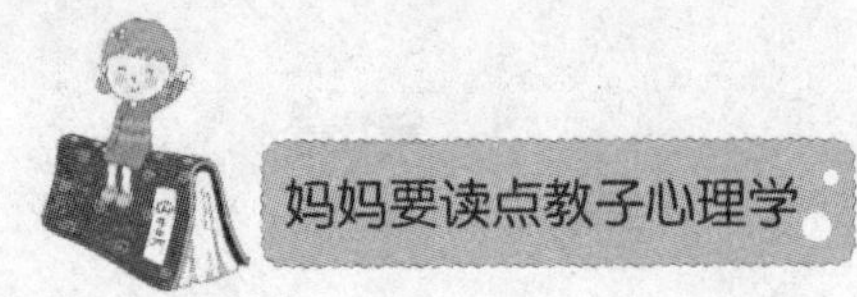

父母泼冷水。有一个小学三年级的男孩子曾对母亲说，长大了我要去人民大会堂工作，而母亲却说：“你也不看看你现在的成绩，恐怕将来人民大会堂清洁工的工作你都做不了。”孩子的梦想被母亲的讥讽伤害了。如果这位母亲能像沃森的父母那样认真对待孩子的那份梦想，没准孩子真的能实现自己的梦想呢。

其实，每个孩子都是天真的，也是敏感的，父母对他们的态度都影响着他们的个性，如果父母能肯定他们的梦想，那么，他们便和超人一样获得无穷的力量。因此，当孩子提到自己想成为某个偶像时，家长可以和孩子一起讨论他的偶像的成长史，从而让他们明白：要成功，就要付出汗水。那么，这一偶像就能在孩子心里生根，孩子就能变得成熟起来！

心理小贴士

人因梦想而伟大，任何人，一旦在心底种上了梦想的种子，那么，他就会走向光明大道。对孩子来说，梦想有着无穷的魅力，对孩子的成长具有巨大的牵引和激励作用。因此，作为父母，一定要精心呵护孩子的梦想。让孩子插上梦想的翅膀，从而飞得更高、更远！

及时消除孩子成长环境中的不良因素

在日常生活中，家长可能都有这样的体会：在无人的情况下，敞开的大门或者桌上的财物，会使人们心生贪念；对于某些违反规定或者规定的行为，有关组织没有进行处理的情况下，必定会再次出现；干净的街道，人们不会扔垃圾；在安静的图书馆，人们不会大声喧哗；洁白的墙壁，人们不会涂鸦；修剪整齐的草坪，人们不会随意踩踏；进别人一尘不染的客厅，你会自动套上鞋套或脱下鞋子……这就是美国的政治学家威尔逊和犯罪学家凯林提出的“破窗效应”。

所谓“破窗效应”，是关于环境对人们心理造成暗示性或诱导性影响的一种认识。

美国心理学家詹巴斗曾经做过一个实验室：有A、B两辆完全相同的汽车，但对它们，詹巴斗却进行了不同的处理，A车完好无损地被他停放在秩序井然的中产阶级社区，而B车则被他摘掉车牌、打开顶棚，停放在相对杂乱的街区，然后观察这两辆车会有什么变化。

结果发现，一周后，A车仍完好无损，而B车不到一天就被偷走。随后，他将A车敲碎一块玻璃，仅仅过了几个小时，它也消失不见了。

基于这一实验，美国学者威尔逊和凯林提出了“破窗效应”。实际上，尽管“破窗效应”不仅适用于社会犯罪心理和行为上的研究与思考，其道理对于家庭教育中孩子的成长环境也同样适用。某种不良环境因素一旦出现，就会对孩子形成一种错误的暗示，因此，家庭教育中，作为父母，一旦发现孩子生活的环境中出现了一些不良因素，就一定要及时消除。事实上，我们不难发现，那些违法犯罪分子起初并不是十恶不赦之人，只是“近朱者赤近墨者黑”，长期与那些行为不良者打交道，他们就被“同化”了。

的确，环境对孩子的成长非常重要，良好的环境是孩子形成正确思想和优秀人格的基础。孩子在什么样的环境成长，就会形成什么样的性格、个性。成功的家庭教育一定要给孩子营造丰富多彩的生活环境和有利的条件，这是孩子快乐进取的物质基础。而对于环境中出现的一些不良因素，作为父母，必须及时为孩子消除。

具体来说，父母需要做到的是：

1.维持和谐的家庭氛围，给孩子树立好榜样

家庭氛围对孩子的成长起着潜移默化的巨大作用。一个家庭，如果父母经常吵架或打架，孩子容易变得极端，要么性格暴躁，要么怯懦成性。一个家庭如果父母终日呼朋唤友，喝酒猜拳，那么孩子也容易贪恋酒桌。

2.注意孩子的行为习惯

家长在发现孩子有某些不良的行为习惯时，一定要及时指出来，不能听之任之。比如，如果孩子说脏话，那么，你可以说：“这是谁教你说的？你知道吗？这是脏话，一个说脏话的孩子是被人讨厌的。”

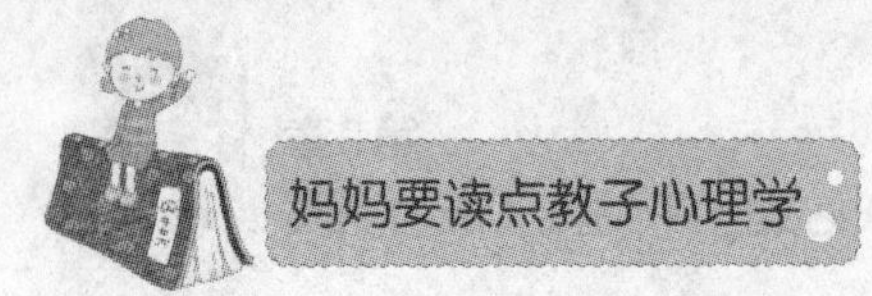

3.留意孩子的同学、朋友，别让孩子“近墨者黑”

孩子白天的大部分时间都是和同学、朋友打交道，因此，对于孩子最近突然出现脾气暴躁、说脏话、不爱学习行为等，你不要感到奇怪，这必然和他周围的玩伴有一定的关系。如果孩子和一些社会不良人士打交道，那么，家长一定要出面制止，不能让孩子交恶友。

心理小贴士

孩子成长的环境良性与否，直接关系到孩子的个性、性格、品质的形成。因为孩子的心灵是洁白无瑕、天真纯洁的，他们生活在什么环境中，就会被造就成什么样的人。因此，根据“破窗效应”，对于孩子成长环境中的任何不良因素，父母一定要引起注意并及时消除。

“慈母多败儿”，孩子需要爱但不是溺爱

生活中，我们常听到一个词语——“严父慈母”，但还有一句话：“慈母多败儿”。所谓慈母，指的就是一种过分的母爱，也就是溺爱。溺爱对孩子的危害是明显的。我们不难发现，社会上一些富家子弟，他们受到了溺爱的毒害，造成他们任性固执、追求享受、独立性差、意志薄弱、责任感淡漠等。因此，任何一位家长都应该明白，溺爱孩子其实就是害孩子。我们先来看下面一个故事：

从前，在山脚下，有个美丽的湖，湖中心有个小岛，岛上住着老渔翁和他的妻子。

老渔翁平时的基本生活就是打渔，这天，打渔的时候，他遇到了一群天鹅。这群天鹅原本打算是南飞过冬的，老渔翁看到这群“稀客”，便开始招待它们：他将自己打来的小鱼喂给天鹅们吃。看到老渔翁对自己这么好，天鹅们居然在岛上住了下来。

当老渔翁打渔时，它们便在岛上悠闲地散步，一起嬉戏。

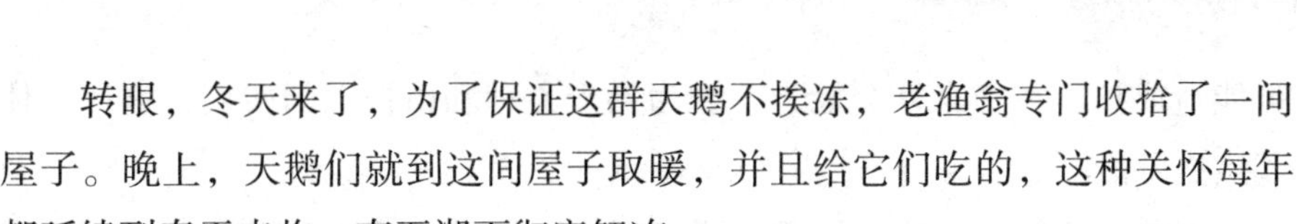

转眼，冬天来了，为了保证这群天鹅不挨冻，老渔翁专门收拾了一间屋子。晚上，天鹅们就到这间屋子取暖，并且给它们吃的，这种关怀每年都延续到春天来临，直至湖面彻底解冻。

日复一日，年复一年。这对老夫妇就这样奉献着他们的爱心。

渐渐地，他们老了，并且很快离开了小岛，天鹅从此消失了。不过它们不是飞向了南方，而是饿死了。

故事中，这群天鹅为什么会饿死？因为老渔翁对它们的爱太多了，以至于它们失去了觅食和取暖的能力。尽管这样的爱是无私的，但却害了这群天鹅。这就是心理学上“天鹅效应”的由来。

在这个世界上，人人都赞美无私的爱，可是，有时爱也是一种伤害，并且是致命的。

因此，为人父母必须要记住，爱孩子却不能溺爱孩子。

著名的伊索寓言里有这样一个故事：

一个少年在盗窃时被抓住了。第二天，他将被发往刑场。母亲来看他，失声痛哭。这时，被反绑的儿子转过身来，对母亲说：“我有句心里话想对你说。”

母亲凑过去，没想到儿子却一口将她的耳朵咬了下来。母亲骂儿子不孝，犯了罪还不够，还把母亲的耳朵咬下来。

那少年犯说：“假如我第一次偷了同学的写字板回来给你的时候，你打了我，我就不至于胆子越来越大，现在要被牵去处死。”

这只是一则寓言故事，但我们却能看到父母的溺爱对孩子的人生将产生多么大的负面影响。

然而，生活中，随着物质生活水平的提高，很多家庭都是独生子女，孩子成了家中的小公主、小皇帝，他们要什么有什么，父母对他们呵护有加，爱护过度成了家庭教育的主流，这就是溺爱型教育。这样，只会让孩子养成依赖性和惰性，缺乏毅力和恒心，缺乏奋斗精神，将来必定无法立足于社会。

一般来说，溺爱孩子的表现有：为孩子包揽一切，不让孩子受一点苦；孩子犯了错，护短；生怕孩了受一点委屈；对于孩了的任性听之任之等。

其实，溺爱并不是真的爱孩子，而是对孩子独立权利的一种剥夺，它

可能造成孩子在未来社会能力、智力乃至心理和精神上的残疾，这比身体残疾更可怕。

因此，任何一个家长，都要吸取教训，要学会理性地对待孩子，放手让孩子自己成长。

心理小贴士

任何父母都是爱孩子的，都希望孩子健康、快乐地成长。但家长要明白，什么是真正的爱，爱孩子就不能给孩子过于优越的生活环境，就不能溺爱孩子，让他吃点苦，才能让他明白什么是真正的生活，从而成长为一个健康、健全的人！

别让孩子做实现自己理想的工具

我们不得不承认，每一个父母，都对自己的孩子报以殷切的期望，这种期望，多半还和自己的经历、梦想有关系，比如，有的家长没有上过大学，他便希望孩子无论如何都要上大学；有的家长曾经在艺术的道路上因为各种原因没有闯出一片天地来，他便希望孩子继续走自己没走完的路；也有一些家长，自打孩子一出生，他们就为孩子设计了一条人生之路……而很多时候，这些家长并没有征求孩子的意见，也不问孩子是否愿意。一些听话的孩子自然会遵从父母的心愿，但多半时候，却引发了孩子的逆反情绪。这就是心理学中“代偿心理”在家庭教育中的反映。因此，家长教育孩子时，一定要避免“代偿心理”对孩子的伤害。

那么，什么是“代偿心理”呢?

生活中，有些人当自己的理想无法实现时，便开始为自己积极寻找一个新的“理想代言者”，这一对象多半是他们的子女，也就是说，他们希望自己的孩子能帮助自己完成某一心愿或理想。实际上，这是一种自欺欺人的心理。他追求的目标并未重新设立，只是为自己找了个替身，即使这

个替身真的为自己实现了理想，那么，这只是一种假象而已。这就是“代偿心理”。

事实上，我们必须承认的是，很多家长都把“代偿心理”运用到了亲子教育中，最常见的就是大人总是把孩子当作实现自己愿望的工具。很多家长，由于主观和客观的原因，在个人成长的过程中，难免会留下这样或那样的遗憾。因此，他们常常把自己未实现的愿望寄托在孩子身上，希望孩子能够实现这些愿望。我们来看看下面这位母亲是怎样教育孩子的：

“我曾经是一名芭蕾舞表演者，获得过很多奖项，但就在我20岁那年，我从舞台上摔了下来，从此以后，我再也不能跳舞了，为此，我哭过很多次。

女儿雅雅出生之后，我发现，我的理想并没有破灭，我可以培养我的女儿。但雅雅实在太不听话了，她似乎对这项艺术根本提不起兴趣来。

在她五岁的时候，我就为她买了很多芭蕾舞鞋。到她7岁的时候，我就带她去见最好的芭蕾舞老师，然后为她报名，每周两次课，每次300元，但小家伙实在让我太失望了，她遗传了她爸爸的基因，7岁的她已经比其他女孩胖很多了，根本无法跳舞。

其实，雅雅一开始就告诉我，她不喜欢跳舞，喜欢画画，但我仍然一厢情愿地强制孩子非学不可。半年后，孩子仍然没有兴趣，也学无所成，我也没了热情。现在，我看着那些芭蕾舞鞋，只能叹气。”

事实上，有类似经历的家长肯定不在少数。当孩子还小的时候，他们对家长的安排并没有反抗的意识，但等他们长大后，就有了自己的想法。家长曾经自以为强大的“权威”，会受到来自孩子的强烈挑战，严重地影响亲子关系。因此在教育孩子时，家长一定要考虑孩子真实的心理需求，不要因为“代偿心理”，将自己的意志强加给孩子。

当然，家长有“代偿心理”也是可以理解的。谁不希望子女能替自己了却心中的夙愿呢？只是家长在教育时一定要方法得当。为此，家长必须要调整自己的心态。

家长要记住，孩子也是独立的个体，而不是自己的私有财产。

为此，即使你曾经的梦想没有实现，你也不可把自己的愿望强加给孩子，而应该先问询孩子的意见，如果他愿意继承你的衣钵，那固然好，如

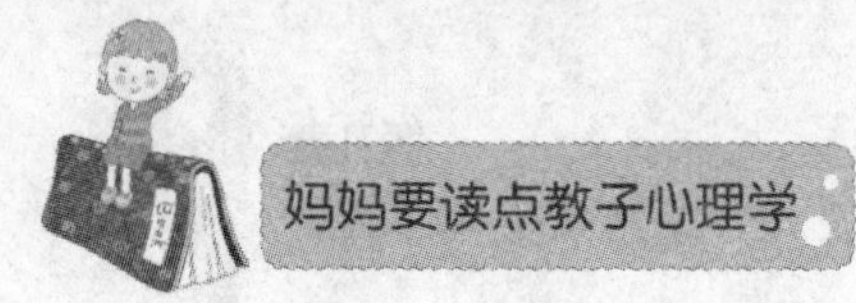

果孩子不愿意，也不可强迫孩子，孩子毕竟是独立的个体，让孩子选择自己的兴趣爱好，能培养孩子独立自主的能力。

再者，孩子也需要自己的空间。

教育孩子时，涉及原则性问题一定要坚持，而其他小事则没必要太较真。给孩子足够的空间，孩子会做得更好。

心理小贴士

作为家长，自己人生难免存在一些遗憾，但孩子并不是你的私有财产，你的梦想，他没有义务为你实现。只有放手让孩子自己做主，他们才能获得人生的经验，所以，在你确定孩子可以承担时，给孩子一些决定权，让他尝试按照自己的想法去做。总之，只有给孩子信心，给孩子机会，孩子才会越来越优秀。

对孩子的认识要立体并且与时俱进

有个学习成绩不太好的五年级小学生，非常喜欢猫，平时对猫观察得非常仔细，猫的生活习性、爱好等了如指掌。在一次自选题的作文中他获了奖，题目是“我和我的小花猫”。结果，语文教师却认为这是他抄袭的。

为什么会这样呢？究其原因是这个语文老师患了“印象病”，也就是心理学上的“刻板效应”，又称定型效应，是指人们刻印在自己头脑中的关于某人、某一类人的固定印象，以此固定印象作为判断和评价人依据的心理现象。

实际上，在家庭教育中，许多父母都会犯刻板看待孩子的错误。在父母的眼中，孩子似乎永远问题多于成绩，其实，父母就是因为“刻板效应”而看不到孩子身上的点滴进步和闪光点。这种刻板心理往往造成父母评价孩子时过于消极，从而导致亲子关系紧张，使孩子产生逆反心理。

那么，在教育孩子中，家长怎样避免“刻板效应”呢？

因此，家长要注意以下几点：

1.要用发展的眼光看待孩子

古语云：“士别三日，刮目相看。”历史经验值得记取。任何人、任何事都不是一成不变的。我们的孩子也是不断进步的，同时，孩子对于父母的态度是很在意的，假如你的孩子进步了，你一定要赞扬他，而不是用老眼光来看待他的缺点。

玲玲和洋洋是很好的朋友。这天，洋洋来玲玲家玩，玲玲妈妈就留洋洋在她家吃饭，吃饭期间，自然提到了学习成绩，洋洋说自己这次考试又是满分。

听到洋洋这么说，玲玲妈妈就开始数落玲玲了：“你就不能和洋洋学学？你的成绩总是那么糟？上次月考竟然有一门不及格，去年还是倒数第十名，像你这样上课注意力不集中，不专心听讲，又不求上进的人，怎么能取得好成绩？回房间去好好想想，我不想看到你这个样子。”

虽然不是第一次被妈妈训斥，可玲玲觉得好没面子，只好回了房间。

其实，日常生活中，很多孩子都有过玲玲这样的待遇。一些父母，根本看不到孩子的进步，总是数落孩子的缺点，并且当着其他人的面，这使孩子的自尊心受到严重的伤害。

而明智的父母应该关注孩子的每一个微小的进步，当孩子进步时给予夸奖，让孩子感受到父母的关注，同时，要让孩子明白无论他的成绩如何，只要他努力了，就是好孩子。

事实上，孩子对于自己的进步是非常敏感的，但孩子最希望得到父母的认同，如果父母总是拿老眼光看待孩子，看不到孩子的进步，那么，时间一长，孩子就不愿意再向你敞开心扉了。如果父母能够及时发现孩子的进步并给予表扬，孩子就会敞开心扉，把父母当成好朋友。而融洽的亲子关系是家庭教育最基础的保证。

2.要全面地看待孩子

有时候，家长对孩子产生刻板印象，是因为他们只看到了孩子的某个方面或者某些方面，而没有全方位地了解孩子。家长是否发现，你的孩子虽然学习成绩不好，但他的人缘却很好，别人总是愿意和他交朋友，对于这点，你夸赞过他吗？

3.要客观地看待孩子所做的事

无论你的孩子做了什么，你都要从事情本身评价，这样，才能避免因刻板印象而误解孩子。

心理小贴士

在社会心理学中，这种用老眼光看人所造成的影响，被称为“刻板效应”。它是对人的一种固定而笼统的看法，从而产生一种刻板印象。家庭教育中，家长要看到孩子的点滴进步，要学会从多方面看待孩子，只有这样，才能对孩子产生认同感，才能加深亲子间的关系，从而有利于家庭教育顺利开展。

给孩子足够的自由和成长空间

生活中，我们每个人都需要自由。其实，孩子也一样，如果家长束缚孩子的手脚，对孩子大包大揽，那么，孩子会感到窒息，他的一些优良的个性品质也会被压抑。而随着孩子慢慢长大，他们的自主意识也越来越明显，对于无法呼吸的成长环境，他们一定会反抗，那么，亲子关系势必日益紧张。我们先来看下面一个故事：

在美国一家大公司的集体办公室内，有一个漂亮的鱼缸，浴缸里有十几条名贵的金鱼，凡是进进出出的人都会被这十几条美丽的鱼而吸引。

这些鱼在这家公司的两年里，一直保持在三寸的长度，它们过得自得其乐。可是它们的命运在一次偶然的事件中被改变了。

有一天，董事长调皮的儿子来找父亲，结果一不小心将鱼缸打碎了，可怜的小鱼没有了安身之地，大家都急忙为小鱼寻找各种容器。最终，一个聪明的职员发现院子内的喷水池很适合养育鱼，于是，职员们把那十几条鱼放了进去。

两个月后，董事长派人买来一个新的鱼缸，职员纷纷跑到喷水池那里去“迎接”小鱼回家，当十几条鱼都被捞起时，大家非常惊讶，仅仅两个月的时间，那些鱼竟然由三寸来长疯长到了一尺！

小鱼为什么在两个月之间成长这么快？原因有很多，可能是喷水池的水更适合鱼儿生长，也有可能是水中含有某种矿物质，也有可能是鱼儿吃了某种特殊的食物，但无论如何，我们不能否定的一个重要因素是，喷水池要比鱼缸大得多！

这就是著名的“鱼缸法则”。其实，对于孩子的教育，何尝不是这样呢？鱼儿需要广阔的生长空间，孩子也需要自由的空间。当孩子慢慢长大，家长应该学会放手，如果你还想为孩子安排一切，那么，你必须克制自己。

的确，每一个父母，都应该作为孩子成长路上的引导者，而不是强制者，让孩子自由成长，让孩子感到来自父母的尊重和爱，那么，他们会更加爱你。

那么，怎样才能给孩子提供一个足够自由的空间呢？

1.尊重孩子的需要，让孩子自由探索

孩子的世界和成人的世界是不同的，对于成长道路上的很多事物，他们都会感到新奇，都有想探索的欲望，这也是孩子在成长过程中的一种本能，对此，家长应该尊重孩子，让孩子自由探索，这样，他才有更多的生活体验，才能成长得更快。而假如家长剥夺了孩子的这种权利，那么，他们就体验不到这种乐趣，也会变得越来越自卑。

2.不要过度保护孩子

孩子的成长过程虽然充满了恐惧，但也充满了乐趣。他们会摔跤，但作为父母，我们不能扶着孩子走，因此，如果你的孩子想尝试，那么，你应该鼓励孩子尝试，而不是这样说：“算了，多危险，不要做了。”“小心点，你会伤害自己的！”“你不能做这个，太危险了！”这样，孩子即使想尝试，也会被你的提醒吓退的。

3.尊重孩子的天性，让孩子决定自己的未来

所有的父母都希望孩子长大后能有出息，但并不是所有的父母都能不干涉孩子的选择，他们在为孩子设计未来时，多半不会考虑到孩子的天

性、优点等，而是按照自己的意愿。这种教育模式下培养出来的孩子是很难有突出的个性品质的，也多半不快乐。

4.在允许的情况下，让孩子自由支配时间

孩子虽小，但家长也应该尊重他，让他有一些自己独立支配的时间，比如，晚上的空余时间，孩子想睡觉还是想看书等，家长不要干涉。

心理小贴士

孩子的成长需要自由的空间。自由就好像空气一样，孩子在成长过程中，没有自由，他们是无法健康、快乐成长的。因此，要想使孩子成长得更快，父母就需要给孩子提供足够的自由空间，而不要限制孩子的自由，从而使孩子生活在一个小小的“鱼缸”中。

不断尝试，让孩子在实践中成长

在中国，所有的父母都希望孩子能有出息，能闯出一番成就，因此，为了不让孩子输在起跑线上，从孩子上学开始，他们就规定：你的主要任务就是学习。他们不让孩子做任何家务，就连孩子穿衣、洗澡、收拾书包等，他们都代劳了。在这种情况下，越来越多的孩子完全依赖于父母，他们四体不勤，无法独立生活。这实际上是非常不正常的教育理念。

生活中，很多父母都强调教育这一概念的，但实际上，真正的教育来自于生活，让孩子多参与生活实践，让孩子吃点苦，孩子才有能力、有毅力面对未来生活的挑战。关于这点，1954年，加拿大麦克吉尔大学的心理学家进行了“感觉剥夺”实验：

这些被试者都被“全副武装”了，他们被戴上了半透明的护目镜限制其视觉；用空气调节器发出的单调声音限制其听觉；手臂上戴上纸筒套袖和手套，腿脚用夹板固定，限制其触觉。

然后，这些被试者被单独安排在了实验室里。

几个小时后，这些被试者开始恐慌，进而产生幻觉。在实验室连续待了三四天后，被实验者都不同程度地产生了许多病理心理现象：出现错觉幻觉；注意力涣散，思维迟钝；紧张、焦虑、恐惧等，实验后需数日方能恢复正常。

“感觉剥夺”实验表明：感觉是人最基本的心理现象，通过感觉人们才能获得周围环境的信息，并适应环境求得生存。一个人的成长是建立在和外部世界的广发的接触上的，一个人，只有生活在一定的社会集体中，才能更好地成长、发展。

然而，我们却发现，生活中，有太多的父母不愿意让孩子吃苦，不愿意让他们接受外面世界的阳光和鲜花，孩子的生活里除了学习，再也没有其他。温室里的花朵，尝不到困难、挫折的滋味，因而养成了怯懦、吃不得苦、经不起挫折等一些不良品行。

事实上，如果你的孩子能够独立完成一件事情，父母就不要担心一时的成功与失败。只要孩子努力去做一件事就是成功的开始。聪明的父母会避免在不知不觉中强制、束缚孩子，会留给孩子自由发展的空间，注重孩子独立生存能力的培养。

具体来说，根据“感觉剥夺”这一实验，如果你是个事事为孩子包办的家长，那么，你必须做出一些改变：

1.把命令改为商量

在很多问题上，父母不要太过武断，也不要替孩子作决定，而应该先问询孩子的意见，“你是怎么认为的？你打算如何处理呢？你打算什么时候开始做呢？”这就表示了我们对孩子的尊重，在了解了孩子的想法后，如果有些部分不正确，那么，我们再以研究和探讨的语气与之商量：“我能理解你的想法，但我们还要考虑这件事的可行性，不是吗？……你认为妈妈的意见对吗？”

孩子是聪明的，有判断力的。如果你的话有道理，孩子一定会采纳的。同时，交流会越来越多，亲子关系会越来越好。

再比如，孩子周末想去朋友家玩，你可以和孩子商量，让其和更多的孩子去交往，但一定要讲究原则，比如你去的地方要告知家长，你什么时候回，都有哪些人，玩多长时间。如果孩子要求在朋友家住，你要告诉孩子不行，如果晚了，爸爸妈妈可以去接你。那样爸爸妈妈才不会担心。支持他，同时也告知不能破坏原则。这样孩子既得到了快乐，又不至于放纵他。给孩子一个空间，让他自己去体验，去成长。家长永远是孩子的支持者和帮助者，从而使孩子幸福快乐地成长。

以商量的方式去解决问题，即使商量失败，但感情氛围会增强，有利于以后的沟通。家长经常误认为，当前问题没解决，还破坏了感情气氛，阻断了感情沟通，失去今后解决问题的机会。

2.不妨让孩子吃点“苦头”

成长阶段的孩子总会犯错，对此，家长不必恐慌，要允许孩子犯一点错、吃点亏，不要过分束缚孩子的手脚。

举个很简单的例子，如果你的儿子“要风度不要温度”，寒冬腊月坚决不穿毛衣，如果商谈没成功，不用着急，让他挨冻一次没关系，若真感冒了，他就会明白你的意图，至少以后会考虑你的意见。

心理小贴士

现代社会，虽然很多家庭都只有一个孩子，家长都爱孩子，但不要过于心疼孩子而不让孩子去独立做事，而是要给孩子机会去尝试做各种事情，累的、苦的都要经历，让孩子不断在成长过程中锻炼自己，这样他们才能早日形成独立生存的能力，这对孩子的未来受益无穷！

早期教育很重要，但不可操之过急

在教育孩子这一问题上，可能很多家长会认为，培养孩子某一方面的特殊天赋，应该在孩子成长到一定阶段才开始，事实上，这种观点是错误的。一个人，随着年龄的增长，他对周围的环境会越来越适应，身体机能也随之发生了相应的变化，内在能力会逐渐消失。因此，专家建议，早期

教育很重要，最好在孩子0岁就开始。

大量的科学研究表明：儿童的潜能培养遵循着一种奇特的规律——天赋递减规律，即儿童的天赋随着年龄增大而递减，教育得越晚，儿童与生俱来的潜能就发挥得越少。

的确，我们每个人，自从来到这个世界，就具有某种潜在的能力，而在我们出生后的前几年，正是开发和挖掘这种潜能的最佳时期。这里，假如我们把一个孩子生来就有的潜能以100分来计算，如果我们从5岁开始教育孩子，那么，他长大以后可能有80分的能力；而从10岁教育，就只能达到60分，而从15岁开始教育的话，孩子的能力还能否被挖掘出来尚未可知。

也有的家长认为，如果一个孩子真的有天赋，那么，他就不需要进行特别的教育。事实上，人的大脑在刚开始发育时是大脑感应度最强的时期，随着年龄的慢慢增长，感应度逐步减退，就和绷紧了的弦一样慢慢松弛下来。

生物学家达尔文曾经遇到过这样一件事：

一天，她接待了一位美丽的少妇，这位少妇带着自己的孩子来问达尔文，希望达尔文能就育儿问题给自己一些建议。

“啊，多漂亮的孩子啊！几岁了？”看到这么漂亮可爱的孩子，还没等少妇开口，达尔文就高兴地问夫人。

“刚好两岁半”，少妇诚恳地对达尔文说，“你知道，当父母的都希望孩子以后能有出息，你是个杰出的科学家，我今天特地带孩子来求教，请问对孩子的教育什么时候开始才好呢？”

“唉，夫人，很可惜，你已经晚了两年半了。”达尔文惋惜地告诉她。

从这个故事中，我们也能看出来孩子的早期教育一定要越早越好。就学习外语而言，如果你的孩子10岁以前没开始学习外语，那么，他即使外语成绩很好，但口语依然不纯正，总是在发音上“怪怪的”甚至不少专家认为，钢琴如果不从5岁开始练，小提琴如果不从3岁开始练，就不可能达到很高的境界。也就是说，儿童的能力如果不在发展期内进行培养，就会出现儿童潜能递减的现象，这就是早期教育能够造就天才的根本原因。

当然，家长在对孩子进行早期教育时，需要注意两个问题：

1.不能拔苗助长

一些家长对孩子期望太大，害怕孩子输在起跑线上，因此，在孩子学龄前，他们就开始对孩子进行各种智力投资，让孩子学这学那，重视孩子的早期教育虽然是好事，但如果操之过急，就会起反作用。

2.注意方法，最好能寓教于乐

生活中，一些父母在孩子很小的时候，就想让孩子识字，但他们却不讲究教育方法，仅仅在纸上写几个字，让孩子照葫芦画瓢。这样教育，孩子毫无兴趣，自然也学不好。而父母便认为孩子在偷懒，往往采取惩罚的手段。这样的教育方法，只会让父母累，孩子苦，但收效甚微。这种教育方法还会造成孩子的逆反心理，等将来上了学，也会对学习发怵，甚至出现逃学的情况。

因此，对孩子进行早期教育，家长一定要重视方法，最好寓教于乐，因为对于婴幼儿阶段的孩子来说，他们的大部分时间都是在玩中度过的。因此，当你的孩子有兴趣在户外摸爬追打的时候，可以引导或带领他们掌握一些把握平衡和灵活性的活动。对于稍大的孩子，可以在明确基本游戏及规则之后，尽可能让他参加小朋友的游戏。

这样，在玩乐中，就能锻炼孩子的智力、想象力和创造力，孩子与人交往的能力也得到了提高。这些都是孩子将来接触社会必须掌握的。

从这个意义上讲，让孩子在婴幼儿时期有充分的玩的机会，可以训练其各种智力与非智力因素。同时对预防某些身心障碍和心理问题也是至关重要的。

心理小贴士

很多父母没有意识到儿童的智力发展是遵循天赋递减法则的，因此，早期教育是开发儿童潜能的必要方式之一，早期教育更容易造就天才。作为父母，你要知道，越早对你的孩子进行教育，开发他们的潜能，你的孩子成功的概率就越大，但同时，家长也要注意方式方法，不可操之过急。

第12章　制造平等交流空间，让孩子的心理更健康

很多家长教育孩子的时候喜欢控制他们的思想，他们觉得只要能让孩子接受自己的想法用什么方式他们不介意，即使孩子很反感。但是现在是素质教育社会，家长在教育孩子的时候也要注重孩子的心理，和孩子平等对话，让孩子在良好的环境中成长。

家长爱面子，孩子也一样

面子，顾名思义，就是人的脸面。而人是具有社会属性的生物，只要是人，都需要得到别人的认可，“面子”也是一个人最本能的心理需要，每个人不管有何成就、有何性格、有何经历，他们都希望别人能够尊重自己。中国有句老话：“不蒸馒头争口气”，这就是中国人重视面子的表现。但是面子观念不仅仅是中国社会特有的现象，更不是大人特有的一种心理。只要是人，就会试图在别人面前表现出自己最好的一面，以使他人对自己有一个良好的印象。不仅大人如此，孩子也一样。

莎莎从小就和爷爷奶奶生活在一起，爷爷奶奶对她的精心呵护以及在她生活上的大包大揽，让莎莎变得内向、胆怯。后来父母把她接到了自己身边。莎莎的爸爸脾气暴躁，莎莎觉得很害怕，莎莎的爸爸觉得女儿这么

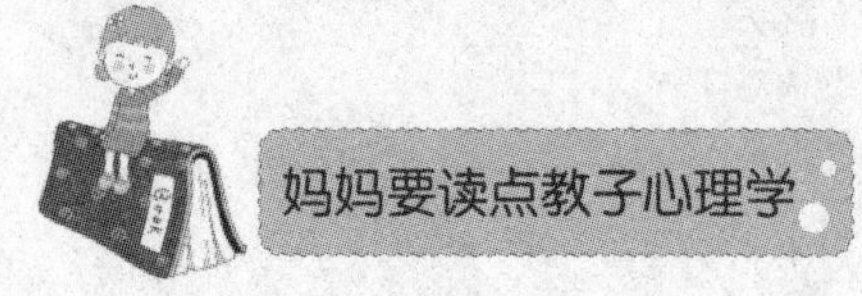

下去也不是个办法。

一天，莎莎同学和她父母来莎莎家做客。爸爸让莎莎去给客人倒水，莎莎一不小心打翻了杯子，莎莎的爸爸很生气。但是他转念一想，这正好是教育莎莎的好机会啊，于是他劈头盖脸地批评起莎莎："这么大人了，连倒杯水都能把杯子打翻，你怎么这么笨呢？"莎莎的爸爸试图用这种方法让莎莎觉得丢面子而证明自己不笨。

但是生性敏感的莎莎却羞愧得无地自容，晚上，莎莎做了一个噩梦，她看见爸爸老用手指头指着她，她的同学也嘲笑她。从此，她在同学面前也抬不起头，而且一看见爸爸就紧张，越紧张就越容易出错，出了错她爸爸就批评她，最后，莎莎得了恐惧症。

很多父母在教育孩子的时候喜欢批评孩子，他们觉得那样能让孩子长记性。还有很多父母试图用当众批评孩子的方式让孩子认识到自己的错误，他们希望用这种方式能让孩子丢面子，然后改正自己的错误，这说明家长们还是知道自己的孩子自尊心很强也很好面子。

没有人喜欢在公共场合听到别人说自己的糗事或者批评、嘲笑和讽刺自己。家长深知在公众场合丢面子的尴尬与难受，所以家长们在教育孩子的时候也一定要关注孩子的自尊。比如，孩子在公众场合犯了错误，家长只要用眼神告诉孩子他做错了，回到家再对孩子讲道理，不要在公众场合就批评孩子，在公众场合反而应该给孩子留面子。否则，家长们不会知道自己的一个微不足道的举动会让孩子的自尊心受到多大伤害。

心理小贴士

家长要面子，孩子也不例外。所有人都希望给别人留下自己最好的一面，让别人对自己产生最好的印象。他们不希望在众人面前被人说不好，那样不但会很尴尬，还会在很长一段时间内抬不起头。

家长在教育孩子的时候也是一样，要用自己的心理去揣摩孩子的心理，不在大庭广众之下批评孩子，说孩子的糗事。即使孩子在公众场合犯了错，家长也要给孩子留足面子。

过于重视“家长”的身份会影响与孩子平等交流

家长在教育孩子的时候总是过于注重自己是“家长”这一身份，所以和孩子总是不能有效地沟通，他们更多的时候是用强制性的手段让孩子接受自己的观点，而不是认真地倾听孩子心中所想。但是如果孩子与家长沟通不够或者没有效果，都会导致他们做出一些过激的行为，尤其是处在青春期的孩子。所以家长在和孩子沟通的时候要注意自己的引导方式，还要学会放下家长的身份与架子，平等地与孩子交流，千万不要总是用强制性的手段让孩子屈从于自己。

小燕今年上高一，她的成绩一直不错。但是最近的一次期中考试她没有考好，她心里很不舒服，她觉得自己的压力特别大。父母为此也十分担心，他们为小燕请了家教，时刻督促她学习，还时常在小燕面前说：“你才高一，成绩就掉下来了，你还怎么考大学啊？”听到父母的抱怨，小燕把想说的话都咽进了肚子里。

后来，小燕觉得自己实在受不了如此压抑的气氛，就约了几个朋友出去玩一会儿，希望放松放松心情。几个伙伴玩累了准备回家的时候在小区门口撞到了下班回家的小燕妈妈。小燕妈妈看小燕没有在家学习而是出去玩了，顿时火冒三丈，当着小燕朋友的面就对小燕说：“学习没本事，玩起来你还挺有劲儿的。”小燕原本好好的心情，听到妈妈的话后，立刻又变得十分沉重。她想和妈妈好好地沟通一下，向妈妈诉说一下自己心中的压力，但是妈妈从来不给她机会。因此小燕变得越来越沉默，不管父母给她请什么样的家庭教师她的成绩都提不上去。

生活中像小燕妈妈这样的父母有很多，他们总觉得自己是家长，就有责任督促自己的孩子学习，即使孩子不乐意。他们从来不去考虑孩子的心里感受，家长们总觉得自己的孩子太缺乏上进心了。其实家长也应该考虑一下，自己教育孩子为什么会失败，自己已经尽了最大的努力，可孩子还是没有进步。这不仅说明了家长如此强制性的教育方法不妥当，还有一个

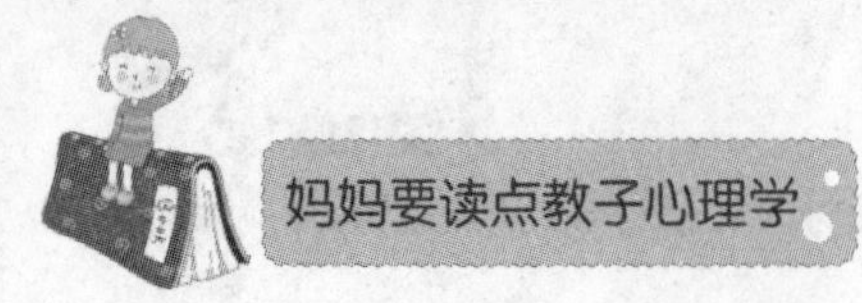

更深层次的根源：家长和孩子之间不能平等地沟通。

很多父母都觉得自己辛辛苦苦一辈子，做什么都是为了自己的孩子好，但是孩子却不领情。他们从来没想过自己强制给孩子的是不是孩子想要的，他们习惯用自己“家长”这个身份来看待自己和孩子之间的关系，而且根深蒂固。

心理小贴士

父母对孩子而言，是最重要的家庭教育者，也是孩子最亲密的寄托情感的对象，如果父母和孩子不能正常有效地沟通，就会使孩子的心里蒙上阴影，对家长教育孩子极为不利。

作为家长在和孩子沟通的时候切不可过度强调自己“家长”的身份，而是要学会与孩子平等的交流与沟通，让孩子在父母的良性影响下健康的成长。

信任孩子，让孩子自信起来

很多父母批评孩子的初衷就是让孩子认识到自己的错误并且改正，但是很多时候父母在面对孩子时传递的信息是他们不相信孩子，他们不相信孩子真的能把自己的错误改正了。孩子总是很敏感，他们能够明显感觉到家长不信任自己，所以不管家长批评自己多少遍，他们依然没有什么明显的改变。因为他们在家长吹毛求疵的批评和不信任中慢慢地削弱了积极性，很多家长还十分好奇自己的批评教育怎么在孩子身上不起作用?

君君上五年级了，君君的父母希望君君可以考出好成绩以便顺利进入重点中学，而且他的数学成绩一直不错。可语文成绩一直提不上去，特别是写作文的时候，往往写几句就写不下去了。君君的妈妈为此经常埋怨他没有想象力，语言单调乏味，还说他懒惰不肯练笔。但是君君觉得自己很努力了，但就是写不出来，妈妈还老埋怨他。后来君君的爸爸决定帮助孩子提高写作水平，君君妈妈答应了，但是她心里却想："我倒要看看你怎么提高儿子的作文水平。"

爸爸对君君说："语文其实不可怕，对你来说学好语文是没问题的，你的理解力强，记忆力很好，又爱动脑筋，平时只要多看一些文学方面的书再练练笔，坚持下来一定有大的成效。"君君爸爸的话起到了作用，君君真的开始认真看书并时不时地把自己喜欢的句子记下来，但君君妈妈还是怀有疑问。一次，君君妈妈发现虽然书摆在君君面前，但是君君却看着天花板。君君妈妈当时被气坏了，指着君君说："我就不信你的作文水平能有什么提高，现在果然是这样。"君君听到妈妈的话难过地低下了头，原来妈妈这样不信任自己，君君很受打击。君君爸爸见状连忙对君君说："孩子，看书重在投入，如果手里拿着书，却想着其他的事情，你的作文水平怎么能提高呢。"君君过了好一会儿才说："爸爸对不起，我以后看书再也不三心二意了，你相信我，好吗？"君君爸爸温和地说："我相信你。"听到爸爸这样说后，君君恢复了生气。

其实，家长在教育孩子的时候不要总想着批评孩子，总挑孩子的缺点，要多给孩子一些信任，求全责备不仅难以使批评奏效，反而会打击孩子的自信心，使父母和孩子产生矛盾。孩子是经不起挑剔的，父母越是挑孩子的不足，批评孩子的不对，孩子就越觉得自己不行，逐渐丧失自信心。

心理小贴士

家长在责备和训斥孩子的时候就会发现孩子真的什么都不行、真的什么都不好，这不仅是对家长的消极暗示，也是对孩子的消极暗示，在这种消极的暗示中孩子自然不会有改正错误的积极性。

家长在教育孩子的时候一定要信任孩子，哪怕批评孩子的时候也要向孩子传递自己相信孩子的想法，让孩子不断地进步，逐渐地变得自信起来。

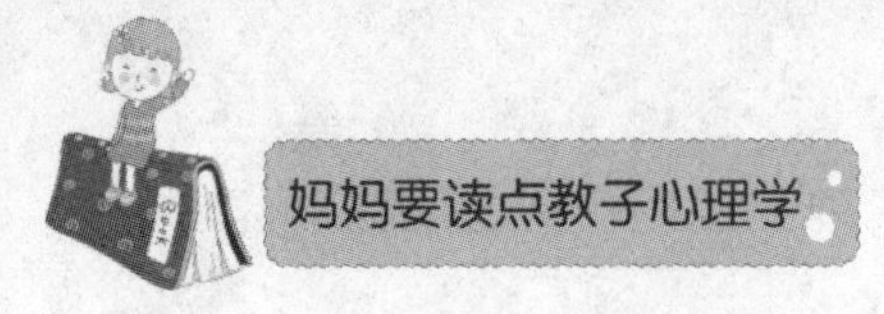

满足孩子好奇心，让孩子健康成长

近代教育家陶行知曾说过：发明千千万，起始在一问。孩子好奇，他们必然对不懂的新事物产生怀疑，进而发问。

做父母的都曾有过这样的感受：孩子从会说话开始总是缠着自己问花样百出的问题。就像：妈妈，为什么天空是蓝的？为什么飞机不会从天上掉下来？为什么猪没有翅膀？当父母面对孩子这些千奇百怪的问题时总是缺乏耐性。有些父母甚至对孩子说：问这么多，烦不烦？孩子的好奇心，就在父母这种不断呵斥中被泯灭了。文森特鲁基洛曾说过，好奇心、求知欲和善提问是创造性思维的引擎。

很多孩子长大后，再也不问为什么之类的问题了。让“十万个为什么”贯穿孩子一生，从心理学观点看，好奇心是人们对新鲜事物进行探索的一种心理倾向，是推动人们积极地去观察世界，开展创造性思维的内部动因。古人云：学贵有疑，小疑则小进，大疑则大进，不疑则不进。在孩子的心灵深处，都有一种根深蒂固的需要，希望自己是一个发现者、探究者和成功者，好奇是小孩子学到知识一扇最重要的门，可以启迪孩子的智慧。

所有的孩子都具有创造性思维的能力，家长要做的就是让孩子的创造性思维有一个良性的发展，这就需要家长给孩子提供良好的环境和条件。但是很多家长对孩子“研究探索行为”持否定态度，对于孩子提出来的很多好奇问题他们总是不耐烦。有些孩子就是喜欢凡事问出个究竟，面对孩子一连串的“为什么”，家长千万不要敷衍了事。作为家长，要尊重孩子的好奇心和求知欲，给孩子以正确的引导。即使孩子提出的问题难倒了家长，家长也不要因为气恼而对孩子失去耐心。而要委婉地告诉孩子应该去哪儿找这些“为什么”的答案。

孩子都很敏感，他们对外界充满了好奇，在自己好奇心的驱使下会问父母很多千奇百怪的问题，希望能够得到父母的解答。孩子的生理和心理

要想快速地发展，家长就要为其提供良好的条件，对于孩子切合实际的要求，家长要尽量地满足。如若孩子提的要求不切合实际，家长要明确地拒绝。但是家长在拒绝孩子无理的要求时要尽量缓和自己的态度，注意自己的语气，不要破坏孩子的情绪。要让孩子觉得是客观条件不允许，必须放弃或者适当地节制。

心理小贴士

孩子处在生理和心理飞速发展的时期，他们对外界的事物十分敏感，会被很多新奇的事物和现象吸引，这就需要家长为他们提供一个良好的生长环境。

学龄早期是孩子形象思维向抽象思维转变的重要时期，但是孩子思维成熟的速度不是随着孩子年龄的增加而递增，而是在日常生活中锻炼、培养和造就的。作为家长，一定要适当地满足自己孩子的好奇心，尊重孩子的好奇心和求知欲，给予孩子正确的引导，让孩子健康地成长。

爱孩子就“放开”孩子

小华从小就非常喜欢小动物，而且非常热衷于研究小动物的生活习性，初中时，常常因为观察小动物而弄得浑身是泥。父母对此非常生气，觉得他不务正业，于是就想方设法阻止他去外面玩。父母希望他学钢琴，以便将来中考时加分。

开始，他总是趁着父母不注意偷偷地跑到附近的公园做自己喜欢的事。有一次，他把一只黑色的蜘蛛带回了家，父母大发雷霆，训斥他不应该把这么脏的东西带回家。爸爸还一脚踩死了蜘蛛，妈妈竟然摔烂了他积累好几年的装着各种标本的“百宝箱”。那一刻，小华愣住了，回到自己

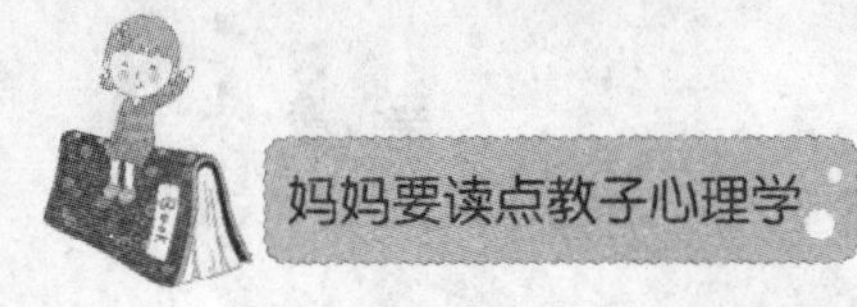

的房间默默坐了一下午。

从那以后，他的学习成绩一落千丈，变得沉默寡言，父母为此非常发愁，甚至怀疑他是不是智力有问题。而小华的生物老师说：“小华这孩子特别聪明，如果好好培养，将来一定是一个非常出色的生物学家。”小华生物老师的话引起了父母的深思。

作为父母，总是觉得孩子不懂事，“他们还小，不知道自己在干什么。”“我们是孩子的父母，难道我们还会害自己的孩子吗？”很多家长都是这样的想法，他们觉得孩子毕竟涉世未深，对身边的人、身边的事情总是认识得不透彻。自己作为家长，什么都愿意为孩子做，孩子的一切自己都想包办，只有这样，他们才觉得心安。

有的时候，孩子有个小兴趣，就是因为家长看着不顺心，便强制孩子马上放弃，然后再强制孩子做自己不喜欢的事情。即使这样，家长还是有一个漂亮的借口：不管我们做什么，都是为了自己的孩子好。就像小华的父母，他们很轻易地就判定小华喜欢小动物是不务正业，然后用自己的思想来要求小华改正，控制小华。小华的父母以为自己是对的，但结果却不是这样。

其实，如果家长过度干涉孩子的行为和思想，孩子就会对自己产生怀疑，认为自己做的事情都是错的，从而否定自己对事物的判断能力，变得没有自信。而且孩子会觉得父母不尊重、不理解他们，从而产生逆反心理。很多家长都会忽视孩子自己的想法，强加给他们很多学习任务和兴趣爱好，导致孩子失去了发挥自己才能的机会，这对孩子的成长非常不利。

家长不要总是用爱孩子的借口来控制孩子，孩子有属于自己的思维方式，有自己的心灵空间。父母应该善于和孩子沟通，了解孩子的兴趣爱好。父母应该站在一个平等的立场上与孩子沟通，多听听孩子的想法，多问问孩子喜欢做什么，既然爱自己的孩子，就要懂得给孩子自由。

心理小贴士

作为父母，不要总想着自己的孩子涉世未深，其实很多时候，他们只是不敢与家长交流，不敢说出自己最真实的想法罢了。

很多家长喜欢用“家长”这一身份，强迫孩子做一些他们并不愿意做的事情，还美其名曰是爱自己的孩子。殊不知，自己这样的“爱”会害了孩子。家长们，既然爱自己的孩子就请给他们心灵以空间，让他们健康自由地成长。

不要轻易与“隔壁家”的孩子作比较

我们的性别从一出生就是既定的，谁也没办法选择。我们唯一能做的就是喜欢上自己的性别，然后快乐地生活，大人如此，小孩也一样。有些男孩子在学习或者生活中经常调皮，家长就会批评他没有隔壁邻居家女孩乖巧、听话和懂事。如果是女孩子为了一件小事哭鼻子，家长就会说她不如隔壁家小男孩坚强勇敢。家长在教育孩子的时候总会凭空想出许多“隔壁家”的孩子，可能家长的意图只想激励自己的孩子，让他们变得更加优秀。但是，家长不知道，每当自己的父母这么说的时候他们会觉得父母是不是讨厌自己了，自己哪里做得不好，为什么“隔壁家”的孩子总是比自己优秀？长此以往，他们会逐渐地失去信心，甚至会怀疑自己的性别：是不是妈妈更喜欢男孩才一直觉得我不够好？是不是妈妈更喜欢女孩才一直说我不如“隔壁家”的那个小女孩?

小乐是一个调皮的小男孩，有时他的父母对于他的一些行为很是头疼。他不是把邻居家的玻璃打破了，就是欺负同班同学。老师时不时地找小乐的家长开“小会”。每次开完“小会”，妈妈回家后都会跟小乐说：“你看看隔壁家的月月，不仅乖巧听话，学习成绩还好，我怎么就生了你这么一个捣蛋鬼，你要是个女儿就好了，人家都说女儿是妈妈的小棉袄。”小乐妈妈每次都会重复这句话。她的本意是用编造的小女孩来激励小乐，让他改掉自己身上的毛病，但是时间久了，小乐妈妈发现小乐变得闷闷不乐，做什么都没有兴趣，妈妈还发现小乐没了以往的自信甚至开始讨厌自己。

其实孩子的思想总是很简单，他们会很天真地把父母的玩笑当真，孩子犯错了，父母总是压不住心中的火气，他们当时说的话未必是发自内心的，事后，他们甚至觉得对待不听话的孩子就要这样，玉不琢不成器。其实家长的这种想法是不对的，孩子最信任的就是自己的父母，很多时候，孩子并不理解父母的想法。

父母在批评孩子之前一定要三思，孩子的思维还处在待开发的阶段，他们需要父母正确地引导，如果父母一直给他们灌输消极的思想极易造成孩子心理畸形。就像父母对孩子说“隔壁家”孩子的时候他们会产生愤怒、难过和仇恨的心理。一方面他们觉得父母不喜欢自己，另一方面会对那个“优秀的孩子”产生忌妒之心。所以作为家长，教育孩子时一定要避免自己的言语给孩子带来伤害。

心理小贴士

家长无意识的一句话，会让孩子产生许多心理变化，更重要的是因为家长与孩子交流不够，不知道孩子心里究竟在想什么。

没有一个家长不爱自己的孩子，但是家长平时无意识的一个举动都会让孩子开始怀疑自己的父母是不是真的爱自己，因为他们不管做什么都比不上“隔壁家”的孩子优秀。

Part 3

教子实战心理策略

第13章　洞察孩子背后的秘密，把孩子心里的幼苗扶正

很多孩子为了引起家长的关注，总会做出一些让家长不能理解的举动，而且这些举动让家长非常担心自己的孩子是不是太软弱，或者不学好。而孩子只是单纯地想引起别人的关注，运用的方式不得当而已。作为家长，就要学会洞察孩子背后的秘密，然后把孩子心里的幼苗扶正。

孩子喜欢扔玩具泄露的秘密

随着孩子慢慢长大，有些家长会发现，孩子在玩玩具的时候会把玩具扔在地上，家长看到后帮他们捡起放好，他们会继续把玩具扔在地上，看着大人一遍又一遍地捡起并乐此不疲。

当孩子再一次把手中的玩具扔掉的时候，有些家长不但不会耐心地捡起，相反地，他们会很生硬地把玩具再次放好，甚至“威胁”孩子：不准再扔了，听到没有？然后不管孩子是什么反应就转身去做自己的事情。很多时候，每个人的耐心真的是有限的。家长也是普通人，也会有自己的情绪。但是在教育孩子的时候家长一定要控制自己的情绪，孩子的内心都比较脆弱，他们不能判断自己的行为是否正确，家长的反应是孩子判断自己行为的唯一标准。

孩子在幼儿时期没有任何的娱乐活动，且容易被家长忽略，当他们发

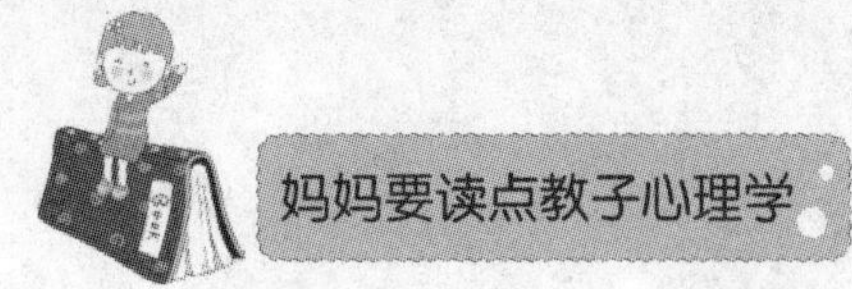

现有一项活动可以吸引家长注意的时候，他们对此会更感兴趣。比如说，一次又一次地扔玩具。孩子小时候对父母有一种本能的依赖，所以就算孩子很小，家长一定要有足够的耐心对待孩子，不要因为不经意的行为而伤害孩子的自尊心。

孩子的兴趣和注意力转移很快，有些孩子对每一个玩具的兴趣只保持一小段时间，只要看到新玩具，他就随手扔下手中的玩具，去拿新玩具。特别是孩子面前有一大堆玩具时，他就一会儿动动这个，一会儿又摸摸那个，很容易随手翻、随手扔。

另外年龄较小的婴儿喜欢重复的机械性游戏，他觉得反复地把玩具扔出去再让大人捡回来是一件很有趣的事。

孩子喜欢扔玩具主要是想引起别人的注意，如果每次出现这种情况家长都置之不理，久而久之，就会形成一种习惯，随着年龄的增长这种习惯越来越难改掉，所以平时一出现这种情况家长一定要加以“管教”。比如，宝宝扔了玩具，家长一边替他把玩具放回原处，一边说教，也可以鼓励宝宝跟你一起收拾。专家表明：家长要鼓励孩子一起把玩具放回原处，还要说一些鼓励孩子的话，这样孩子不仅养成了不乱扔东西的习惯，也体会到了分享的快乐。

孩子喜欢扔玩具家长还要防止其有“暴力心理”。孩子在扔玩具的时候发现，不管自己开不开心都能随意扔东西，这个认知会导致孩子的世界观出现问题，这时候作为家长，就要具体问题具体分析，而不是一味地顺从自己的孩子。

心理小贴士

家长在教育自己孩子的时候要有耐心，对于孩子喜欢乱扔玩具这个问题不能简单粗暴地解决，而要耐心地和他们玩儿，在玩儿的同时把自己的想法灌输他们。

家长一定要洞察孩子各种小动作背后的秘密，耐心地把孩子心里的幼苗扶正，给孩子创造一个健康的成长环境。

孩子为何淘气

孩子小时候总是对外界的一切充满了好奇，他们活泼好动，很多事情都亲自尝试，在过程中难免会做错事。对于孩子的某些行为家长越是反对，孩子就越喜欢尝试。成人倾向于将自己知道的灌输给孩子，但是孩子更喜欢自己摸索，这在家长看来就是孩子过于淘气了。其实每个人都有好奇心，事情越是神秘，人们就越想寻根问底。这是每个人都有的心理。

家长教育孩子的时候也要明白这个道理。孩子“淘气”也是出于一种好奇心。孩子对未知的世界永远充满了好奇，虽然他们还小，却很想尝试很多事情，家长因为不放心常常制止他们。但是家长越制止越能引发他们的好奇，甚至可以完全不顾家长的制止去尝试。好奇心是人类与生俱来的，它让我们的生活充满活力，它是我们度过丰富人生的原动力。

但是有些孩子在受了家长的冷落之后更容易“淘气”，用“淘气”彰显自己对家长的不满，以期得到家长的一句温言软语。小孩子“淘气”还有另一个原因，就是小孩子都有极强的表现欲，他们觉得自己在家长面前表现得越张扬，家长就越在意自己，但是毕竟大人和孩子的思维还有差距，所以即使孩子想要自己认为对的事情，也会成为家长眼中的“淘气包”。

还有一种淘气是因精力过剩造成的。随着幼儿年龄的增长，各种能力不断提高，但成人所能提供的活动环境和条件不能满足孩子的需要，他们剩余的精力无处发泄，也会做出“淘气”行为。比如，一个孩子在上课的时候发现老师讲授的内容自己已经完全掌握了，那么他一定会想方设法故意骚扰旁边正在认真听课的同学，这在大人眼里就是淘气的行为。但事实上，他们只是无聊罢了，而且没有找出下一个他们觉得有意思的目标。

有的孩子喜欢用有意识的淘气来发泄自己的不满情绪。孩子心情不好的时候喜欢故意做出一些“淘气”的行为。

孩子太过“淘气”是令每个家长最头疼的问题。孩子太小，言语太重会伤害到孩子；言语太轻，又起不到预期作用。所以家长如何应付孩子所谓“淘气”的行为呢?

其实，家长教育孩子的时候要清楚，孩子只是对外界的事物感到好奇而已，孩子能对周围的事物感兴趣其实是一件好事儿，这是他们懂得学习且想要学习的征兆。对于孩子正常的求知欲望，家长一定要支持孩子并对孩子加以正确的引导，让孩子的好奇心及时得到满足，不要让孩子走上歪路。对于孩子因不满家长或者只想引起家长关注的“淘气”行为，家长一定要及时放下架子，与孩子好好地沟通，让孩子明白他们应该怎么做才能真正被别人关注，应该怎么做才能实现自己的目标。家长的言传身教会让孩子学会正当为人以及理性处事。

心理小贴士

每个孩子的情况是不一样的，家长要具体问题具体分析，这就需要老师和家长多下工夫。儿童阶段是一个人的智力发育和世界观形成的关键时期，正确地引导可以帮助他们打好基础，走好人生的第一步，切勿急于求成。

家长要洞察孩子每个动作背后的意义，正视孩子的心理，使孩子明辨是非，健康快乐地成长。

孩子为什么喜欢“告状”

孩子最依赖的是自己的父母，他们不管遇到什么事情都习惯告诉自己的父母，父母在他们眼里是神圣的，不管自己说什么父母都能解决。正因为如此，总希望得到父母的关注，做事情的时候也想试探父母的反应。他们觉得“告状”是最好的方式。

很多家长肯定都有过这样的经历：下班后或者与孩子独处的时候，孩子们会向家长倾诉：谁谁谁今天抢我的玩具了，谁谁谁今天碰了我一下……

诸如此类。家长听多了，习惯了，就会在孩子向自己倾诉的时候一笑而过。还有些孩子在学校的时候喜欢向老师打小报告，内容不会很具体。一般情况下，就是哪个男生把哪个女生惹哭了，小A拿了他的橡皮擦不还，小B又叫了他不喜欢的那个绰号，等等。老师比较鼓励同学间有什么矛盾就向老师反映，但是如果孩子频繁向老师反映，对孩子的成长必然是不利的。

那么，我们就要弄清楚孩子为什么喜欢“告状”，并在弄清楚之后告诉孩子怎么改掉他们喜欢“告状”的毛病。其实孩子喜欢“告状”一个原因就是想引起家长和老师的注意。家长总是忙于工作，老师也要面对很多的小朋友，不会顾及到所有人。当孩子发现向老师或者家长“告状”能引起他们注意的时候，便会变本加厉。

孩子喜欢“告状”的另一个原因是想在家长和老师面前表现自己。但是小孩子往往不懂得怎么控制自己的情绪，有些事情做得并不是很讨家长和老师的欢心。但是因为认知方面有限小孩子不知道别人是不是喜欢自己的行为。他们只是很单纯地想得到比别人更多的关注。

所以，“告状”成了孩子获得关注和证明自己的好机会，家长在引导孩子减少告状次数的时候，一定不能急于告诉孩子所做的就是错的，因为孩子的想法并不是这样的，要让孩子放弃自己的想法马上接受另一个想法真的很难，就像大人，也不喜欢别人否定自己的想法一样。

所以家长在引导孩子的时候一定要摸清孩子的心理脉络，孩子内心很单纯，没有经历过太多，他们只是在摸索自己的生活方式，所以即使在家长看起来他们所做的是错的，也要站在孩子的角度思考问题。

孩子的“告状”看起来虽小，但若处理不当，可能会影响孩子与同伴之间的关系，可能会对孩子性格和品质的形成产生影响。因此，弄清孩子“告状”的原因，有针对性地引导，才能保证孩子的健康成长。

心理小贴士

“告状”是一般的孩子都会做的事，而且孩子喜欢“告状”是有原因的，家长一定要深入了解。

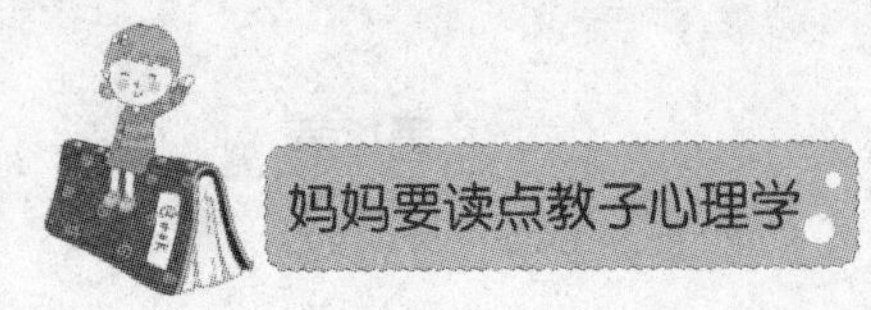

小孩子虐待小动物是有原因的

俗话说："人之初，性本善。"每个人生性都是善良的，尤其对于外界的一切还未准确认知的孩子，他们的内心更是十分单纯。一般情况下，孩子都喜欢小动物，但是有些孩子却不是，他们以虐待小动物为乐趣。他们喜欢追打小动物或残害小动物，当听到小动物的哀鸣，或是看到小动物垂死挣扎的情景时，感到快慰。

这并不能说这个孩子内心有多么邪恶，孩子虐待小动物有很多原因：

第一，当孩子心情失落的时候。现在很多家长因为忙于工作不能与孩子进行过多的接触，对于孩子正在做什么和想做什么，并不会过多关心。下班回家后只会沉浸在白天工作的情绪当中，孩子在学校学习一整天想找人倾诉的时候却发现就连自己的家长都不愿与自己进行过多的交流。孩子会觉得这样的生活索然无味，然后就搞各种恶作剧，但是家长又会干涉孩子的自由，不是正确地引导孩子该怎么做，而是直截了当地告诉孩子这个你不能做。至于不能做的理由是什么却绝口不提。这正好同孩子喜欢自由的天性相悖，当孩子的好奇心得不到满足时，就只能找小动物释放自己内心的抑郁。

第二，孩子的生活总是受到诸多的限制。相对于大人的生活，孩子的生活就显得刺激太少。有很多孩子想在恶作剧中来寻求一种刺激。所以，孩子拿小动物撒气的行为也就有了一定的解释。

第三，随着孩子的成长，他们需要更多的自信心，而伤害小动物正是他们获得心理安慰的一种手段，这就是为什么那些伤害小动物的孩子看起来总是精力旺盛。

第四，孩子在产生一些负面情绪时，比如被父母批评或者被其他孩子欺负时，他们无处发泄，便把"目标"放在了小动物身上。

第五，有的孩子因为曾经和小动物有"过节"，也就是被小动物伤害过，也会对小动物比较残忍，在他们看来，你欺负了我，我就要还回去。

第六，孩子爱虐待小动物，有时候也和孩子的生活环境有关系。那些处于关系紧张的家庭、感受不到关爱的孩子通常情绪都很压抑。

对孩子虐待小动物的行为，作为父母，我们一定要加以制止、教育，不能让孩子继续下去，比较有效的方法是：

第一，培养孩子对小动物的爱护之情。家长可以通过讲故事和童话来教育孩子，描绘出小动物的善良和可爱以及它们被捕捉时的悲惨，从而激发孩子对小动物的同情和爱护。

第二，和孩子一起养一些小动物。适合孩子养的小动物有很多，比如金鱼、兔子、小鸟等，这样，当孩子目睹了小动物的成长过程，便与小动物建立起了感情，就不忍心再伤害小动物。

第三，转移孩子的视线。家长可以帮助孩子把精力转移到劳动、学习和游戏中来，孩子的剩余精力被转移了，也就不会虐待小动物了。

心理小贴士

家长要知道，当自己的孩子做出虐待小动物的行为时，就说明孩子心理压力已经累积到了一定程度，这颗定时炸弹随时都可能爆炸。

作为父母，一定要了解孩子为什么虐待小动物，一定要制止孩子的这种行为。

小女孩过度喜欢洋娃娃正常吗

小孩总是喜欢一些毛茸茸的玩具，尤其是小女孩，她们习惯性地将洋娃娃当做自己最好的朋友，有什么心事儿都喜欢向洋娃娃倾诉。也许很多人都觉得女孩嘛，喜欢洋娃娃，有什么好奇怪的。但是，如果小女孩过度喜欢洋娃娃就会暴露出许多心理问题。

小女孩如果过度喜欢洋娃娃说明她极度缺乏安全感并且孤独。为什么

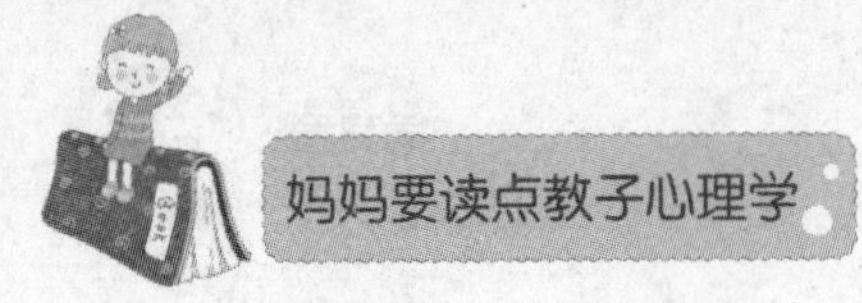

她们会缺乏安全感呢?

其一，父母本身就缺乏安全感，他们在生活中会表现得多疑、敏感，孩子耳濡目染也就变得缺乏安全感。

其二，妈妈从不搂女孩睡觉，导致孩子缺乏爱。有专家指出，母子之间最初的肌肤相亲是孩子获得安全感的前提，但出于各种原因，一些妈妈总是让保姆带女儿睡觉或者把女儿放在婴儿床内，结果，女孩在很小的时候就有一种被妈妈抛弃的感觉，长大后也很难有安全感。

其三，在不完整或者关系不和谐的家庭里成长的孩子很容易缺乏安全感。

小美是单亲家庭里长大的孩子。因为妈妈经常忙于工作，小美和妈妈相处的时间并不多。妈妈见小美一个人就给她买了一个漂亮的洋娃娃，她不在家的时候这个洋娃娃可以陪着小美。

因为家庭原因，所以她不喜欢与人交流，平时在学校里也是沉默寡言的，没什么朋友，回到家里妈妈又经常不在家，小小年纪她已经习惯了一个人的生活，洋娃娃成了她唯一可以倾诉的对象。小美心情好或者不好的时候都会跟洋娃娃说。

后来，小美妈妈的工作总算轻松了一些，但是她发现小美经常一个人对着洋娃娃说话、玩耍，对待洋娃娃比对她还要好。小美的妈妈试图劝小美扔掉这个洋娃娃，但是小美拒绝这样做。小美的妈妈意识到了忙于工作而忽略了孩子，现在她十分后悔。

其实孩子的内心很脆弱，他们渴求温情，也渴望被关注，小美是单亲家庭里长大的孩子，她本身就非常缺乏安全感，再加上性格比较内向，又不能时常跟妈妈交流，致使小美在缺乏安全感的同时感到十分孤独。因为年纪太小，她不知道该向谁倾诉，就只能把洋娃娃当做自己最好的朋友，长此以往，她对洋娃娃便产生了浓浓的依恋之情。

其实，像小美这样的孩子还有很多，家长总是找很多的借口为自己开脱，比如应酬多，每天都要忙许多琐事，怎么能有时间去关注其他事情呢?

心理小贴士

孩子喜欢玩具是正常的，但是对于某一个玩具过分地依恋，很容易暴露出孩子存在的心理问题。

家长一定不要为自己找借口，要根据孩子的行为洞察孩子背后的秘密，及时扶正孩子心里的幼苗，不让孩子在成长过程中受到伤害。

孩子有过分的恋母情结也是一种病

可怜天下父母心。为人父母，都爱自己的孩子。作为孩子，也会依恋自己的父母，这来源于一种血浓于水的亲情，更反映了孩子对父母的信任和依赖。孩子对父母过度的依赖对于孩子日后良好人际关系的建立有积极作用，但如果父母不重视对孩子的教育，一味地溺爱孩子，那么，很可能导致孩子的过分依恋。一旦与父母分开，便表现出哭泣、吵闹等情绪，与其他人疏远，行为异常突出等。而这是一种病态情绪。

小林结婚后，很快有了个女儿，小林给她去了个小名叫宝宝。小林的丈夫经常去外地出差，因此，照顾女儿的任务就落到了小林身上。小林很疼爱宝宝，一天几乎二十四小时不离开她，宝宝也很爱妈妈。

小林做了五年的家庭主妇后，也出来重新工作，加上她也认识到必须让宝宝学会独立，因此，小林下了个狠心，让宝宝在今年上幼儿园。

然而，宝宝的表现实在令小林很苦恼。这天，她带着宝宝来到幼儿园，在和学校老师谈话过程中，宝宝一直躲在妈妈后面，一句话也不说。在小林准备离开幼儿园时，她死活不让妈妈走，并且哭着说："妈妈，别走，我害怕。"好不容易把宝宝留下了，宝宝还一直哭，不肯吃饭，到了午睡的时间，别的小朋友都睡了，她又吵着要妈妈陪自己睡觉，幼儿园的老师无论怎么劝都没用，不得已请来了经验丰富的主任，最后小林束手无策。

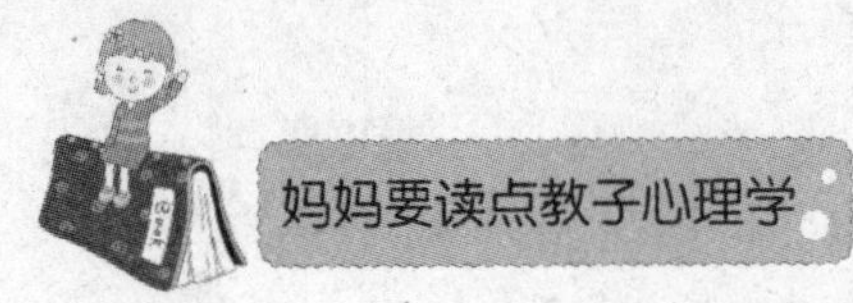

就这样过了两三天，宝宝不哭闹了，但在幼儿园里，她一句话也不说，经常一个人躲起来哭。下午早早地就站在门口，等妈妈来接。回到家里就一刻不停地缠着妈妈，连上卫生间也让妈妈陪着。晚上睡着了，还常常惊叫“妈妈！”“妈妈！”。见宝贝女儿这样离不开自己，小林上班时也心神不宁，总出岔子。

案例中的人物患了儿童分离性焦虑症。这是一种心理疾病，主要表现在孩子与家人，尤其是与妈妈分离时，出现极度焦虑反应。这在 6 岁以下儿童中比较常见，男女儿童均可得病。起源是孩子对妈妈过分依恋。

心理小贴士

“世上只有妈妈好”，父母疼爱孩子，孩子眷恋父母，是人本能，但是孩子对妈妈过分依恋却是一种病。

家长要采取多种措施，帮助孩子逐步扩大交往范围，如培养孩子与陌生人打招呼的良好习惯，鼓励孩子与别的小朋友玩耍，丰富孩子的生活，提高孩子的情趣。帮助孩子摆脱恋母情结。

忌妒心是每个孩子成长过程中出现的正常现象

我们都知道，忌妒是一种心理活动，在孩子的成长过程中，忌妒是慢慢分化出来的。在孩子刚刚出生时，他们的情绪多半和生理有关，比如他吃饱了、穿暖了，他就会表现出愉快的情绪，反之，他就会苦恼。在他三四个月的时候，他的情绪里会分出来快乐和苦恼。再接下来的两个月里，他的情绪又会分化出来惧怕、厌恶、发怒。1岁半以后，从苦恼的情绪中进一步分化为忌妒和一般的苦恼。例如，如果妈妈说别的孩子乖或者抱了别的孩子，他就会苦恼，这就是因忌妒而引起的。

瑶瑶有个双胞胎弟弟。“六一”儿童节那天，妈妈给他们每人准备

了一份礼物，在接到礼物的那一刻，瑶瑶看了看自己的礼物包装盒是绿色的，而弟弟的是紫色的，她心想：妈妈送给弟弟的礼物肯定更好。于是，她哭闹起来，并去抢弟弟手上的礼物。接下来，妈妈打开了两个人的礼物，瑶瑶发现，其实她和弟弟的礼物是一样的，都是一个米奇的文具盒，她这才破涕为笑。

看到这里，妈妈心里有一股隐忧：孩子还这么小，怎么会有这么强烈的妒意，要是不及时控制，将来长大了可怎么办？但仔细一想，瑶瑶的忌妒情绪已经不是一天两天了。

在瑶瑶刚3岁的时候，一天，妈妈带着她和弟弟去堂叔家玩，她看到了堂姐有一件漂亮的粉色连衣裙，而这件恰恰就是她希望妈妈给自己买的，只是当时妈妈说太贵，没舍得买。就在堂姐穿上这件连衣裙问大家好不好看时，瑶瑶却是这样回答的："你就跟圣诞节的小丑一样。"堂姐当时就哭了，只是大家以为这是小孩子闹着玩，也没在意。

转眼到了5岁，瑶瑶的忌妒表现得更强烈了。有一次，邻居家小女孩小惠来向她借画笔，她明明有，却说画笔坏了。妈妈知道瑶瑶在撒谎，但并没直接说出来，事后，她问瑶瑶为何要说谎。瑶瑶倒是理直气壮地说："小惠家那么有钱，还没有钱买画笔？真是的，她家房子比咱家的大一倍，她天天都有司机接送，就连班上的同学和老师也都喜欢她。"

瑶瑶妈妈想，是时候问问专家的意见了。专家给了瑶瑶妈妈这样一个建议：

这个周末，瑶瑶妈找机会让瑶瑶和小惠独处。晚上，瑶瑶对妈妈说："原来小惠那么可怜，她每周只能见到她妈妈一次，她妈妈整天到处飞、谈生意，她爸爸常年都在国外，他们虽然住的是大房子，但只有她和她姥姥两个人，哎，看样子，还是我比较幸福。"听到瑶瑶这么说，妈妈很欣慰地笑了笑。

孩子有忌妒心很正常，这也是儿童心理发展中的自然现象，但作为父母的我们，不能对孩子的这一心理听之任之，而应该及时教育、疏导，以免形成不良性格。因此父母平时要关心孩子与人相处时的各种表现，一旦发现孩子有忌妒心理，就要帮助孩子正确地对待，及时疏导。

心理小贴士

父母应该告诉孩子，环境虽有不同，情况也有区别，要学会利用现有条件，凡事没有十全十美。

虽然忌妒心是孩子成长过程中一种很正常的现象，但是父母不能听之任之，父母要及时对孩子进行疏导，以免孩子形成不良的性格。

听话的孩子一定是好孩子吗

这天放学后，玲玲做完作业，来到小区下面的秋千处，但那儿人很多，玲玲只好等着。好不容易到她了，结果，一个老奶奶带着小孙子过来了，她对玲玲说："让给弟弟玩一下好不好？"玲玲当然不高兴了，可是她却不敢拒绝，只好眼巴巴地把机会让给弟弟。

其实，在生活中，玲玲一直是个不敢说"不"的孩子，在大人们的心中，她很懂事、很听话，从不和其他小朋友争。其实，玲玲之所以这样，是与玲玲妈妈的教育有关系，玲玲的妈妈性格很强势，加上她在单位是个领导，所以她对玲玲的管教基本上也是命令式的，如果玲玲违抗，她就会说："数到三就必须怎么怎么样，否则有你好看！"久而久之，玲玲就变得听话了。

其实，像玲玲妈妈这样的家长有很多，我们经常听到家长这样对孩子说："听话，不许……""你看某某多听话，你却这么不懂事。""别哭，哭就不是好孩子了。不哭了，哭脸不是乖孩子哦"等。表面上看，孩子在这种教育模式下会变得很听话，实际上，这样无形中会压抑孩子的个性。

也许很多人觉得只要听话就是好好子，家长觉得听话的孩子不麻烦，老师也觉得孩子听话可以省很多心。但是却不知道有多少"听话"的孩子怯懦、压抑、谨小慎微，很多时候要看他人脸色行事，迷失了自我。因此，我们可以说，太听话的孩子是很难有创造力和魄力的，更没有辨别是

非的能力，这不就违反了教育孩子的初衷吗?

其实，现代家庭中，教育的目的之一就在于让孩子有辨别是非的能力，而这一能力的形成可以从生活中培养孩子的辩驳意识开始。在独生子女家庭中，民主的家庭氛围还是多一些，让孩子敢于和父母平等地对话，能让孩子变得有主张、有见识。

听话就意味着无条件服从，不能发出不同的声音，不能表达独特的见解，不能有不合规矩的行为。很多家长来幼儿园接孩子时都会问："你今天听话了吗？"在很多家长心目中听话就是好孩子，不听话就是坏孩子，这是一个多大的谬误。

心理小贴士

孩子没有好坏之分，只有个性的不同，不听话的孩子不一定就是坏孩子，所谓的问题孩子、差生都是不当的教育方式导致的，错不在孩子。作为家长，要学会不再强调"听话"而是强调"讲理"；不再追求标准答案，而允许有独立见解。

好孩子不一定是听话的孩子，听话的孩子很多时候只是压抑自己的内心，然后怯懦地做出一些违心的事情。而这些问题都是需要家长仔细发现的。

孩子为什么安静不下来

儿童多动症、多动综合征又称脑功能轻微失调或轻微脑功能障碍综合征或注意缺陷障碍，是一种常见的儿童行为异常问题。一般来说，患有多动症的孩子的智力是正常的，但在涉及行为、学习以及情绪方面就会产生一些异常，比如注意力不集中、活动过多等，而这些异常都会影响孩子的生活和学习甚至人际关系，常常让父母和老师感到头疼。

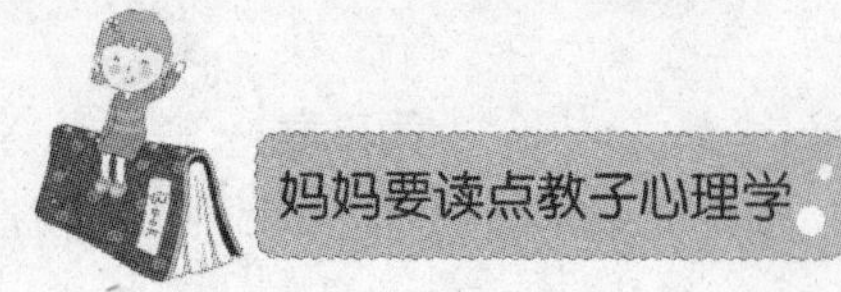

多动症是一种心理问题，而不是简单的大脑发育不平衡，应该意识到，这是某种儿童脑部疾病。因此，家长要重视儿童的心理问题，及时了解孩子的感受，正确认识孩子的行为，适时引导，完善家庭教育，而不是简单粗暴对待孩子。

明明今年10岁了，前几年，他就有点好动，妈妈也没有在意，以为孩子只是调皮，但这几年，明明的行为更怪异了。听老师说，明明上课总是注意力不集中，即使老师提醒了，他还是这样。回到家，经常不是忘了带课本，就是忘了带作业本，为此，明明的学习成绩也越来越差，明明妈妈开始认识到问题的严重性，她便带着明明到处看医生，但很多医院的回答都是诊断不明。后来，在朋友的介绍下，明明妈妈找到了一位专家，根据临床诊断确诊为多动症。症状明显，根据诊断结果制订了一套治疗方案，经过两个疗程的治疗，明明的情况已经有了好转，现在的明明明显“听话”了很多，上课注意听讲，成绩也提高了不少。

一般来讲，患有多动症的儿童的异常行为是否明显是与其所处环境有直接关系，比如，在听课、做作业这些需要有严格的规范以及注意力集中的环境中，他们多动的症状就会表现得尤为明显，而到了陌生的环境中，多动的症状就会减轻。

很多家长不知道自己的孩子为什么老是安静不下来，他们怀疑孩子是不是患了比较严重的病症。其实，坐不住的孩子只是因为患有多动症，而多动症是儿童期常见的行为问题。通过治疗或者随着孩子年龄的增长，这种症状会得到缓解，甚至消失。

心理小贴士

多动症是一种心理问题，所以，家长要重视儿童的心理问题，及时了解孩子的感受，正确认识孩子的行为，适时引导，完善家庭教育，而不是简单粗暴对待孩子。

孩子老是安静不下来，主要是因为孩子患有多动症。多动症是儿童期常见的行为问题，只要家长时刻关注孩子的心理，这种症状会及时地得到缓解甚至消失。

说谎的孩子有什么样的心理

日常生活中，很多父母都说孩子有撒谎的坏习惯，这让很多父母头疼。那么，孩子为什么会撒谎呢？有专家表示，在那些年幼的孩子眼里，他们是没有明确的道德观的，他们不明白“真假”、“对错”之间明确的界限，在他们看来，只要能让自己高兴的事就是“对的”，而能避免父母生气与责备的事就是“好的”。

孩子说谎大多不含恶意，有的可能是因为自我保护意识，害怕被责罚，或为了引起大人的注意、分不清现实与幻想等因素，才会说谎。所以父母应弄清孩子撒谎的原因，并增强其对的行为，如此一来，使孩子养成诚实的习惯并不难。

一次，小明不小心打破了家里的一个花瓶，妈妈知道后不由分说就把小明狠狠地训斥了一顿，并让他回房间反省。小明觉得很委屈。明明自己是不小心，但是妈妈却不听自己的辩解，这让他很受伤。他生怕自己再打碎家里的东西而被妈妈批评，但是他动作越是小心，就越发惶恐，结果他又打碎了杯子。虽然家里没有人，但是小明就是死活不肯承认杯子是他打碎的，为此小明的妈妈想不通，为什么事实都摆在眼前了，小明还是说谎。她试图说服小明承认自己的错误，但是小明的态度却十分坚决，他就是不肯承认杯子是自己打碎的，无论妈妈怎么劝说都没用。

其实，小孩子在家打破东西是常有的事儿，此时家长不要用过分的言语去批评他，而是冷静下来，想想孩子是怎么想的。案例中的小明如果第一次打碎花瓶没有被妈妈批评，那么，第二次打破东西他就会主动承认错误。但是在小明第一次犯错后妈妈过激的言语刺激了小明，让他觉得只要犯错误就要挨批评受惩罚。所以，在第二次妈妈问他的时候他为了自我保护才选择了说谎。

其实，孩子说谎有两大原因：

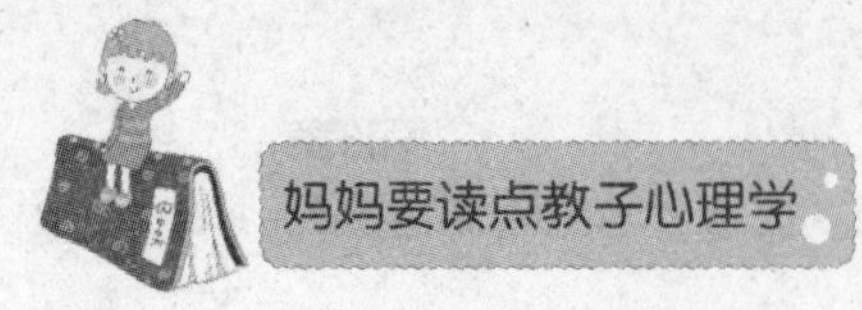

第一，他们想要引起家长的重视。

孩子在六岁以前，他们接触最多的就是父母，他们很重视父母对自己的态度，他们也很清楚自己的哪些行为能引起父母的重视，能让父母神经紧张，其中这些行为中就有说谎，为了让父母更关心自己，他们会重复这样的行为。

第二，自我保护或逃避责任。

孩子在犯错后会担心被父母惩罚，他们因此撒谎，辩解不是自己做的，而对于孩子的这种狡辩行为，很多父母会认为孩子这是缺乏羞耻心和责任心的表现。实际上，作为父母，如果我们能持有冷静的态度，缓和孩子的紧张情绪，那么，他们就不会通过撒谎这种方式来保护自己了。

心理小贴士

家长不要片面地理解自己的孩子，孩子虽然被家长监督长大，但是心理和思想却是孩子自己的。

当孩子说谎的时候，家长要弄清他们说谎时是什么心理，只有洞察了孩子的心理，才能给予孩子正确引导。

孩子内心压抑时都有什么表现

孩子虽然年纪小，但是他们所懂的却是很多家长无法想象的。他们大多时候都是很开心很乐观的，但也会有心情不好的时候。而他们心情不好、内心压抑的时候总会有多种表现方式：

第一，过度忧虑。生活中，孩子遇到一些事会害怕是很正常的，但如果过度忧虑、担心和害怕，那么，父母就应该引起重视了。

第二，不吃饭。孩子心情不好，他们通常以不吃饭来表达自己的情绪。

第三，呜咽。通常来说，孩子呜咽可能是身体不适或者饥饿，但也可

能是减压的一种自然方式。如果他们心情压抑而得不到释放，就很容易垮下来。孩子遇事呜咽时，家长不要认为这是孩子脆弱的表现，而应该心平气和地看待。

第四，疾病重复。可能有些父母也曾遇到过这样的奇怪现象：孩子总说自己这里不舒服、那里不舒服，但其实孩子并没有生病，孩子到底怎么了？其实，可能是孩子太过紧张。作为父母，即使你怀疑孩子在装病，也应该带孩子去看医生。

第五，不安的睡眠。一般来说，孩子的睡眠比成人要好，因为他们没有成人那么大的压力，但如果你的孩子长期失眠，那么，你有必要问清楚是什么事困扰着他们，和他聊聊天，以便疏通孩子的压抑情绪。

第六，攻击性行动。一位心理学家说，不善表达的孩子通常会通过欺负其他伙伴来减轻自己的压力。对于孩子这种行为，父母要尽量少地告诉他做什么以及如何做，否则只能增加他的压力。孩子需要无忧无虑地玩耍，做自己想做的事情。

第七，撒谎、欺骗。四五岁的儿童偶尔会撒谎，但他们并不是故意的，因为他也不知道自己行为的后果，稍大的孩子才能分辨是非对错，但如果他们还习惯撒谎，那么，表明他们正在承受很大的压力。

心理小贴士

孩子心情压抑时不一定会主动向家长倾诉自己内心的不安与愤懑，这会导致他们越来越压抑，从而做出一些他自己也无法控制的行为。

作为家长，要对孩子的这些行为加以引导，洞察孩子这么做有什么心理，然后帮助他们疏导，消除他们内心的压抑。

第14章　选择优良环境，培养孩子健康心理

西汉·刘向《烈女传卷一母仪》中写道："孟子生有淑质，幼被慈母三迁之教。"后来大家用"孟母三迁"来表示人应该接近好的人、事、物，才能学习并拥有好的习惯。"孟母三迁"的故事也说明环境能改变一个人的爱好和习性。

不要忽视环境对孩子的影响

《荀子·劝学》中云：蓬生麻中，不扶而直；白沙在涅，与之俱黑。说的是蓬长在大麻田里，不用扶持，自然挺直。白色的沙子混在黑土中，也会跟它一起变黑。这就说明事物在好的环境中就能得到健康的成长，如果处在污秽的环境中也会随着那样的环境而变坏。

这就像父母对孩子的教育，古有"孟母三迁"可以为鉴。

孟子很小的时候，父亲就死去了，母亲守节没有改嫁。一开始，他们住在墓地旁边，孟子认识了很多小伙伴，他们一起玩起了办理丧事的游戏，学着大人的样子跪拜、哭嚎，孟母看到后直摇头，心想："不行！我不能让我的孩子住在这里了！"孟子的妈妈就带着孟子搬到市集，市集里有一家屠宰场。孟子又很快认识了新朋友，他们又玩起了如何屠宰猪羊，孟母知道后，又皱起眉头："这个地方也不适合我的孩子居住！"于是，

他们又搬家了。这一次，他们搬到了学校附近。每月夏历初一，官员到文庙，行礼跪拜，互相礼貌相待，孟子见了一一学习记住。孟子的妈妈很满意地点着头说："这才是我儿子应该住的地方呀！"这个故事说明，环境在孩子成长的过程中起着至关重要的作用。

要想孩子健康快乐地成长，就要给孩子创造一个良好的学习和生活环境。让孩子在一个积极向上、健康的环境中不断完善自己的内心与内涵。

解放前有一位叫穆时英的青年作家，曾以一本名为《南北极》的小说揭露旧社会黑暗，在当时引起了不小的轰动。当他走进了上海的十里洋场后，受到腐朽生活的影响，竟也歌颂起那些醉生梦死的生活来。

环境是影响一个人发生变化的重要因素。一方水土养育一方人，在不同的环境中生长的孩子对于生活对于人生的理解是不一样的。但是孩子不能主动去选择环境，因为他们还没有一个成熟的世界观，所以如何给自己的孩子创造一个优良的生活和学习环境，就是家长应该考虑的问题。

环境并不是影响一个有着自己思维能力的人的先决条件，但是对于孩子来说，他们的身体心理方面还不完善，他们没有一套完整的属于自己的思维方式，也没有一套完善的自我认知系统，所以这时候，家长给予他们的环境就显得尤为重要。在良好的生活和学习环境中成长的孩子必是健康乐观的。

心理小贴士

环境不是影响一个有着自己独立思维能力的人的先决条件，但是环境却能影响一个自身思维能力和认知系统都不完善的人。

人或者事物在好的环境里并将成长得很优秀，但是在坏的、污秽的环境里生长就有可能变坏。俗话说："近朱者赤，近墨者黑"。

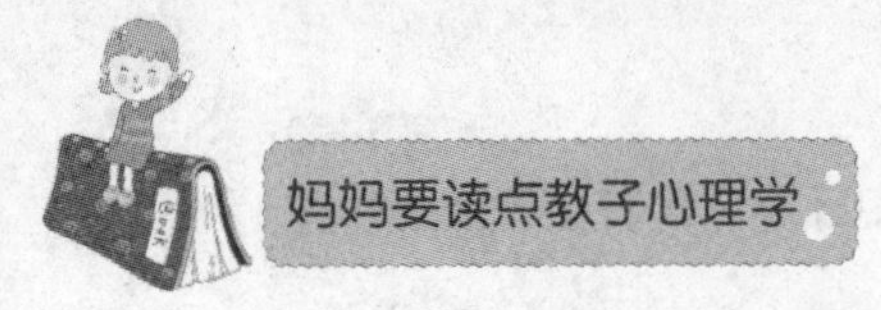

遗传只是儿童认知发展的物质基础之一

很多人喜欢用遗传来认知一个孩子是否聪明，就如某家的小孩成绩一直不好，他们就会说他的父母就那样，孩子能聪明到哪儿去；又如一个孩子非常聪明，学习成绩非常好，他们就会说那孩子的家长多么多么优秀。

但是我们要知道，儿童认知的三个条件——遗传、环境和教育是互为前提的，儿童的遗传和生理发育是前提，没有这二者将失去发展的可能。但事实上，无论遗传基因多么好，如果没有教育和环境的作用，那么，孩子也没有可能发展。许多事实和研究表明，没有正常的生活环境和教育方式，人的遗传特质便不会得到正常的发展。

在美国有这样一位女孩，直到她被发现的前13年，她都没与人接触过，尽管她也是被人类养大的。科学家发现，她的生理和心理没有任何的发展。可见，对人的发展影响较大的不是物质环境而是社会环境，尤其是有意识的教育活动。

现代社会，很多研究者都对这一研究产生了兴趣，并且他们开始以一种动态的分析去研究遗传和环境因素之间的关系。他们认为，任何一种因素都不可能单独起作用，而是与另外的因素相互渗透。

关于一个人现有的发展水平和即将达到的发展水平，苏联心理学家维果斯基提出了“最近发展区”这个概念。顾名思义，对于孩子来说，他能独立处理问题的能力与在父母指导下解决问题的能力是有一定差距的，而这一差距也是孩子的潜力所在。但值得注意的是，遗传只是认知发展的物质基础，除了遗传之外，对孩子的认知发展产生重大影响的还有很多其他因素，比如素质、家庭环境、社会环境等。

所以，我们应该知道很多人把教育的失败归结为遗传的影响是很片面的，我们不能单纯地凭借遗传的作用来定义教育是否成功。每个人或多或少都会受遗传的影响，但是如果他不能生长在一个比较好的生活和学习的环境，那么，他的心理就会有缺陷。

“橘生淮南则为橘，橘生淮北则为枳”。同样的事物在不同的环境中就会发生不同的变化，环境的变化对于人也是一样的。孩子生长在一个什

么样的环境他就有可能成长为一个什么样的人，不管家长的智商如何，如果他们不能给孩子提供一个良好的教育环境，那么，孩子教育失败的概率就会一直上升。

心理小贴士

良好的遗传因素和生理发育只是孩子认知发展的物质基础，再好的遗传也不能脱离孩子当时所处的环境而单独起作用。

要想成功地教育孩子，就要为孩子创造一个良好的生长和学习环境。要让孩子地心理健康发育，不仅要注意孩子生长的社会环境，也要注重孩子生长的家庭环境，遗传永远不是教育失败的借口。

父母总是孩子最喜欢模仿的对象

很多家长很纳闷为什么一夜之间就不了解自己的孩子了，他们对于孩子的某些行为觉得很不可思议。在孩子们向他们发脾气的时候孩子的行为通常让他们觉得莫名其妙，很多家长完全不知道为什么家庭中出现了那么一个令自己很头疼的“小冤家”。

但是每一件发生总是有各种理由的，孩子变成家长眼中的“小冤家”其实也是有原因的。

小俊已经8岁了，上小学二年级，现在的小俊和以前不大一样了，以前的小俊很听话，但上学后的他认识了一些同学，眼界开阔了，也很喜欢一本正经地跟爸爸讨论一些问题，经常让爸爸不知所措。更大的变化是，小俊居然脾气变大，白天遇到不顺心的事，一回到家便开始大发雷霆，然后气呼呼地冲进自己的房间，重重地把门反锁，无论爸爸妈妈怎么劝说，他都不开门，直到怒气消了，他才跟没事人似地从房间走出来，他的改变让

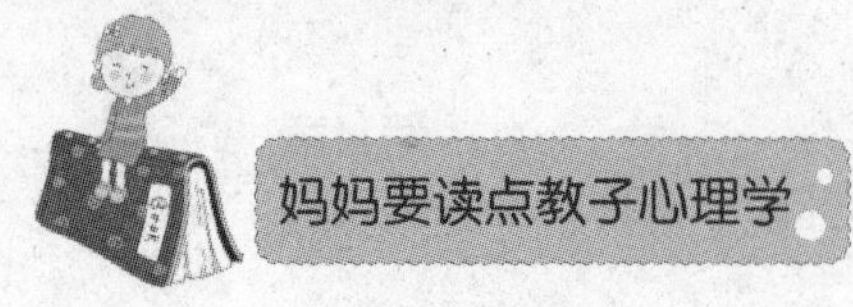

父母伤透了脑筋。

为此，小俊的爸爸常常向妻子抱怨：孩子脾气大，全是她惯出来的。妻子静静地说："难道你没有感觉到，他的这种行为很像你吗？你平时生气比孩子厉害得多！"

很多家长总是觉得孩子还小，什么都不懂，所以他们在孩子面前的言行也就显得十分随意。殊不知，孩子有着超强的接受能力和模仿能力，家长的言谈举止都是他模仿的对象。就像小俊的父亲，他一时气极所做的事情竟会被自己的孩子所模仿，但是他却浑然不知。

很多家长都不知道自己在不经意间的行为也会被孩子所模仿，孩子在没有自己完善的认知系统之前会习惯性地去模仿别人的言谈举止，而父母跟孩子相处的时间最长，孩子最信任的还是自己的父母，所以他们最喜欢模仿的必然是自己的父母。

作为家长，在自己的孩子面前要注意言行举止，因为家长随时都会成为幼儿模仿的对象，所以家长要给孩子树立一个好榜样。在一个普通的家庭中，父母往往以"权威"的形象出现，他们的生活习惯也会对孩子产生潜移默化的影响。

模仿是多数孩子喜欢做的事情，他们喜欢模仿与自己亲近和喜欢的人，他们会注意自己喜欢的人的每一个变化，但是他们觉得家长的每一个动作和表情都是对的，都是好的，分辨不清什么该学，什么不该学。所以家长在和孩子相处的时候更要注意自己的一言一行。

心理小贴士

父母最好给孩子提供一个良好的环境，让他可以在这样的环境中自由健康地成长。身为家长也要以身作则，注意自己在生活中的一言一行。其实，家长眼中的"小冤家"都来自自己的影响。

喜欢模仿是孩子的天性，但是因为他们的认知系统还不完善，所以他们分辨不清自己模仿的是对的还是错的，这时候就需要父母来告诉孩子怎么做才是正确的，孩子最信任的总是自己的父母，所以也最容易接受父母灌输给他们的知识和习惯。在教育方面，父母总是孩子最好的老师。

高期待可能会伤害孩子的心理

人们常说，十个手指头有长短。的确，对于孩子也一样，无论是在天资还是各种能力上，每个孩子的自身情况都不同，如果家长不承认这一差异性，而是一味地要求孩子达到自己的要求和制定的目标，那么，只能给孩子造成精神和心理负担，导致孩子失去学习的动力，产生各种心理问题。

中国的父母“望子成龙，望女成凤”。“你怎么只考了这么一点分数，还怎么上重点高中，怎么上重点大学？”“你怎么老是考不过某某（邻居家小孩的名字）。”“下次考试一定要考全班或者全年级的第几名。”这是很多孩子经常听到的、也是父母时常挂在嘴边的话。

每个父母对自己的孩子都是有要求的，有要求并不过分，但是这个要求一定要合乎自己孩子的能力。

天天今年刚上初中，他的学习成绩一直很好，因为他的父母对他要求很严格。小学的他，学习成绩就一直是全校前五名。在天天的生活里，除了学习还是学习，就连放暑假和寒假，他也逃不了学习的噩梦。他没有朋友，没有游戏，只有学习。天天知道，自己必须努力学习才能得到爸妈的夸奖，于是，他夜以继日地学习，开始压抑自己的情绪，渐渐地，他的成绩不但没有提升，还下滑了很多。他出现了异常的举动，那就是不允许任何人碰他的头，认为那样会损坏脑细胞，影响智力。慢慢地，天天不想出门，不想去学校，出现了精神问题。

专家指出，天天之所以出现这样的情况，是因为他太想达到父母的期望，而事实他又很难做到。于是，为了寻求心理平衡，而呈现出的病理性防御机制，即当人体内心长期备受压抑，不能释放，为了使心理平衡，而通过疾病形式来进行自我保护。

很多家长都希望自己的孩子能成才，能成为一个什么都精通的“全才”，他们认为孩子现在懂得越多，以后的生活就会过得更好。他们不顾孩子的兴趣和其发展规律，给孩子报各种各样的培训班，逼迫孩子以学习为中心。此时，孩子成了学习的工具，生活中除了学习没有其他的乐趣可言。

孩子不管是在生活上还是在学习上的心理承受能力都是有限的，如果家长不顾孩子的心理承受能力一味地给孩子施加学习压力，那么，势必会造成孩子身体和心理上的伤害，物极必反。

心理小贴士

不顾孩子的承受能力而对孩子提出过高要求的父母往往会伤害孩子的身体和心理。每个孩子的承受能力都是有限的，家长在期望孩子成才的时候一定要把握那个度。

高期待的父母是“妖魔”，他们的这种高期待有可能摧毁孩子的内心。孩子一旦达不到父母要求内心就会恐慌，会产生“自己没用”的想法，因为他太想达到父母的要求但是又没有那样的能力，这会致使孩子的身体和心理都出现病态的反应，父母一定要注意培养孩子的心理健康。

父母吵架会影响孩子健康成长

只要是家庭就不可能每天都是风平浪静的，夫妻之间时而争吵肯定是存在的，但是在争吵之前最好考虑一下孩子的感受，想要成为睿智的父母，就得理解孩子的感受。大多数父母在争吵的时候不顾及孩子的想法，从而忽略自己的孩子。

彤彤今年五岁，只要父母一吵架，他就选择离家出走。有一次，他出门后走了十多分钟便迷路了，幸好被经过的邻居看到了，才把彤彤带回了家。

还有一个小男孩叫小亮，他也差点走失过。

这天，在一条乡村公路上，有个司机看到一个小男孩在哭，然后，司机给派出所打了电话，很快，民警便赶来了。但无论民警怎么询问，小男孩什么都不说。安抚孩子一阵后民警将其带回派出所，这时孩子的情绪才逐渐稳定下来。

经询问，原来小男孩叫小亮，由于父母吵架，6岁的小亮听不下去了就自己跑了出来，结果迷路了。小亮根本不记得爸爸妈妈的电话，也记不清家里的地址，民警只好根据小亮爸爸的名字来查找，很快，民警找到了小亮父亲的工作单位和电话，及时与小亮的父亲取得了联系，一接到电话孩子的父母就赶紧赶到派出所，激动地拉着民警的手，感谢之情溢于言表。民警也提醒家长，即便夫妻间发生矛盾也应多关心和照看小孩，以防发生意外。

父母吵架的时候会让孩子没有安全感，更容易忽略孩子在这段时间的所作所为，从而导致意外发生，让他们措手不及。

其实更多的时候孩子往往担心自己的父母吵架意味着什么，他们可能得出结论，认为他们的父母不爱对方了。他们认为父母会离婚。

但是父母吵架时孩子通常感到失望，当他们看到或听到父母吵架，就会以自己最直接的认知来认为父母不爱对方了，他们要离婚了，看到父母的苦恼、失控再加上自己的认知让孩子们感到不安全和恐惧。

父母在吵架的时候孩子会担心父母一方在失控的时候会伤害另一方。他们想要阻止父母吵架，但是因为自己没有能力，所以他们会感觉挫败。其实，他们不能理解父母有时候吵架完全是释放内心的压力。

这时候父母就应该学会在不伤害孩子的前提下解决自己的问题，因为恐慌父母的关系不利于孩子健康成长。

心理小贴士

孩子的内心总是最脆弱的，他们不能完全理解父母每一个行为的含义，他们只能感受最直接看到的。

父母的每一个行为习惯都会给孩子造成潜移默化的影响，致使他们产生不安全和恐慌的感觉，从而不利于孩子的成长，作为父母，为孩子提供一个优良的生活和学习环境至关重要。

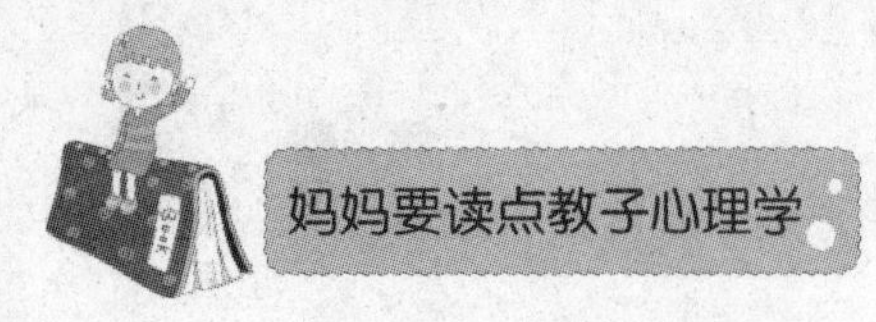

不要忽略孩子的感受

现在很多的家庭都是父亲一门心思扑在工作上，而母亲在工作的同时还要照顾整个家。对于孩子的教育也是一样，父亲总是偏向全局，母亲则会比较细腻。但是很多妈妈却发现孩子不喜欢和自己沟通了，在不劳烦孩子的父亲但又不能解决孩子问题的时候母亲就会显得十分孤独。

她们都是为了孩子好，孩子怎么就不理解？

在彩虹幼儿园，有两个可爱的小朋友，一个叫甜甜，一个叫欣欣。这天，她们一起玩滑梯，甜甜不小心被欣欣从滑梯上推下来擦伤了，额头出了点血。出事后，老师分别对她们进行了教育，并通知了两个小朋友的家长。

其实，这只是一场虚惊，欣欣妈妈知道欣欣把甜甜弄伤后，诚恳道歉，甜甜也说没事，但甜甜妈妈赶到后，看到受伤的甜甜，立即横眉怒目，对欣欣妈妈说："这个时候不检查，以后出了毛病谁负责？再说摔了我的宝贝，就这样不声不响地完事啦？"

甜甜被妈妈拉着，去儿童医院转了半个楼，开了一大堆化验检查的单子，欣欣父母陪着，双方的态度越来越微妙。这其中的尴尬，连6岁的甜甜都看出来了，出门时，她抱怨道：妈妈你真丢人！甜甜妈妈有些摸不着头脑，理不是在咱们这边吗？

甜甜妈妈觉得自己很委屈，明明理在她们这边，自己也是为了孩子好，怎么就不被孩子理解呢？她觉得孩子有点以自我为中心。但是甜甜妈妈没有想过，如果自己的孩子以后不懂得对别人宽容，说不定就是自己的原因。

可能很多父母在教育孩子这一问题上，都有这样的态度：他们告诉孩子要寸土不让。其实，这是将敢于为自己争取和与人争抢相混淆了，这样教育出来的孩子，即使在未来社会能力突出，但却是刻薄自私的孩子，很

难与人合作，不会取得什么大成就。事实上，孩子之间的摩擦并不是什么大事，为什么不能一笑了之呢？放手由孩子自己去处理伙伴间的矛盾，对其未来的人际交往能力，将有莫大的益处。

孩子虽然还小，但他还是有自己的思维方式的，他们在成长的过程中也会慢慢地具有辨别是非的能力。孩子小并不代表他们什么都不懂，很多父母在抱怨孩子不理解他们的时候根本没有检讨自己，没有想过孩子眼中的自己是什么样的。正是因为他们一直忽略了孩子的感受，孩子才会离他们越来越遥远。

心理小贴士

家长在埋怨孩子不理解自己的时候也要自我检讨一下，看自己哪里做错了，不要以为自己是成年人，就能够分辨是非黑白。不要将本来并不严重的事情严重化，这样不仅会使孩子受到伤害，也会影响与周围人之间的关系。

麻雀虽小，五脏俱全。想让孩子在充满关爱的环境中长大，父母就要学会倾听孩子的意见。孩子虽然还小，但是也有他看待问题的方式。

什么样的成长环境才是孩子最需要的

每个家长都希望自己的孩子能受到最好的教育，成长为最优秀的人。这就需要家长时刻了解孩子最需要的是什么样的学习和生活环境。

专家认为：家长为孩子提供良好的学习环境，可以从两个方面着手：一是硬环境，即孩子学习的物质条件；二是软环境，即利于孩子学习的家庭氛围和社会环境。

这样明确分工以后，家长就要从如下四个方面满足孩子的需要。

第一，为孩子专设一处学习的小天地。为保证孩子有效地学习，有必

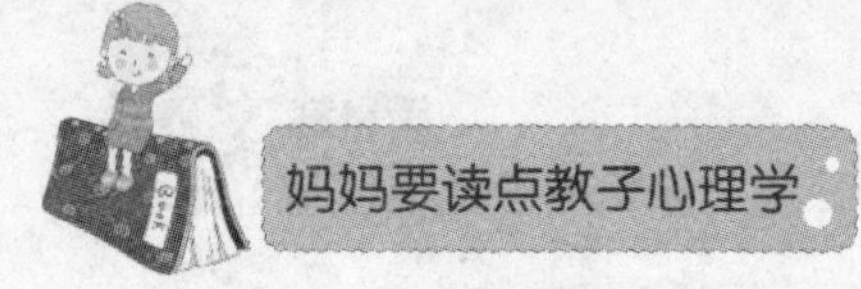

要在家里选择一处光线最好、最僻静的地方作为孩子学习的固定位置。孩子可以在专属于他自己的地方生活和学习，而不受大人的打扰。这样既能提高孩子的学习积极性，也能提高孩子的生活独立性。如哪个家庭做到了这一点，表明这个家庭对孩子学习极其重视。

第二，为孩子提供一个宽松的精神空间。在学校，孩子接受的是一种严厉的管教方式，如果回到家，父母还是对他们严加管教，那么，他们的神经就会绷得紧紧的，这样的生活环境，既不利于孩子的身心健康，也不利于孩子的学习。因此，家长不要为了管教孩子而继续实施学校的教育方式。对于那些学习吃力的孩子，家长最好不要变本加厉、批评孩子，而应该耐心疏导、正面鼓励，帮孩子找到正确的学习方法。而对于学习顺利的孩子，也要帮助孩子解放思想，培养创造性和创新意识。现有关研究表明，孩子是否有创造力和创造力如何，是与家庭环境有莫大的关系的。如果家庭不民主，对孩子过多地训斥、支配，则孩子的思维就会刻板、呆滞、创造力低下。对具有创造力孩子的家庭进行调查发现，这些孩子的父母有个共同点：他们主张地位平等，允许孩子自由表达个人的观念等。

第三，为孩子创建一个民主和谐的家庭氛围。家长不要总想着怎么命令孩子强迫孩子接受自己的想法，而应时刻让孩子说出自己真实的想法，然后双方共同做出调整。不要觉得自己是家长就一定是严厉严肃的。家长可以时不时地开个家庭小会，和孩子一起畅谈。

第四，培养孩子独立的意志，在保护孩子的同时让孩子慢慢接触外面的社会。每个孩子都会长大，家长不可能永远地保护他们，未来的路还要孩子自己来走，这时候家长培养孩子独立的意志和对社会的认知是很有必要的。

环境教育包括家庭环境、社会环境和学校环境。孩子在学校的时候会有老师教育他们该怎么学习和生活；回家家长要给孩子提供一个宽松的家庭氛围，让孩子在学习之余慢慢接触外面的世界。家长只有处理好这几方面的关系，孩子才能在一个优良的环境中健康地成长。

心理小贴士

瑞典教育家爱伦凯指出：环境对一个人的成长起着非常重要的作用，良好的环境是孩子形成正确思想和优秀人格的基础。

作为孩子的父母，要了解什么样的环境才是最适合孩子成长和学习的，给孩子提供一个适宜的环境就能培养孩子健康的心理，让孩子在充满爱的环境中自由快乐地成长。

什么样的环境会葬送孩子

孩子在成长的过程中难免遇到许多亟待解决的问题，可能他们并不能处理得很好，这时候就需要父母为孩子提供一个健康干净的学习环境以解决孩子在生活中碰到的各种问题。

家长在教育孩子的过程中不要过度强调物质方面，而要更加注重孩子的精神世界。所有的家长都要注意，自己在不经意间创造的环境极有可能葬送自己的孩子。

第一，父母离婚。家庭环境对人的影响最深刻，家庭生活给人身心发展打上的烙印终生难以磨灭，在人的一生中起着重要作用。但是，如果父母离婚那么这将是一个残缺的家庭，孩子的一些心理需求得不到满足，孩子就很容易接近崩溃的边缘。在这种情况下，孩子们会自卑、不合群，觉得自己在同学朋友中是异类。

第二，父母对于教育孩子的认知不一致。一旦父母对于教育孩子的认知不一致，通常会发生争吵，而孩子就是争吵的主题。态度不一致会导致父母在教育孩子的时候没有方向性，缺乏全局性。这样会让孩子无所适从，也会让孩子情绪不稳定，造成孩子学习成绩下滑和心理上的积郁。

第三，父母在金钱方面一定要做一个像样的规划。不要用金钱来诱惑和激励孩子的学习和生活。就像某些家长告诉自己的孩子，今天你帮助几

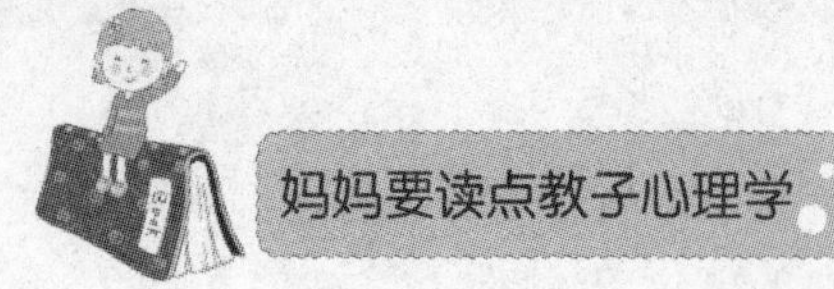

个人我给你多少钱的奖励，今天你完成多少作业我给你买什么样的礼物，这无疑是打着教育的幌子贿赂自己的孩子，这不仅达不到激励自己孩子的结果，还会打击孩子学习的积极性。

第四，父母要尊重孩子的生活习惯，切勿娱乐过度。有的父母喜欢约一帮朋友到自己家里打打牌，这些行为都是无可厚非的。但是如果父母在娱乐上花费过多的时间就会影响孩子正常的作息规律，而嘈杂的家庭环境致使孩子不能安心地学习，从而影响孩子的学习。

父母在教育孩子的过程中一定要避免以上四种对孩子不利的环境，因为孩子一旦生活在那样的环境中极有可能被摧毁。

没有良好的家庭氛围，就没有良好的教育，也就没有良好的生活和学习习惯，孩子就不会有良好的行为。不难发现，那些违法犯罪青少年，多半是因为没有一个良好的成长环境。孩子如果长期生活在恶劣的环境里，对世界的认识自然会有所歪曲。

心理小贴士

孩子的成长和教育需要一个好的环境，而这种环境需要父母去为他们积极地创造。要时刻注意孩子的动向，学习孟母三迁。

让孩子避免以上四种不良的生活环境，否则会葬送自己的孩子。要想孩子健康地成长，就要培养孩子有一个健康的心理，而健康的心理来自适应孩子成长的优良的环境。

第15章　爱子不惯子，做温和理性懂孩子的好妈妈

在这个世界上，没有一个妈妈是不爱自己的孩子的，孩子就是她们的心头肉，爱孩子是母亲的天性。就是因为孩子对于每个母亲来说是最重要的，所以有的时候，妈妈们的爱会失去应有的理性，使自己对孩子的爱变成了对孩子的害。这时候，让所有的妈妈做到温和理性懂孩子，爱子不惯子很重要。

爱是培育孩子成长最肥沃的土壤

在日常生活中，我们常常见到一些孩子的身体和他们的年龄相比，显得过分矮小。出现这种情况，家长和医生总认为是生理或遗传上的原因。但是，医学家们却发现，得不到足够的父母之爱往往是孩子矮小的一个极为重要的原因，医学上称之为“心理性矮小症”。

“心理性矮小症”是指孩子缺乏父母的爱抚，精神上受到压抑，致使孩子生长发育产生了障碍而出现的矮小症。这时候，我们就要考虑一个问题：孩子缺乏爱抚为什么长不高呢？美国著名的精神病学家霍劳博士指出：孩子长期生活在精神压抑、无人关心或经常挨打受骂的家庭环境中，就会导致体内激素分泌减少，出现生长发育障碍。

其实，孩子的身体和心理是一样的，如果孩子长期生活在没有关爱的家庭中，就会产生自卑的感觉，不管在什么时候都会觉得自己低人一等。

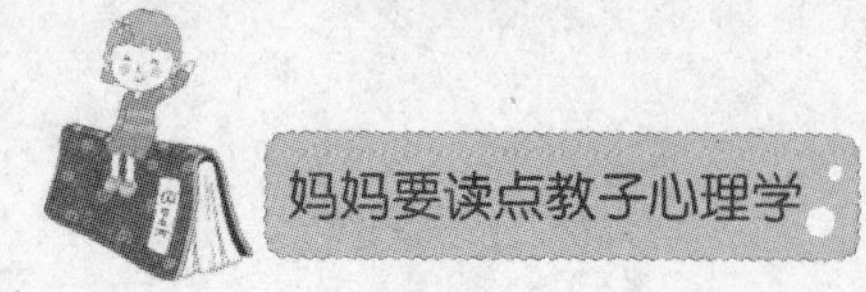

看到别的孩子那么幸福，他们的自卑感就会更加强烈，从而导致他们更加封闭自己的内心，精神也会更加压抑。缺乏关爱的孩子不仅身体上会产生“心理性矮小症”，心理上也会产生“心理性矮小症”。

据有关统计表明：“二战”中，失去双亲的儿童的平均身高要比父母健在的同龄儿童矮几厘米。为此，随后，科学家们又做了一个实验，他们将一批精神受到压抑的孩子安置在那些关系和睦的家庭中，让他们受到模拟亲人的爱抚和家庭的温暖，3个月后约有95%的孩子发育情况发生了变化，生长停滞现象得以消除，身高得到明显的增长，基本上接近其他同龄儿童身高增长的水平。

因此，科学家们认为，爱抚的缺乏、精神上的压力和心灵的创伤，都可导致神经—体液—内分泌等功能紊乱，致使生长激素、甲状腺素等有助于长高的激素分泌减少，从而引起孩子的生长发育障碍。为此，家长应充分关心和爱护孩子，给他们足够的父母之爱，这对孩子的发育和长高都极为有利。

因为太长时间没有和孩子们接触，有的时候，家长不太了解明明是自己的孩子，但是却越来越不了解他们了。家长们不知道该如何与自己的孩子沟通，就一直放任这种情况，结果导致孩子的心灵越来越封闭，不懂得与别人交流。

作为一个合格的家长，不仅要在物质上满足孩子，也要在精神上多与自己的孩子接触。家长要知道再优秀的物质条件都不如多抽出时间与自己的孩子相处，了解孩子们有什么想法，孩子们最需要的是什么，然后让孩子们感觉到家庭的温暖。

心理小贴士

家长应该充分关心和爱护自己的孩子，时刻了解孩子在想什么，给予他们家庭的温暖和精神上的抚慰。正因为是孩子们的父母，所以更应该了解自己的孩子，更要尽到自己作为父母的责任，给他们更多的理解和关爱，避免他们在身体和心理上出现“心理性矮小症”。

作为父母，真正爱自己的孩子就要懂自己的孩子，明白自己的孩子最需要的是什么。还要用爱——这种最肥沃的土壤培育孩子身体和心理的成长之树。

学会与孩子沟通，拒绝孩子“心理肥胖”

人体长期体验某种情绪，以致超过心理承受的限度，从而导致“心理肥胖”。“心理肥胖”在现代心理医学中称为心理饱和状态，即指心理的承受力到了不能再承受的程度。就像是家长对自己孩子的关爱与保护。如果失去了理性和度，那么孩子就会渐渐地承受不了家长这种所谓的爱，成为“心理肥胖儿”。

很多孩子虽然心理上已经是超负荷的状态，但是因为家长一味地向孩子表达自己所谓的爱而不是和他们交流，了解孩子心中所想。

有这样一则小故事：有一对夫妻，丈夫五十，妻子四十多岁时才生了一个儿子。由于老来得子，所以对孩子格外疼惜。孩子从小想要什么就有什么，夫妻俩就算是孩子要天上的星星他们也会爬上天去摘。因为太过爱惜自己的孩子，他们也不让孩子与别人接触，他们生怕孩子有什么意外，所以孩子从小就没有什么朋友。邻居见了就劝他们要给孩子一些自由，不然孩子容易出现心理疾病，他们听了觉得邻居是对他们的孩子有企图，所以对孩子的监视也越发严格了。

但是他们怎么也没想到，孩子一天天变得沉默，好像每天都有心事，夫妻俩心想也许是孩子觉得他们做得还不够好，所以就加倍地对孩子好。但是孩子孤僻的状况并没有得到缓解。他们不得已带孩子去看大夫，大夫却没有检查出孩子究竟得了什么病。于是夫妻俩终日愁眉苦脸，邻居看他们这么下去也不是办法，就告诉他们去和孩子沟通一下，明白他的想法才是重要的。夫妻俩虽然觉得邻居的建议不怎么样，但是因为实在没别的办法，他们只能去问一下孩子的想法。

孩子见父母终于愿意和自己交流，于是把内心最真实的想法告诉了他们，孩子说，自己知道他们对他好，但是他们这种爱就像囚笼，让自己喘不过气。别人都有朋友就他没有，他觉得自己是个异类。他想通过做一

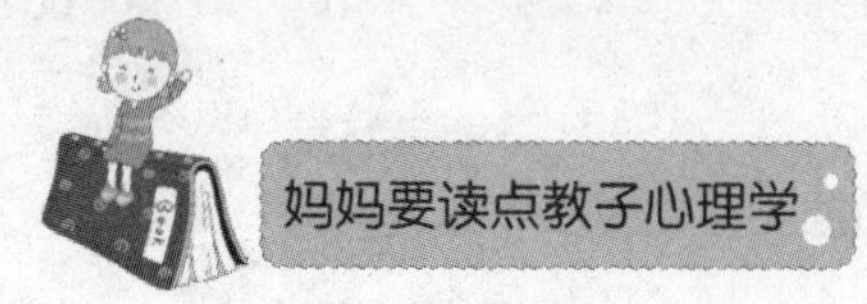

点事情证明自己活在这个世界上还有一点点价值，但是什么都被父母包办了，他觉得自己很没用。他想和父母好好地交流一下，但是父母却从不给他机会，让他无法承认这种沉重的爱。

夫妻俩知道了孩子的想法后觉得不可思议，他们觉得做了那么多的事情都是为了孩子好，他们还能害自己的孩子吗？他们觉得自己的孩子就是狼心狗肺，不知道报恩反过来怪他们做得不对。

的确，每一个家长都是为了自己的孩子好，但是要考虑自己的孩子到底需要什么？是不是自己一厢情愿地付出就是对孩子好。所有的家长都应该反思一下，不要让自己对孩子的爱变成溺爱。

心理小贴士

很多家长一厢情愿地认为不管自己做什么都是为了孩子好，但是他们没有考虑过所做的这些是不是孩子能够承受的。

孩子的心总是脆弱的，他们渴望被认同、被关爱。他们渴望家长再作关于自己的决定时征求一下自己的想法。所以，家长们应该学会时不时地和孩子沟通交流，拒绝孩子“心理肥胖”。

妈妈一个拥抱走进孩子的内心

有一首歌这样唱：世上只有妈妈好，有妈的孩子像个宝。的确，没有什么比妈妈陪伴在身边更让孩子感觉到温暖和被爱。歌词还唱：没妈的孩子像根草。所以妈妈要尽可能每天陪伴孩子，让孩子在妈妈爱的沐浴中健康成长，不要让孩子孤独得像是一根小草。

小燕今年5岁了，和别的小女孩不大一样的是，她不爱和妈妈亲近，也不愿意和小朋友们玩，显得郁郁寡欢。小燕的成长环境有点特别，妈妈和爸爸离婚后，她被判给了妈妈。然而，为了养活小燕，妈妈变成了

女强人，她经常到处出差，很少和小燕一起看电视、一起玩耍，渐渐地，她对妈妈疏远起来，她感觉像是被妈妈抛弃了，所以总是显得很忧郁，看到别的孩子在妈妈身边撒娇，她就特别羡慕。渐渐地，小燕变得内向和孤僻。

心理专家称，妈妈是孩子第一需要也是最需要的人，妈妈在孩子心里的位置是无人能代替的，妈妈给孩子的，不仅仅是生活和教育上的养育，对于孩子来说，妈妈更是他们心灵的依托。在孩子还小时，他们都愿意亲近妈妈，看到妈妈就会觉得安全、满足。因此，作为妈妈，要多抱抱孩子，让孩子感到你的爱，你才能走进孩子的心灵，得到孩子的信任和接纳，从而很好地与孩子沟通，否则很容易产生隔阂，妨碍亲子之间的交流。

事实上，无论是从孩子的身体发育还是品德、行为习惯的养成方面，妈妈都起着至关重要的作用。妈妈也要认识到自己所担任角色的重要性，不断亲近孩子，多陪伴孩子，使孩子的心灵充满阳光、温暖。无论你的工作多么繁忙，也要抽时间和孩子多沟通，做个亲近孩子、了解孩子内心世界的好妈妈。

诚然，现代社会，很多妈妈已不再是家庭主妇，都需要参加工作，也有很多妈妈工作很忙，但无论如何，妈妈们要记住，再忙也要抽出时间陪孩子，随时给孩子一个温暖的拥抱，让他感觉到妈妈对他的爱和关注。

妈妈要经常拥抱孩子，一个小小的动作，会让两个人产生很多美好的感情，何乐而不为呢？当孩子离家去上学的时候，妈妈给他一个拥抱，让他走路小心点，他会带着微笑愉快地走进学校，愉快地学习，效果当然会更好；当孩子遇到困难挫折时，妈妈给孩子一个拥抱，是鼓励，是安慰，会带给孩子无穷的勇气；当孩子成功时，妈妈给孩子一个拥抱，是赞扬，是肯定，会激发孩子继续前行的热情和信心。即使平时工作再忙，也不要忘记给孩子一个拥抱，让孩子在拥抱中深切体会到妈妈的爱。妈妈和孩子保持亲密接触，是孩子形成良好心理的最佳方式。

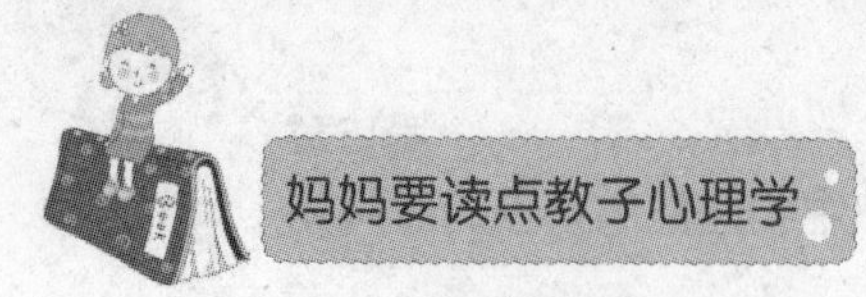

心理小贴士

妈妈是孩子第一需要的人。妈妈给予孩子的，不仅仅是生活上的养育，知识上的教育，更是心灵上的依托。妈妈的爱是任何人都不能替代的，所以不管妈妈平时工作多么繁忙，一定要抽出时间和自己的孩子沟通。经常拥抱自己的孩子，让他们远离“皮肤饥饿”。

长大后，孩子有了自己的内心世界，妈妈要通过亲近孩子、陪伴孩子，让孩子感觉到妈妈无微不至的关爱，从而走进孩子的心灵。

母爱总是孩子心中最温暖的避风港

《屈原列传》中云：“夫天者，人之始也；父母者，人之本也。人穷则反本，故劳苦倦极，未尝不呼天也；疾痛惨怛，未尝不呼父母也。”

每个人在遭遇痛苦的时候总会哭爹喊娘，这显示出一个人对于自己父母的依赖。尤其在一个人绝望难过的时候会喊“妈呀”，更能体现出妈妈在一个人心中的重要性。所以，对于孩子也是一样的，他们习惯性地依赖妈妈，妈妈总能给他们安全感。

父母在孩子生长的环境中起到的作用是一样的，但是因为母亲要比父亲细腻，孩子在母亲体内孕育长大，所以从胚胎形成开始，母亲就开始影响孩子，母亲的情绪、体质等会直接反映到孩子身上，所以孩子更愿意与妈妈接近，更愿意与妈妈畅谈自己的心事。

母亲对孩子的爱总是细腻的，她会很敏感地发现自己的孩子是不是不开心了，是不是和别人闹矛盾了。在孩子受委屈的时候她们总是用温软的言语安慰孩子受伤的心。

在孩子成长的过程总是需要母亲为他们解决生活中的一些难题，在孩子的心里妈妈就是最温暖最重要的存在。

孩子从小就需要母亲对他的疼爱与照顾，他们的认知系统尚不完善

的时候母亲就是指引他们的灯塔。母亲的一言一行都影响着孩子未来的人生。但是母亲对孩子的人生起决定性作用并不长，真正能影响到孩子的是孩子的童年，所以，一定要多和孩子接触，做一个称职的妈妈，尽量带给孩子自信、乐观、豁达、仁慈，这将是孩子一生的财富。

孩子在母亲面前会觉得特别安心，没有什么其他的原因，如果孩子回到家里面对的只是空荡荡的房子，那么他们的心里一定特别难受。但是如果孩子回到家迎面而来的是妈妈最温暖的怀抱，是妈妈最慈爱的笑容，那么孩子的心态也会十分乐观。因为在孩子的心里，妈妈总像灯塔一样指引着他们前进。

心理小贴士

所有的妈妈都爱自己的孩子，她们给予孩子的不仅仅是物质，还给予孩子依赖感和安全感，孩子们觉得，只要妈妈在，就没有什么事情解决不了。他们遇到挫折的时候第一时间是征求妈妈的意见，母爱总是他们最温暖的避风港。

母爱是孩子生命中最重要的一部分，他们之所以能够承受苦难是因为母爱的支撑。母爱就是孩子内心深处最安全的岛屿。

孩子的智商高低也受父爱的影响

古语云：养不教，父之过。意思就是说生育子女，只知道养活他们，而不去教导他们，那就是父亲的过错。心理学研究发现，父亲对孩子的健康发展有着非常重要的影响，有些作用甚至是母亲无法替代的。

父亲在家庭教育中的作用，从我国传统教育来看，是至关重要的。但是，在我们的现实生活中，很多家庭教育孩子的任务都是由母亲来完成的。至少从表面看来，母亲和孩子在一起的时间最多，父母的教育理念也大都由母亲来灌输。但是母亲在教育方面看重的是细节，而父亲则更注重

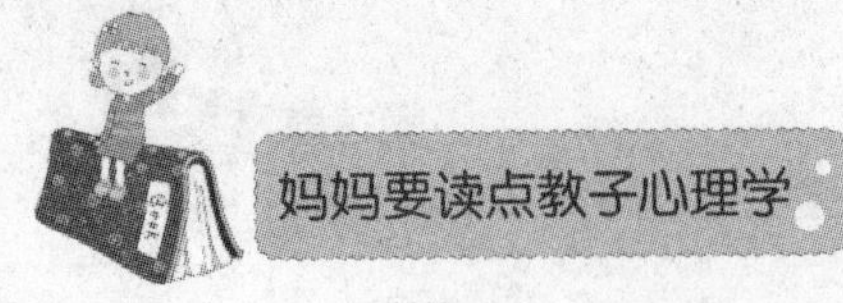

孩子的整体和方向教育。

中国青少年研究中心副主任研究员、中国青少年研究会副会长、家庭教育专家孙云晓教授认为：“对于孩子来说，这个世界关于人只有两本书：男人和女人。再好的母亲都不能替代父亲的作用，就像再好的父亲都不能替代母亲的作用一样。”

所以在孩子的成长过程中，父亲和母亲的教育作用是同等重要的。在教育孩子的时候，父亲和母亲扮演的是两种角色，父亲扮演的是刚健的角色，母亲扮演的是温柔的角色。在现代社会家庭中，父亲由于工作以及各种原因，跟孩子在一起的时间越来越少。教育孩子的大小事情都落在了母亲的身上。虽然有些母亲教育孩子的方式很严格，但她们还是代替不了父亲在孩子教育历程中的地位。要想让孩子的性格刚柔并济，父亲的教育就不能少。

孩子出生以后接触的第一个社会是家庭，父母也就是孩子的第一任启蒙老师。在孩子的成长过程中父母起着同等重要的作用。中国很多家庭中父亲总是因为工作的原因很少与孩子沟通和接触，孩子总是在和母亲、女教师和保姆中生活，所以孩子们的价值观也会偏向女性化，这时候，父亲对于孩子的教育就尤为重要。

心理小贴士

现代家庭大多是三口之家，如果父亲常年不在家，孩子就生活在女性世界里。他对男性没有深刻的感受，会出现缺钙一样的精神营养不良，这时候父亲在孩子生活中就会起到举足轻重的作用。

父亲是孩子智力发展的特殊催化剂，男性比较擅长逻辑推理、空间定向和抽象思维，有助于孩子相应能力的发展。很多男性在教育孩子的时候总能够把握全局，这是母亲做不到的，所以父爱的水平也会影响孩子的思维方式，而这种思维方式也会在一定程度上影响孩子智商的高低。

有一种爱叫做“放手”

现在的一些家长喜欢控制孩子的想法，他们不管孩子做什么都要掌控。就是因为这种强烈的控制欲伤害了孩子的自尊心、自信心和独立性，让孩子失去目标，很多时候都不能自己作决定。

某记者在采访完一所中学校长之后发现此中学门口有许多接孩子的家长，他很好奇，以为最近发生了什么重大的事件，于是他过去和家长闲聊了几句。在聊天中他发现，这些家长只是单纯地不放心自己的孩子才来接的。令这个记者震惊的是这些家长不是偶尔来接孩子，而是每天定时定点地来学校门口接他们的孩子。

记者问他们为什么要天天来接孩子，毕竟孩子都上中学了。那些家长的回答惊人一致：孩子还小，我们不来接的话不放心。这其中初三学生家长不在少数。

一句“孩子还小，我们不来接的话不放心”说出了多少家长的悲哀。上初中的孩子还小吗？他们已经初步具备了自己的思维方式，同时他们也有自己要好的朋友，他们知道怎么保护自己，更何况只是上学然后回家而已。很多家长不知道，其实孩子们完全不用家长每天都来接。

家长这样做，表面上不放心孩子的安全，是对自己孩子的爱，但是事实上，却是不信任自己的孩子，这样会严重打击孩子的的自信心，家长这样做还有一个原因，那就是想要掌控自己的孩子，他们想随时知道自己的孩子在做些什么。的确，这个世界上会全心全意为自己孩子的只有他们的家长，但是爱孩子也需要理性，不要一味地觉得自己那么做就是对的。不要想怎么控制自己的孩子，而要想怎么与孩子沟通，怎样理解自己的孩子。

还有一些家长习惯给孩子固定一种思维方式，他们觉得要想为孩子好，就得让他们死学知识，有的时候不顾孩子的反对一味地命令他们去生活去学习，严重地扼杀了孩子幼小的心灵，将孩子的自尊心、自信心、坚

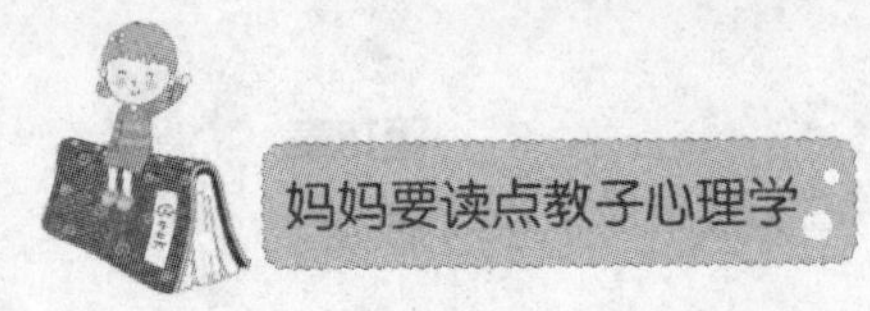

持心和创新能力等非智力因素抛于脑后。

家长习惯性地认为只要自己觉得正确的就适合孩子，他们不觉得自己的想法和方式是错误的。因为他们不习惯和孩子交流，所以总是不理解孩子的想法，才会片面地认为自己的孩子也认同自己的方式。当别人质疑他们的教育方式时他们习惯性用孩子还小当作借口，而不是认真地考虑一下自己对待孩子的方式是否有问题。

心理小贴士

有一种爱叫做“放手”，爱孩子是父母的天性，父母不管做什么都是为了自己的孩子好，但是作为父母还要注意自己爱孩子的方式，爱并不等于控制。

爱孩子并不是限制孩子的自由，爱孩子就要时刻与孩子进行有效的沟通，而不是让孩子完全服从自己的思维。孩子虽然需要爱，但也需要自主权。家长们也可以在关爱他们的同时给他们自由，给他们一些广阔的空间，孩子才会更加喜欢与父母交流。

你真的爱自己的孩子吗

现在很多人在一起谈论孩子时总会谈到两种父母：一种是西方父母，一种是中国父母，而且每次谈及中国父母的时候总会有一种自嘲的语气。

确实，很多中国父母对待自己的孩子总是捧在手里怕碎了，含在嘴里又怕化了。恨不得把孩子的一切都包办了。从前，每个中国家庭中总有好几个孩子，这样的情况不是很明显，但是现代社会，多数家庭都是独生子女，所以很多家长难免过度保护自己的孩子。

中国的父母恐怕是世界上最望子成龙的父母，爱孩子是他们的天性，但是溺爱却是人类独创的一种比较另类的爱。这种另类的爱是一种畸形的

心理，但是在很多家长中间，这种非常态的爱却被无限地放大。

现代家庭大多是独生子女，小军家就是这样。因为小军是这个家唯一的孩子，所以小军的任何要求他的父母都会答应。小军说什么他们都觉得有道理，小军做什么他们都觉得对。一次，小军和别的孩子打架了，事后，他们刚要询问原因小军就开始哭闹，他们见状，马上“缴械投降”。

甚至有一次，小军对一个老年人很不礼貌，小军的父母也没有制止。他们觉得童言无忌嘛，不用太介怀，孩子都是没什么恶意的。

他们没有想过，孩子小时候养成的习惯很可能根深蒂固。孩子小时候家长的教育是很重要的，不要觉得只有一个孩子就什么都顺着他，也要时刻告诉他什么该做什么不该做。小的时候，孩子最容易模仿的就是自己的父母，所以父母在孩子面前一定要注意自己的一言一行。

爱孩子和溺爱孩子是两个完全不同的概念，每个家长都爱自己的孩子，这是作为父母的天性，但是一旦这种爱的性质变了，不管是对孩子还是对于家长都是伤害。由于家长对孩子的过分溺爱，会使孩子的人生观与价值观都发生扭曲，认识事物比较狭隘。

因为在家里他们是家长的心头肉，所以他们在与人交往的过程中难免会犯“小皇帝”、“小公主”的毛病，但毕竟别人不会一再地容忍他们的这种性格，所以这样的孩子很容易被别人孤立，显得比较孤僻。为了自己的孩子，家长要时刻反省自己，要爱自己的孩子而不是害了自己的孩子。

心理小贴士

爱不等于溺爱，孩子是需要爱的弱势群体，他们并没有形成完整的人生观、价值观和世界观。父母对待自己孩子的时候要理性，不要因为是独生子女就对其过度保护。因为这样做并不是真正爱自己的孩子。

要时刻思考一个问题：你真的爱自己的孩子吗？如果是，那么你了解孩子的想法吗？你知道孩子最需要的是什么吗？你懂你的孩子吗？每天思考这些问题，做一个真正爱孩子的父母。

第16章 精准把握孩子气质，才能因材施教

从一出生，每个儿童的外在行为就表现出与众不同的特点：有的爱笑，有的爱哭；有的好动，有的文静；有的主动大方，有的害羞胆小；有的小心翼翼，有的大大咧咧。这些形形色色的特点构成了儿童行为的独特性，即气质，这也是反映个性的重要方面。

你的孩子有什么样的气质（一）

现实生活中可以看到每个孩子各不相同，即使是同胞兄弟或姐妹，也会有不同的地方：有些孩子善于运动，而且反应快、活泼；有些孩子则显得很安静，运动中反应也比第一类孩子要慢；有的孩子凡事都心思细腻，心中有数；有些孩子则喜怒溢于言表。而这些都是因为孩子的气质不同。所谓的气质，是孩子心理活动的特征表现，是孩子在一系列活动后的表现的综合，这些气质特征有着一定的稳定性，这个稳定性就是一个孩子特有的气质。

人的气质分为多血质、胆汁质、抑郁质和黏液质四种类型。可以说不管哪种气质，都没有好坏之分，不管哪种气质的孩子，只要按照他的气质来培养开发，最终都可以走向成功。但首先要了解你的孩子属于哪种气质，这样才能有的放矢，有针对性地对孩子进行培养。

具有多血质气质的孩子就像春风，让人感觉富有朝气。这类孩子大多乖巧伶俐、惹人喜爱。而且他们的情感特别丰富，不会隐藏内心活动，这样，不管这种气质的孩子在哪个场合，都会很快融入其中，人们也会被他们的活泼乐观所感染。这种类型的孩子有很强的语言表达能力，而且语言很富有感染力，这类孩子思维敏捷，有很强的环境适应能力，而且教育的可塑性也很强。这类气质的孩子也是有缺点的，如稳定性比较差，缺乏耐心和毅力。如果你的孩子属于这种气质，希望在这方面加强培养，必定大有裨益。

胆汁质的孩子具有火爆的脾气，和这种气质的孩子相处就像火热的夏天。虽然说这类气质的孩子点火就着，但他们的情绪并不长久，脾气发完就没事了。而且这类气质的孩子精力相当旺盛，凡事都想闯在前头，而且很倔强，只要认准了，就不容易回头。因为这类气质的孩子朴实真诚、表里如一，也会有很多朋友。但这类孩子不善于思考，遇事不能三思而后行，常常感情用事，而且这类气质的孩子绝对属于能量型，只要有他在，家里就绝对不会安静。如果你的孩子属于这类气质，就需要多培养孩子的稳重和细心了。

抑郁质的孩子比较内向，给人一种秋风扫落叶的无奈和忧伤，所以这类气质的孩子多比较消极抑郁、多愁善感，常常让人感觉到他们很懦弱。但这类气质的孩子感情细腻持久，而且善于体验和观察，自制力很强，有着丰富的想象力，虽然这类气质的孩子不善于交际，但会时刻注意自己的内心世界，所以显得比较孤僻；又因为他们的行为比较缓慢和单调，就会给人以胆小软弱的感觉。如果您的孩子是这种气质，就要多培养孩子的乐观情绪了，而且还要培养孩子的果断意识，这样才会结合这种气质，给孩子一个光明的未来。

粘液质的孩子属于那种缺乏生气的类型，如果用四季来比喻，这种类型的孩子就像冬天了。这种气质的孩子沉默少语，但却安静稳重，而且这类气质的孩子喜欢沉思，不会轻易地表露自己的情绪，所以显得表情平淡，容易给人冷冰冰的感觉。但这只是外表，这类气质的孩子内心情绪体验很深刻，也很热情，可以内刚外柔了。但这类孩子主动性比较差，但只要让他们做，他们就会做得很好。如果您的孩子属于这种类型，就要多带孩子到外面走走，多和孩子交流，这样会更有利于孩子的发展。

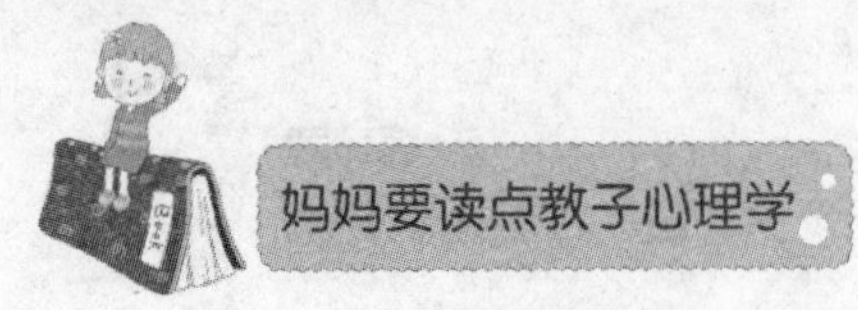

心理小贴士

每个孩子都是独特的、唯一的，气质并没有好坏之分，不管属于哪种气质，只要家长根据孩子的气质加以引导和培养，就会塑造孩子特有的高贵气质。

需要知道的是，教育可以改变一个人，但却不能改变一个人的气质，家长能做的只有顺着孩子的气质类型，向一个更积极、更健康的方向发展，展示出孩子独特的气质之美。

你的孩子有什么样的气质（二）

在生活中，家长们见面通常谈论自己的孩子，有些家长总是抱怨连连，比如，自己的孩子太任性，从来不听话，很气人；孩子每天早上吃饭总是慢吞吞，做什么事情都不着急，为了送他们上学，经常上班迟到，挨领导批评；孩子太淘气，经常出去惹祸，被别的家长找是经常的事情；孩子太内向，不愿意跟小伙伴玩，让他们很犯愁；孩子做作业太马虎，怎么管教也没用，让他们很无奈，很生气……家长们聚在一起，叫苦不迭，唉声叹气，总是对那些孩子听话、乖巧的家长羡慕不已。

现在的家长也真是不容易，他们为自己的孩子能够成龙成凤倾尽了全力。可是，孩子们并没有按照他们设计的人生道路来发展，相反，有些孩子与他们设计的道路背道而驰，相去甚远。有些家长因此抱怨孩子不努力，不听话，跟别人的孩子没法比，自己怎么努力，孩子也不会有多大出息。他们对孩子的教育总是束手无策，无计可施。于是失望，生气之余，要么无奈放弃，要么对孩子苦苦相逼。

这些可怜的家长，却怎么也没想到自己陷入了教育的误区，忘记了因材施教的铁律，他们忽略了孩子们的个性差异。在世界上找不到两片相同的树叶，天下也不会有完全一样的孩子，即便是双胞胎，他们的脾气秉性也不可能完全相同。现实生活中，有的孩子活泼好动，反应机敏；有的孩

子安静内向，反应迟缓；有的孩子性情温和，冷静沉着；有的孩子精力旺盛，善于跟人打交道，喜欢交际；有的孩子性格孤僻，沉默寡言……

这些个性差异，就是孩子们迥然不同的内在气质的外在表现。每个孩子都有自己独特的气质，并且是与生俱来的，很难改变。这些家长不顾孩子的独特气质，而是按照自己内心的期望来教育、塑造他们，严重违法了因材施教的教育规律，所以他们不管怎么努力，都不会得到满意的结果。

鉴于此，家长们教育孩子的时候，就要讲究方式方法。首先要分析你的孩子属于什么气质类型，再根据孩子气质特点的优势来促使孩子智力水平的发展，根据孩子们气质的缺点引导并规避，也许，这才是成功的教育。要跟孩子一起来认识他们自己，认识自己个性的长处和不足，发扬自己的长处，规避自己的短处，才能让孩子从失败中总结教训，不断成长。比如，有的孩子性格内向，总是感觉自卑，认为自己处处不如别人，什么也不敢跟别人比，做什么事情都不愿意往前闯，总是畏缩，迟疑，被动至极。对于这样的孩子，家长就要多多鼓励，稍有进步就表扬，让他们相信自己能行，逐渐树立自信心。而对于那些爱慕虚荣，经不起挫折的孩子，就要对他们进行挫折教育，培养他们坚强的意志力。对于那些性格外向，活泼好动而又善于交际的孩子，就要多鼓励他们参与学校的社团活动，鼓励他们当班干部，充分发挥他们的特长，而不应该怕影响学习成绩，阻止他们的积极参与。

总之，我认为家长能够认识到孩子的个性差异，知道孩子的脾气秉性、气质特点，注意因材施教，教育孩子并没有那么难。

心理小贴士

家庭教育之所以会陷入误区，出现很多失败的案例，很多时候是家长对孩子的期望值过高，不遵循因材施教的教育规律。不了解孩子的气质特点，把自己的意愿强加给孩子，希望孩子成龙成凤。

由此，家长把注意力都放在了孩子的学习成绩上，却忽略了他们的个性发展和心理健康。这样做的后果是，不但给孩子造成了很大的心理压力，连家长本人也备受打击。这是一种拔苗助长式的教育悲剧。

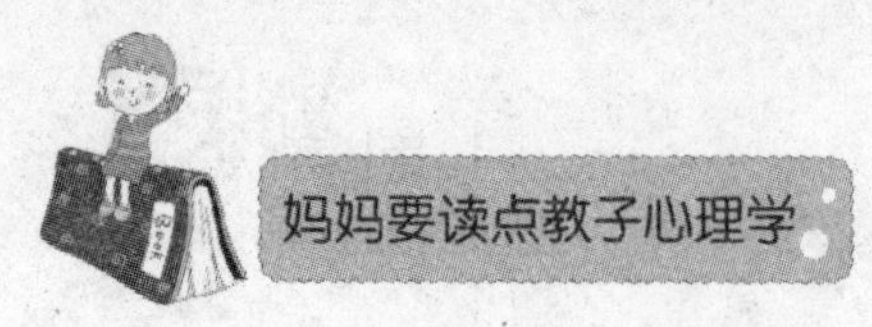

儿童的气质能否分好坏

气质是每个人与生俱来的，是除了人生理与智力方面的个性差异而存在的另外一种心理差异。对于来自外界的刺激，每个人的反应也是不同的，而且，不论是外在或内在的刺激，如何反应往往是天生的。

家长习惯于把积极好动、精力充沛的孩子看做是调皮的坏孩子，在定义反应或者动作缓慢的孩子时会用一个“笨”字。但是儿童的气质展现是不分好坏的，只是他们的表现不尽相同，家长总是先入为主地认为孩子天生具有的气质就是评断一个孩子好坏的标准。

相信大家都知道爱迪生的故事：

爱迪生上小学时，有一次劳作课上，同学们都交了自己的手工作业，但是第二天，爱迪生才慢吞吞地交给老师一个粗糙的小板凳。对此，老师的评价是：“我想世上不会再有比这更坏的小板凳了。”但对此，爱迪生的回答是：“有的。”然后他从课桌下面拿出两只小板凳，举起左手说：“这是我第一次做的。”又举起右手说：“这是我第二次做的，我刚才交的是第三次做的，虽然它不能使人满意，但是总算比这两只好多了。”

爱迪生小的时候因为反应比正常的孩子慢许多，而且听力方面有障碍，于是很多人认为他是低能儿，他一生只上过三个月的小学，他的很多学问都是靠母亲的教导和自修得来的。

和其他孩子相比，爱迪生的童年是不幸的，老师不赏识他，更没有适合爱迪生成长的土壤，于是，爱迪生的母亲就担起了培养孩子的重任。她认为，老师对爱迪生的评断是对孩子的侮辱，她从不强制爱迪生学习，而是让他自由自在地思考。在这样的教育方式下，爱迪生敢于质疑，愿意思考，虽然他学习起来要比别人慢一点，但没有谁强制他，没有谁催促他，这个空间也给了他感受成功全过程的机会，为他的成功奠定了基础。

其实每一个孩子都是这样的，气质是与生俱来的，我们无法改变，但是不能因为有些孩子一时跟不上其他孩子的步伐，就断定他是低能儿。教育孩子的时候不仅要看孩子与生俱来的气质，更要为孩子营造一个良好的生活和学习氛围，很多时候，孩子只是没有一个适合他学习和生活的环境，如果家长能在孩子适应的环境中因材施教，孩子就会健康快乐地成长。

心理小贴士

气质的差异与品行的好坏无关，父母要注意帮助孩子扬长避短，因势利导，以利于孩子心理的正常发育。

孩子从小的表现都是最真的，家长想要教育好自己的孩子，就要提早了解自己孩子的气质。不管孩子是积极外向的还是含蓄内向的，只要家长能准确地把握自己孩子的气质，教育就不是一件麻烦的事情。

了解孩子的气质才能因材施教（一）

每个孩子从小表现出来的气质都是不一样的，而且我们知道有四种能够总结孩子气质的典型。在孩子还不能表达自己的想法，家长却想提早教育孩子的时候，了解孩子的气质就是家长必须做的功课。

我们先来说说胆汁质的孩子，这类气质类型的孩子一般精力旺盛、有自己的见解，对于别人做不到的事，他往往能出其不意地成功；而对于那些别人轻易做到的事，他们却做得并不好。对于这样的孩子，父母在教育时，应言传身教，做出榜样，先了解孩子的情况，然后顺其习惯讲明道理。另外，父母还应对其多加表扬，激发其独创精神。

首先我们看看胆汁质气质孩子的心理特征：

精力旺盛，情绪来得快，动作迅速、热情、开朗、脾气暴躁等。他们的行为特点多表现为：易兴奋、难约束、攻击性强。婴儿期的他们总是好动、手脚闲不下来，儿童期的他们即使坐在教室里，也坐不长久。具有不平衡性，大大咧咧，做事粗心大意，容易忽略小节。

小亮今年五岁了，刚上幼儿园。老师发现，小亮是一个典型的胆汁质孩子。因为他有这样一些表现：上课时，对于老师提出的问题，他无论会不会回答，都第一个举手，而老师如果不理睬他，他就很沮丧。在与幼儿园其他小朋友玩时，他很容易发脾气，即使别的小朋友不小心碰了他一下，他也会大发雷霆。在玩游戏时，他对于别人的成绩总是不屑一顾，而自己赢了时就会扬扬得意，突出表现为胆汁质的特点。

作为父母，如果你发现你的孩子属于胆汁质，你需要注意到孩子的优缺点，因为，气质教育过程中胆汁质的幼儿容易形成坦率、热情、进取等品质，相反，也很容易形成粗心、冒失、粗暴等缺点。

心理医生指出，胆汁质的人往往是神经病的候补者，他们表现出的过度紧张和不知疲倦，会使得他们更容易出现神经衰弱，或发展为时而狂暴、时而郁闷躁郁性精神病。

在教育胆汁质孩子的过程中，父母不要轻易激怒他们，要耐心启发和协助他们养成自制的习惯，学会合理安排时间，既会学习，也会玩，又会休息，避免书呆子气。在孩子自觉学习的情况下，家长应多利用空闲时间带孩子出去玩儿，以开阔孩子的眼界。

心理小贴士

在孩子气质教育过程中，不同气质孩子的教育方式会有所不同，因此家长要根据自己孩子的气质进行教育。

胆汁质孩子热情坦率，这是他们的优点，但是他们也容易冲动。家长要知道，胆汁质孩子气质教育中：热情是动力，但冲动是魔鬼。

了解孩子的气质才能因材施教（二）

我们要说的第二种典型就是粘液质的孩子。这类气质型孩子的突出个性是：他们专注、安静、不调皮、懂事、守纪律、学习认真，但也有一些缺点，比如沉闷、固执、守旧、不爱讲话，不太关心别人，个性不突出，随大流，依赖别人，没有追求。

这样的孩子只要家长加以正确地引导，就能成长为稳重踏实，具有管理能力、非常敬业的人。因为他们总是很沉闷，认准一件事情就会拼命地做好，这也是他们安静，懂道理的好处。但是如果家长没有正确教育和引导，那么他们就可能成长为保守、固执、冷漠和不关心集体的人。

如果家里有这样的孩子，父母应该有意识地创造轻松活泼幽默的家庭氛围。

首先，父母要培养孩子的自主意识和自主能力，让孩子敢于表达自己的想法和意见，逐渐培养孩子独特的个性。在游戏过程中，父母应把主导权交给孩子，以唤醒孩子的主人翁意识，激发他的指挥兴趣。鼓励他做自己喜欢和力所能及的事情，支持他与同伴交往。

其次，家长要给孩子创造获得赞赏的机会，让他体验成功的滋味。在孩子做好一件事情的时候不吝惜自己的赞赏。

最后，家长可以用动感强的游戏促进孩子的发展，训练孩子的机敏。研究表明：“过家家”是一种需要创造思维的游戏，适合粘液质的孩子。

因为这种类型的孩子不喜欢与人交流，所以家长要经常鼓励他们与大人进行争辩，培养孩子的决断力。争辩能让孩子认识自己，变得自信。这种类型的孩子喜欢安静，不惹事，家长应该多与孩子交流，常与他谈论全家的工作和生活，征求孩子的意见，让他融入大人的共同思维中来，大胆发表自己的想法。当孩子习惯性地一个人待着的时候家长要常给孩子挑战，故意制造矛盾，让他反抗争辩。督促孩子找出他面临的最重要的事

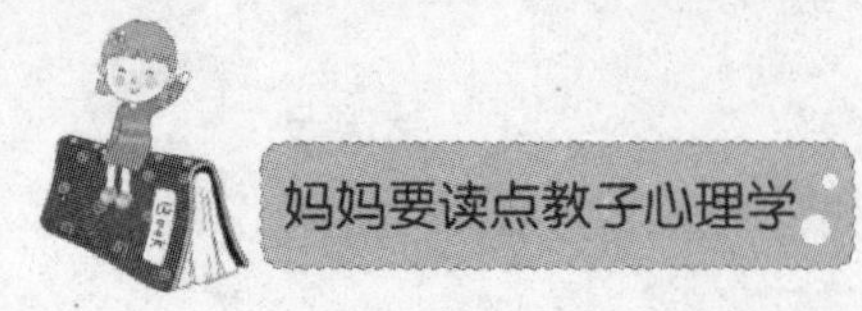

情，并让他说说该按什么顺序做。即使作了错误的决定也没关系，再和他们一起讨论正确的顺序，让他思考做事的规律。家长还要时刻培养孩子的“参与意识”，让他们多讲话，多表演节目。

心理小贴士

孩子的某种气质不是自己所能选择的，有些孩子表现得不尽如人意，这时候家长一定要努力，给孩子提供一个良好的学习和成长环境。

粘液质的孩子执着虽好，但需要变通，这就需要家长对他们进行正确的引导，这个类型的孩子很容易成长为凡事漠不关心的人。所以，家长在教育孩子的时候了解孩子是什么气质的确很重要。

了解孩子的气质才能因材施教（三）

孩子与生俱来的某种气质总是喜忧参半。有些孩子总是很安静，不喜欢热闹，让家长愁肠满结，但是有些孩子与生俱来就有与人交往的能力，无须家长过多地指导，过多地在他们身上花费时间，但这仅限于这种类型的孩子对某件事情感兴趣的时候。

这种孩子就是多血质孩子。多血质孩子总是很轻易就和别人打成一片，因为这类型孩子具有平衡性，他们能承受来自外界的强烈刺激，能接受长时间工作，他们懂得自制，观察力强，善于与人打交道，但他们也很容易转移注意力。当他有兴趣时，他是热情的，但是没有兴趣时，便精神不振，感到寂寞。

多血质孩子的特征有：思维灵活、活泼好动、言语敏捷、情绪多变、乐观、亲切、浮躁、轻率。

盈盈今年3岁，刚上幼儿园。很快，他就和幼儿园的小朋友打成一片

了，当其他小朋友还在适应时，她已经能为他们讲生动的故事了。她还很快学会了自己穿衣服、叠被子，她动作利索，幼儿园老师很高兴。她总是开开心心的，一天到晚蹦蹦跳跳，但只要一遇到不开心的事，她就撅起小嘴，甚至哭闹，不听劝。但只要其他人一哄，她又开心地笑起来。她对人热情，不管遇到生人、熟人都主动打招呼。喜欢把家里的事告诉老师和小朋友，突出表现为多血质的气质特点。

为此，我们可以总结出多血质孩子的优缺点，容易形成活泼、机敏、开朗、善交往、富有同情心等品质，但也容易形成轻浮、不踏实、感情不够深厚、无恒心等缺点。

所以家长在教育多血质孩子的时候一定严格要求，要在发扬他们优点的时候培养他们的兴趣，不能让他们产生无事可做的感觉，家长可让他们在有意义的活动中养成扎实、专一和克服困难的精神。

心理小贴士

在孩子气质教育过程中，不同气质孩子的教育方式应有所不同，因此家长要根据自己孩子的气质进行教育。

多血质孩子虽然活泼好动，好交际，生性开朗，但是他们的情绪容易多面化，所以家长要因材施教，避免孩子情绪多变。要培养他们专一和敢于克服困难的精神，让孩子既能发挥自己的长处，还能在良好的环境中弥补他们缺乏的精神。

了解孩子的气质才能因材施教（四）

家长要想教育好孩子就要弄清楚孩子属于什么气质，孩子气质的差异与品行的好坏无关，有些孩子生来就活泼开朗，而有些孩子生来就沉稳内向。家长只要因材施教，引导得宜，不论什么气质类型的孩子都可以成长得很优秀。

有一种孩子是抑郁质类型的，他们外表文静、腼腆、性格内向，内心敏感、很好胜。父母在与这类孩子沟通时，一定要注意时间和场合，不能伤害他们的自尊心，因为他们多半都很自卑，而他们的优点是细心、专注，当他们很专心很细致地去做一件事情的时候，父母应该给予他们表扬和鼓励。

孩子一般都是天真活泼的，但是有的家长却发现自己的孩子不爱说话，不和旁人甚至别的小朋友来往，参加集体活动也不主动，被别人骂了还会长时间记仇等，老是多愁善感，就像小说中的“林黛玉”。很多家长疑惑自己的孩子是不是有很严重的精神问题还是仅仅为不同的性格所致？家长要怎么做才能让这种类型的孩子更合群呢？

根据生理学的研究，儿童性格可归纳为三种：易激动型、易抑制型和拒绝癖型。抑郁质的孩子是属于第二种。要使抑郁质类型孩子的性格得到健康发展，家长可以采取以下方法：

抑郁质的孩子往往性情脆弱、动作迟缓，回答别人问话时总是含糊其辞，显得拘谨不安等。家长对他教育时应注意方式方法，耐心地启发诱导，不可经常申斥。孩子本身已经唯唯诺诺，要是家长再对他们不耐烦，他们敏感的内心就会更加自卑，大大地打击他们的信心。

重视培养孩子的主动性，设法让他多参加活动，尽量让孩子经常与同龄小朋友一起玩耍，以培养他的合群性格。当孩子参加集体游戏时，家长和老师要注意鼓励和夸奖他，使之有信心，不致在其他小朋友面前感到羞怯和自卑。要注意发挥孩子的主动性，培养他的胆量，并且锻炼他的独立生活能力。

抑郁质的孩子就像“林妹妹”，他们会一直观察与自己交流沟通的人的行为特点，然后臆想他们心中所想。别人的情绪有一点儿变化，他们就会猜测是不是和自己有关。所以家长在教育这种类型孩子的时候一定要注意到他们敏感的内心。

心理小贴士

在孩子气质教育过程中，不同气质孩子的教育方式就会有所不同，因此家长要根据自己孩子的气质进行教育。

抑郁质的孩子就像多愁善感的“林妹妹”，他们总是用过于敏感的心理去揣度别人的内心，不然他们心中就没有安全感。父母在教育过程中一定要注重他们敏感的内心，采用能保护他们自信心的方法去教育他们，让他们脱离多愁善感，告别“林妹妹”。

有时间为孩子做个气质小测试吧

所谓气质，是指孩子出生时就已经表现出某种稳定的个性特征，是父母最先观察到的婴儿个人特点。

其实，无论是对孩子的成长还是亲子关系的培养，了解孩子的气质类型都显得尤为重要。

当然，关于气质类型的划分实在流派众多、众说纷纭，作为父母，如果有条件，可以读一些有关这一类的心理学书籍，以便更好地了解孩子和实施家庭教育。

美国纽约大学的一批儿童发育专家对一批婴儿的成长进行了长期的跟踪调查，经过研究，他们发现，以下九种因素影响了儿童的气质特点：

活动量，规律性，对新刺激的反应，对生活改变的适应能力，反应强度，情绪状况，注意力坚持度，注意力分散度，感觉。

另外，他们得出结论，婴幼儿的人格发展，不仅受到生理智能的影响，还受到本身气质和环境作用的影响。他们证实，气质是天生的一种行为方式，每个人天生的视觉、听觉等感觉和心灵的敏感度不同，气质也不同。

了解孩子的气质类型，有助于对不同气质类型的孩子采取不同的教育

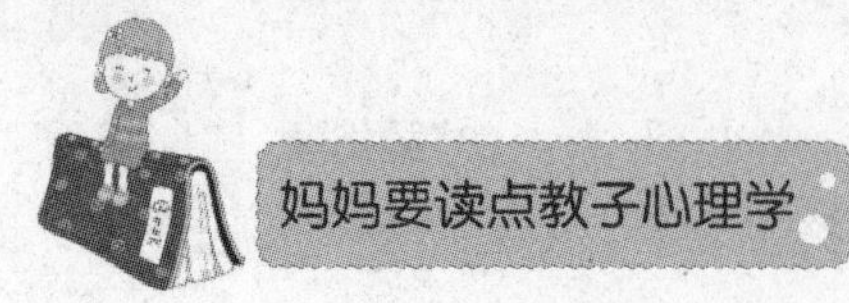

方式，因材施教，使他们扬长避短，健康成长。

不同气质不同做法根据研究显示：孩子的脾气性格有50%来自遗传。父母熟知自己孩子的脾气后，就要记住孩子的脾性是天生的，不是后天习得的。父母尽量不要过早判断孩子的个性，因为初生婴儿的很多行为反应是受到分娩、药物和其他因素的影响，这些影响要到孩子3～4个月后才会逐渐减弱。

孩子气质是先天决定的，从本质上很难改变，但是受后天环境影响，会略起变化。专家指出：儿童的发展倾向和结果则取决于后天的教育、培养、环境因素影响和自我锻炼，是具有可塑性的。所以，父母要针对自己孩子的气质特点，通过各种教育手段，发展其气质类型中的优势部分，克服不利因素，使其身心健康地发展。作为家长，可以对气质偏异的孩子施加影响，修去其过剩的部分，补充其不足之处，达到健康成长的目的

家长要想教育好自己的孩子，在教育条件特定的情况下，就要了解自己孩子是属于何种气质的，家长只要精准地把握自己孩子的气质，因材施教，定会收到事半功倍的效果。

心理小贴士

家长要想让自己的孩子得到最好的教育，就要精准地把握自己孩子的气质，因为气质是孩子出生后最早表现出来的一种较为明显而稳定的个性特征，是父母最先观察到的孩子个人特点。

当然，关于气质类型的划分实在流派纷争、理论众多，父母就要选一种有代表性的理论作为依据来教育和培养自己的孩子。

第17章　教子要奖惩有度，恩威并举掌控孩子心理

在很多家长眼里，自己的孩子要么是凶残的“大灰狼”，要么是温顺的“小绵羊”，所以他们总是看不透自己孩子的心理，导致教育的失败。所以，作为家长，在教育孩子的时候一定要懂得奖惩有度、恩威并举，只有这样，家长才能掌控孩子的心理。

人非圣贤，孰能无过

《左传·宣公二年》：“人谁无过，过而能改，善莫大焉。”这句话说明是人就会犯错误，但是犯错之后一定要知道改正。大人如此，孩子也不例外。

很多家长不允许自己的孩子犯错误，一旦孩子不小心做错了事情，那么他就严厉地斥责孩子，不给孩子辩解和认错的机会。长此以往，孩子做事情的时候就会变得唯唯诺诺，心里会有压力，总觉得自己要是做不好就要被父母批评，一想到父母生气时的样子，孩子就越做不好这件事情。

图图和婷婷是同班同学，也是邻居，两个人是非常要好的朋友。一次，两个人在院子里练习打排球的时候不小心打破了邻居家的玻璃，两个人吓坏了，不知道该怎么办。两个人的父母听见响声都从房间里跑了出来。

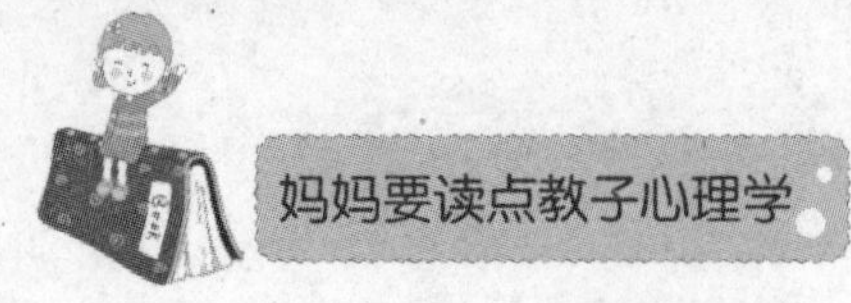

图图和婷婷分别告诉自己的爸爸妈妈是她们不小心打碎了邻居家的玻璃。图图的爸爸妈妈很温和地告诉图图，既然玻璃是她打破的她就要勇敢地承担起责任，他们让图图去向邻居道歉，请求邻居的原谅，并且表示会赔偿。

而婷婷的父母听说是婷婷和图图两个人打破了玻璃，他们首先用愤怒的眼神瞪了一眼站在婷婷旁边的图图，然后狠狠地将婷婷批评了一顿，他们告诉婷婷不仅要向别人道歉还要买玻璃赔给人家。

图图听了父母的建议向邻居道了歉，并且和父母把玻璃送到了邻居家中，邻居很和蔼，图图发现原来做错事情并不可怕，只要自己敢于承担。但是婷婷听了父母的训斥之后十分恐惧，她面对着父母一句话也不敢说，虽然邻居告诉她只是打破玻璃而已，不是什么大事儿，但是婷婷却时刻担心自己再做错事时怎么办，每次想到父母愤怒的眼神，婷婷就非常害怕。自这件事情之后婷婷也不喜欢跟图图玩耍了，面对父母总是唯唯诺诺的，生怕自己做错了什么又被父母批评。

其实打破玻璃只是一件小事情，图图的父母处理得很到位，图图不仅认识到了自己的错误，还从这次错误中吸取了教训。但是婷婷就不同了，虽然只是一个小小的错误，但是因为父母过激的反应，让她开始恐惧犯错。

孩子一旦害怕自己犯错误，那么，他就不敢面对前方未知的事物，他会封闭自己的内心，家长虽然着急但却无计可施。所以，家长在教育孩子的过程中，一定要关注孩子的内心，一旦孩子开始疏离自己，要想再次掌控孩子的心理就是一件非常困难的事情了。

心理小贴士

再小的事情，如果父母在孩子面前处理不当，就会伤害孩子的内心，孩子的内心很脆弱，很容易受伤，不容易恢复。

每个人都有犯错的时候，只要能够认识到错误并及时改正，就没有什么大不了。家长一定要牢记，孩子难免会犯错误，过分地苛责不但会伤害孩子的心灵，还会导致孩子离自己越来越远。

不适当的表扬会害了孩子

教育学家认为，正确的表扬有助于培养孩子的自我意识和独立能力。很多家长也发现，要想孩子变得乖巧听话，就要时常表扬他们。但是表扬也要有讲究的，孩子想听到家长发自内心的、对自己恰如其分的表扬，而不是家长过分溺爱自己而进行的一些不恰当的表扬，这样会适得其反，伤害到孩子。

有三种不适当的奖励会伤害自己的孩子。第一种就是表扬缺乏针对性，就像孩子花了一下午的时间做好了一幅拼图，孩子满心欢喜地拿给家长看绝不希望只听到家长说“真不错”。孩子花费了一下午的时间做拼图，一定需要很大的耐心，期间，他肯定想过放弃，但还是坚持下来了，这正是他感到最自豪的地方，如果家长看不到这一点，只是说：“真不错。”那么，孩子一定感到很伤心，他会认为你在敷衍他。如果你能这样夸奖孩子：“这两片这么相像，区分出来一定花了很长时间吧？”他可能会激动得热泪盈眶。哪怕你夸奖得具体一些：“你真是完成了一项复杂的工程啊，每个小卡片都找到了正确的位置。”也会让他感到你在意他的努力过程。

第二就是低估孩子的能力，也许在你看来，孩子学会了做某件事或者有某种能力是一件骄傲的事，但从孩子的角度看，你却低估了他的能力。举个最简单的例子，这天，全家人和孩子在广场玩，你发现，六岁的孩子居然能穿过人群、娴熟地滑旱冰，你夸奖他：“你真棒呀，这么小就能滑旱冰啦！”谁知孩子立刻表现出一副不服气的样子：“我三岁就会滑了！”然后气呼呼地走了。

有些时候，成年人低估孩子的能力，是因为他们心里有偏见，但是孩子有着敏锐的触觉，他们能够分辨出你的言外之意。

第三种是为了表扬而夸大事实。这样夸奖孩子，孩子自然会飘飘然，一旦孩子摔下来，势必难以接受。

如果你仅仅因为一点小事就过分夸奖孩子，那么，至少会有三个负面

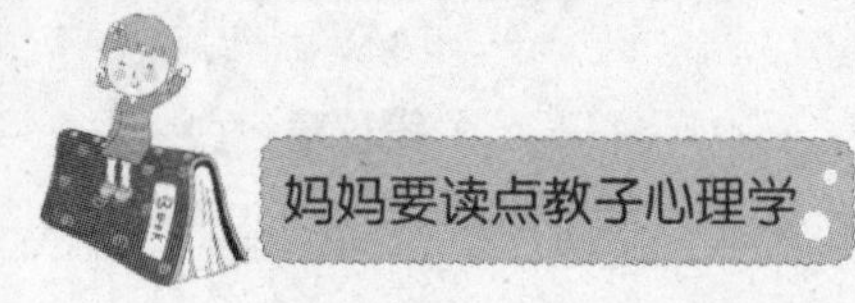

作用：首先，长期接受你的夸奖，让孩子无法正确地认识自己的能力。其次，他会有苛求赞美之瘾，而且太在意外界对自己的看法；最后，夸张的表扬对孩子的耐性、宽容程度以及应对挑战和竞争的能力都大为降低。

心理小贴士

作为家长，表扬的时候一定要注意，恰当、准确、注重细节的赞美才是对孩子最有效的。孩子需要父母发自内心的、恰如其分的表扬，而不是父母纯粹为了表扬孩子而敷衍塞责。

家长发自内心的赞美会增强孩子的自信心，在表扬孩子的时候一定要实事求是，不能过分低估孩子的能力，也不能过分夸大。孩子想要的是最真诚的表扬，而不是纯粹为了表扬而表扬，不适当的表扬会害了自己的孩子。

处在成长阶段的孩子更希望被肯定

教育心理学有一个重要的概念，即“成就需要”，它是促进儿童充分发挥潜能的重要动力之一。如果儿童没有这种需要，他们的潜能就难以充分发挥，他们也就难以成为具有健康人格的人。处在成长阶段的孩子更需要这种“成就需要”，这个阶段的孩子比其他人更希望被肯定。

儿童心理学家指出，在孩子的学业和成长过程中，父母的态度能起到很大的作用。作为父母，如果你能不断鼓励孩子，激发孩子的潜力，那么，你的孩子一定能获得自信。

在多数情况下，孩子的自信心如何以及是否有自卑心理，会受到父母和老师对他们成绩的反应的影响。孩子受到的表扬越多，他们对自己的自我期望就越高，反过来，他们产生的自我期望和努力就越低。

心理学家哈洛克曾做过一项奖惩混合的比较研究，哈洛克选择了许多

数学程度相同的学生，将他们分为四组：

对于第一组，每次上课前，都对于成绩优良者给予赞扬；

对于第二组，只批评成绩差者，对于成绩好者不给予赞扬；

对于第三组，对他们既不赞扬，也不批评，但让他们知道前两组每天的情况；

对于第四组，将他们安置在其他地方，对他们成绩好坏不理不睬，也不让他们知道前三组的情况。

研究结果表明，过了一段时间，受赞扬的第一组和受谴责的第二组的成绩立刻有显著的进步，约改进了35%～40%。第三组的成绩也有进步，但不明显，只有一二组的一半。后来，又过了一段时间，进步情况又发生了变化，受赞扬的第一组成绩进步到79%，受谴责的第二组和不受奖惩的第三组的成绩又低落下去，隔离的第四组的成绩，也有轻微的降低，但不明显。

上述实验的结论是：在一项行为得到某种肯定时，行为就会保持并有更大的进步空间，反之，如果一个人的行为得不到鼓励或者被惩罚，那么，这项行为就会倾向于不再重复。这说明了肯定意义的赞扬和否定意义的谴责对学习产生了影响。更重要的是，有人认为谴责也能产生积极效果，其实不然。从短期来看，谴责也能起到促进作用，但从长时间来看，可知赞扬的效果要大得多。所以，对孩子应给予足够的肯定，在适当的时候责罚一下，而不能当作提高学习效率的武器。

由此可见，表扬可以让孩子更加积极向上，表扬也可以让孩子满足自己心中的“成就需要”。所有的孩子都希望被肯定，希望得到大人的赞赏。所以，家长在条件允许的情况下，不妨多多表扬和鼓励孩子。

心理小贴士

家长在教育孩子的时候，从短期来看，谴责好像与赞扬有同样效果，但从长期来看，可知赞扬的效果要大得多。

孩子在成长的阶段更希望自己被家长和老师及周边的人肯定，家长在表扬孩子的时候，孩子的“成就需要”就会被满足，从而积极健康地成长。

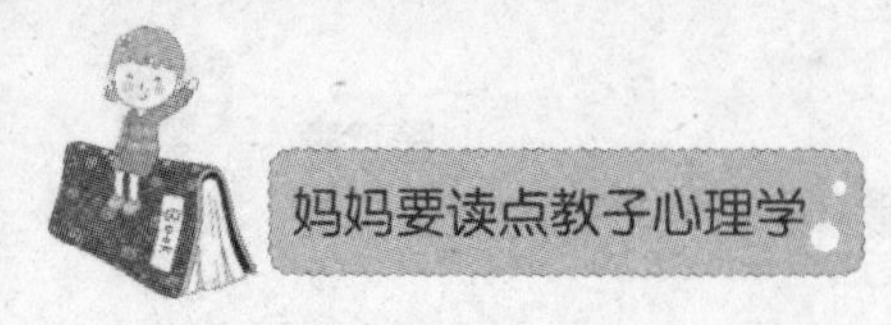

体罚，是家长无能教育的一种最直接表现

据《北方新报》报道，读者周女士向记者反映：她的儿子小雨今年9岁了，学习不是很用功，成绩也老提不上去，因为她的丈夫动不动就对小雨拳脚相加，她根本拦不住。每次看到儿子被丈夫打得痛哭流涕，她既心疼又无可奈何。

其实很多家庭都存在类似情况，很多家长见孩子学习不用功，成绩提不上去或者自己的意见无法被孩子接受时经常体罚孩子。

生活中，很多家长对于孩子的不听话、不爱学习的最直接惩罚方式就是体罚。表面上，这是父母望子成龙心切，但实际上，这是父母不负责任甚至教育无能的表现。教育孩子的方式有多种，体罚却是最没效果甚至产生负面效果的一种。也许有人会说，孩子总是在犯错误中成长。作为父母，在帮其纠正错误时，应当以教育和引导为主，动之以情，晓之以理，而不应该简单地以武力替代教育和引导。

心理学家指出，对于孩子而言，当他们被体罚时，他们会认为自己的行为已经受到了惩罚，便不会认真反省自己行为的失误。那么，家长便达不到体罚孩子的最初目的——让孩子学会反省。另外，这样做还可能损伤孩子的自尊心。

俄国一位颇有才华的作家赫尔岑曾说过：“人们有时用鞭笞折磨孩子，甚至打孩子，这是不是由于孩子难以教育，而鞭笞是最容易的呢？是不是因为我们自己无能而惩罚孩子呢？”

很多家长总是认为孩子不听话，不好教育，却从来没有反省过自己，是不是自己做得不够好，是不是自己不够了解孩子的心态，是不是自己不能体会孩子心中所想，等等。家长想要教育好孩子就要了解自己的孩子，了解他们需要的是什么，而不是把自己的思维强加给孩子，当孩子不能接受这个认知的时候就对孩子拳脚相向。

孩子总是自尊心极强，他们不会考虑家长刚才批评或者体罚自己有什么苦衷，他们会单纯地认为家长不喜欢自己，否定自己，不顾自己的自尊心。因此，他们会和家长产生嫌隙，这种嫌隙一旦产生，家长想要弥补，就要付出更大的代价。

心理小贴士

家长在教育孩子的时候应采取温和的方式，一切打着“望子成龙，望女成凤”、“恨铁不成钢”而进行的暴力教育是非常不可取的。

体罚，是家长无能教育的一种最直接的体现。孩子如果认为自己的错误行为已经受到惩罚，便不会认真反省错误，试图用打骂驯服孩子，不过是家长一厢情愿的做法，并不会取得自己想要的结果。

孩子犯错后家长的言语一定要温和

丁丁是个调皮的孩子，每次妈妈带他出去买东西的时候他看到自己喜欢的就一定缠着妈妈给他买。因为妈妈要买一些必需的东西，所以无暇理睬丁丁的要求。丁丁见妈妈不理自己便坐在地上大哭起来，妈妈见丁丁大哭不止，就随口说了一句：“你再哭，妈妈就不要你了。”果然，丁丁听到这句话后很快就停止了哭泣。妈妈见这种办法很管用，所以每次丁丁哭闹她都会这样说。但是过了一段时间妈妈发现，自己只要不在丁丁身边，丁丁就会显得特别惶恐，而且情绪很不稳定。

可能很多家长都和故事中的丁丁妈妈一样，当孩子不听话时，他们便会吓唬孩子：“你再调皮，妈妈就不要你了！”也有一些家长，会在此时选择躲起来。而事实上，这种在父母看来很奏效的教育方法却对孩子的成长有一些负面作用。

心理学家认为，家长假装遗弃孩子的做法，会让孩子失去安全感。

我们都知道，在孩子还小的时候，他们最依恋和最信任的就是父母，只有和父母相处时他们才感到最安全，这样，即使他们做错事，受到了一些伤害，他们也会想到父母的支持，会想到父母的拥抱和安慰。良好的依恋关系，是孩子在与父母或抚养者的接触过程中建立起来的，如果父母经常对孩子说不听话就遗弃他们，那么，他们便会认为自己最依恋、最信任的人都不要自己了，这对他们幼小的心灵会造成很大的伤害。

心理学大量研究表明，依恋关系遭到破坏的儿童，均会表现出行为退缩、敏感和自卑、多疑等情绪不稳定，也难以与人建立亲密、信任的关系。

可能有些家长会说，我并不是真的不要孩子，但对于幼小的孩子来说，他们并没有这样的辨别能力，他们会完全相信父母的话。如果你说要离开或者藏起来，他会认为你真的离开了，会认为你不要他了，所以他们每天都生活在不安和恐慌之中。

因此心理学家建议，惩罚孩子要保证孩子安全感的前提下进行，否则，家长对孩子的教育将得不偿失。

心理小贴士

孩子因为年龄的关系，对别人情绪的理解很有限，他们往往通过别人的面部表情、外部行为去认知别人的情绪，而对成人一些复杂的内心体验难以理解。

家长在孩子犯错之后，言语一定要温和，切不可说“你再调皮，妈妈就不要你了”这样的话，心理学家认为，家长假装遗弃孩子的做法，大大破坏了孩子的安全感。作为家长，在教育孩子的时候一定要把握奖惩的度。

温和的处罚方法避免家长一时冲动

体育比赛中，有一个名词叫做“计时隔离”（time-out），也就是“暂

停”的意思。然而，在现代社会，欧美一些国家的父母已经将这一理念运用于家庭教育中，以此来惩罚犯错误的孩子。也就是说，如果孩子犯了错误，就会让孩子暂时停止一切活动，让他们静下心来思考自己的过错，比如让宝宝坐在小椅子上，静想2分钟；把宝宝关进卫生间，3分钟后再出来；等等。

同时，实施“计时隔离”，也能让家长先冷却自己的情绪，以免一时冲动作出错误的批评。不难发现，日常生活中，一些家长在遇到突发状况时，他们会条件反射地批评孩子，或者对孩子实施体罚，其实家长这么做不仅达不到自己预期的目的，还会损伤孩子的自尊心。所以，如果此时家长能运用“计时隔离”，那么，便能避免这一点。

“计时隔离”是一种温和的惩罚方式，虽然只是短暂的隔离，但却能起到真正让孩子自我反省的作用。因为孩子的心都是敏感的，当你将他隔离时，他能感受到你与平时不一样，那么，他便有了心灵上的冲击，他会反思：爸爸（或者妈妈）为什么会这样？是不是我哪里做得不好？而对于家长自身来说，也可以在此时冷却情绪，在心情得到平复后再对孩子晓之以情、动之以理，就很容易达到教育孩子的目的。

另外，采用这一教育方式还能摒弃家长对孩子的溺爱或者打骂。通常来说，在孩子犯错误后，家长会采用两种比较极端的教育方式，要么打骂，要么护短。对于前者，会损害孩子的自尊心，也会使孩子蒙上心理阴影，而护短则会使孩子越来越任性、不思悔改，这两者都不利于孩子的心理健康。而计时隔离能很好地回避这两种教育方式，让孩子既受到温和的惩罚，又受到教育。

当然，计时隔离结束后，家长也应立即与孩子沟通，让他明白自己为什么会被“隔离”。你要“趁热打铁”进行引导，这有利于孩子逐渐减少乃至消除该问题行为，养成良好的行为习惯，这才是惩罚的最终目的。

总之，家长切忌用溺爱或者过分疼爱的态度来补偿孩子。家长只要用简单的、不带过分情绪化的方式来教育引导就可以了。比如游戏、散步等方式，让孩子感觉到温馨快乐，告诉他隔离结束后生活仍在继续。

家长在面对孩子的问题时经常无法控制自己的情绪，所谓“爱之深，责之切”，但是孩子还不能够理解家长的这种想法，所以一旦孩子犯错，家长要学会采取温和的处罚方式，既能达到自己的教育目的，也能保护孩子的自尊心不受伤害。

心理小贴士

孩子总是很容易犯错误，家长在面对孩子各种问题的时候就会显得特别矛盾，为了避免家长一时冲动，就需要对孩子进行“计时隔离”的惩罚教育。

家长在教育孩子的时候，不仅要想到怎么达到自己的教育目的，还要考虑教育方式孩子是否愿意接受。教育孩子的时候要恩威并举，不要让孩子心中的天平偏向任何一端。

不要一直批评孩子，防止孩子心理崩溃

古往今来，家长在教育孩子的时候要么就是“捧在手里怕摔了，含在嘴里怕化了”溺爱，要么就是“恨铁不成钢”训斥。随着现代社会的发展，家长越来越推崇“赏识教育”，他们认为“好孩子都是夸出来的”。但是“赏识教育”一旦运用过度，也会失去它原本应有的效用。

当孩子犯错时，家长该批评还是要批评的。家长教育孩子的时候不能偏重表扬与惩罚其中的任何一个。当孩子没有做错事情，还十分乖巧懂事时，家长就要经常表扬孩子，满足孩子内心的“成就需要”，但是当孩子做错事情时，家长就要对他进行批评，通过批评让孩子认识到自己的错误。

但是不管孩子做错了什么，家长都不要一直批评孩子。如果孩子真的做错了事情，家长一天批评孩子的次数不要超过两次。孩子小时候的自尊心是最强的，他们也很敏感，家长第一次批评他们的时候他们已经知道自己错了，这时候家长就要给他们一点时间，让他们慢慢去想自己错在哪里，自己这么做为什么会让父母生气。在孩子思考的这段时间，父母最好

不要一直数落孩子的不是。

红红在阳台玩儿的时候不小心把阳台上的花盆推了下去，她的爸爸妈妈曾经三番五次地提醒她千万不要去阳台上玩儿，一旦花盆掉下去很容易砸到路人。她的父母听到响声，马上往楼下跑，并没有人受伤，他们松了一口气。

他们对红红说："你知道自己错在哪儿了吗？"红红点点头说："没有听爸爸妈妈的话。"她的父母又说："这个不是最重要的，孩子，你要知道，花盆如果砸到了路人，那个人会受伤的，你说你该不该被批评啊？"红红点点头说："爸爸妈妈，我知道错了。"红红说完就回房间反省了。吃饭的时候爸爸妈妈告诉红红，以后做事情一定要小心，爸爸妈妈的提醒要时刻记在心上，因为有的时候一次不小心就会酿成大错。父母见红红知错了，也没伤到人，这件事情也就过去了，再没有提起。

其实教育孩子就要像红红的父母那样，孩子犯错一定要批评，让他们知道自己错在哪儿了，然后给他们一点空间和时间反省，然后，父母再询问孩子的意见，不仅能够起到教育孩子的作用，还有利于孩子心理健康发展。

切记不能三番五次地批评孩子，因为孩子的内心很脆弱，否则，会导致孩子心理崩溃。

心理小贴士

家长教育孩子的时候要采取"赏识教育"，不断地鼓励和表扬孩子，增强孩子的自信心。但是当孩子犯错时该批评还得批评。只是不要一直批评孩子，孩子不仅敏感，而且自尊心很强，家长一定要把握一个度，避免孩子心理崩溃。

孩子内心很脆弱，家长要避免言辞激烈

没有人不爱面子，同成人一样，孩子也有很强的自尊心。当孩子犯错

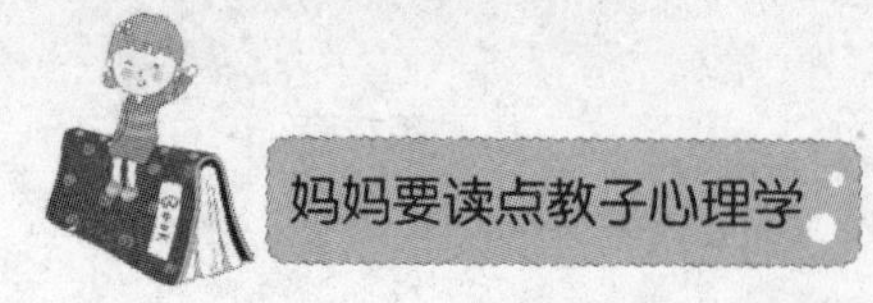

误时，父母应该对他们批评教育，但是这并不意味着可以不分时间不分场合。在公共场合，家长更要注意批评孩子的言辞，无论是谁都不能伤害孩子的自尊心。

事实上，父母没有意识到，孩子的自尊心远比你们想象的脆弱。有这样一则故事：

这天，妈妈带着女儿参加自己大学同学的聚会。聚会上，有一位阿姨看到小女孩可爱、漂亮，便夸奖道："想必在家也一定乖巧可爱，自己的房间一定特别整洁吧？肯定不像我儿子的屋子乱糟糟的！"此时，10岁的小女孩心跳加速，她赶紧用余光看了看妈妈，因为她很害怕妈妈会揭自己的短，这会让自己很没面子，然而，这位妈妈却是智慧的，她赶紧接过话："是啊，在家也挺乖的，房间都是她自己整理的。"小姑娘一听，顿时松了口气。聚会后，女儿用一种感激的眼神看了妈妈一眼，此时，妈妈假装生气地对女儿说："妈妈可就帮你一次，以后就看你表现了。"这是位智慧的妈妈，我想有了这次心惊胆战的经历，这位在外人看来光彩亮丽的小姑娘以后一定会自觉主动地整理房间。

的确，孩子的自尊心比我们想象的脆弱，在家中被父母批评，孩子已经感到十分难为情了，更别说在公共场合了，这会严重伤害他们的自尊心，因此，作为父母，一定要学会给孩子留面子。

事实上，孩子的成长就是个不断犯错误并不断改正的过程，如果你的孩子犯错了，你一定不要大惊小怪。有时他们意识到自己正在犯错，但是因为小孩子不懂得抵御外界的诱惑，所以总是惹家长生气。即使是这样，孩子还是不能理解家长所想，只能由家长指出他错在哪儿了。

爱玩儿是孩子的天性，如果因为贪玩很晚没有回家需要家长"出马"，这时家长千万不要在孩子的玩伴面前大呼小叫，面目狰狞当众教训要知道在这种情况下孩子是听不进任何言语的，此时他们想的是：赶快离开这里吧，在朋友面前太没面子了。作为家长，一定要读懂孩子的内心语言，然后反思自己的鲁莽。其实将劈头盖脸的教训换成平静耐心的劝导，将指责的话语换成关切的语言，效果不是更好吗？

其实很多家长认为严重的事都需要当下解决，这只是家长当时压制不了情绪为自己找的借口，家长如果体谅孩子，就应该回到家里心平气和地耐心教导，让孩子从心底反省自己的错误，给孩子留足面子，这样不但维护了他们的自尊心，更是变相使孩子改正缺点的好方法。

心理小贴士

没有人不爱面子，也没有人喜欢在大庭广众之下被人批评，虽然自己当时的确做错了事情，孩子也是如此。

但是孩子的心理要比大人脆弱得多，家长在教育孩子的时候一定要给孩子留足面子，维护他们的自尊心，做到奖惩有度，只有这样才能掌控孩子的心理。

哪几种惩罚方法更容易让孩子认识到自己的错误

当下，随着家庭教育知识的日益普及，“重教轻罚”已成为广大家长的共识。在人们的潜意识中，惩罚是打骂的代名词，因而我们常常在报刊上见到某些家长对孩子罚站、罚跪、罚饿甚至虐待孩子致死的报道，这些家长便是对惩罚缺乏正确的理解和把握。

其实，孩子犯错，家长可以选择的惩罚方式有多种，而打骂却是其中最为极端的行为。这样做，只会让孩子的肉体和心灵都受到伤害，加重孩子的逆反心理，最终导致孩子无法管教；而适当、适时的科学惩罚却能对孩子起警戒作用，促使孩子改正错误，从而收到以罚助教、以罚代教的效果。

所以惩罚能否收到应有的效果，就要看家长处理得是否得当。以下是九种温和惩罚孩子的方法：

第一，惩罚的“量”要适当。

家长一定要记住惩罚孩了的最终目的就是让孩子认识到自己的错误，

进而改正自己的缺点。为此，在惩罚孩子时，惩罚的“量”就必须合乎孩子的行为。惩罚过重会让孩子产生对抗情绪，而太轻又难以使孩子认识到问题的严重性。因此惩罚孩子要以达到目的为原则，既不能轻描淡写，又不能小题大做。

第二，指明“出路”不含糊。在惩罚孩子的时候家长要态度明确，跟孩子讲清楚他应该怎么做、达到什么要求或标准，否则有什么样的后果。家长千万不能含糊其词，甚至让孩子“自己去想”。家长不给“出路”，孩子改错就没有目标，效果就不明显。惩罚孩子不能半途而废，应要求受罚的孩子作出具体的改错反应才能停止。

第三，罚了又赏要不得。父母教育孩子要相互配合，态度一致，赏罚分明。该奖时就要郑重其事甚至煞有介事地奖，让孩子真正体会到受奖的喜悦；该罚时也应态度明确、措施果断，让其真正知道自己错之所在。

第四，及时惩罚。现代教育理论认为，惩罚的效果部分是来自条件反射，而条件反射在有条件刺激和无条件刺激的间隔时间越短则效果越好。所以，家长一旦发现孩子的行为有错，只要情况许可就应立即予以相应的惩罚。

第五，不可劣性转嫁。父母切勿在醉酒之后或自己心情不佳、情绪低落、脾气暴躁等情况下惩罚孩子，以免过激失态，影响自己在孩子心目中的形象和威信。

第六，切忌讽刺挖苦。父母惩罚孩子应力戒讽刺挖苦，更不能自恃“孩子是我生的、是我养的”而随意用恶毒的语言指责谩骂孩子。实践证明，讽刺挖苦和恶语谩骂已超越了孩子的心理承受范围，会刺伤孩子的自尊心。

第七，事后说理。家长和孩子之间存在着教与被教的关系，但教育孩子仍当以理服人。惩罚只是手段而不是目的，因此，惩罚之后必须及时与孩子说理，否则，孩子在忍受了惩罚之后还将依然如故。

第八，点到为止。有些家长训教孩子没完没了，而且还时不时地喝问孩子“我的话你听见了没有？”孩子慑于家长的威严，为了免受皮肉之苦，只能别无选择地说“听见了”，其实他可能什么都没听进去，甚至左耳听右耳出。家长在教育孩子时一定要改掉爱唠叨的毛病，凡事点到为

止，然后观察孩子的反应再采取适当的应对措施。

第九，就事论事。从孩子作为受罚者的角度来讲，最厌恶父母翻旧账，可很多家长却不了解这个道理，教训孩子时总忘不了翻旧账数落孩子的种种不是，有的家长甚至将孩子说得一无是处，直至忘记了本次训教的目的。

心理小贴士

孩子在成长的过程中需要家长的表扬与鼓励，但是孩子犯错的时候也要惩罚。不过在惩罚孩子之前，家长应该弄清楚惩罚的真正含义。

家长用温和的惩罚手段能让孩子更快地认识到自己的错误并且加以改正。

第18章　呵护孩子健康情绪，与坏情绪自行“隔离”

有些家长总是无意识地控制孩子的一切，在他们看来孩子还小，他们什么都不懂，所以不管孩子做什么他们都不放心。但是孩子也有自己的思想。家长切不可把孩子管得太严了，偶尔给他们一点自己的空间，让孩子健康自由地成长。

孩子需要一种方法来宣泄内心积聚的坏情绪

很多家长总是因为孩子的年龄问题而对孩子的内心活动不太重视，他们觉得孩子太小，什么都不懂，怎么会有不好的情绪?

有这样一则故事:

这天，妈妈下班后看到7岁的小米正在客厅的角落里画画，好奇的她便走过去想看看女儿到底在画什么。

“小米，画什么呢？”妈妈觉得奇怪，因为她知道，小米最不喜欢画画了，为什么今天会一个人画画呢?

“画房间。”小米知道妈妈站在自己的身后，但她却没有停下手上的“工作”。

“这是谁的房间啊？”妈妈继续问道。

“玲玲的房间。”小米还在继续画着。

“她的房间怎么这么小，估计只能搁得下一张床吧？”妈妈觉得孩子

有爱好是好事儿，开始和小米聊天儿。

“会慢慢变大的。”小米一边画，一边表现得很兴奋。

“她的房间怎么是漆黑漆黑的？”妈妈疑惑地问。

“是呀，就是一间漆黑的房间。”小米很认真地说。

“真奇怪，谁会住在这样一间漆黑的房间里？”妈妈更加觉得奇怪了，她正准备起身去做家务。

“看哪！起火啦！”小米突然大声叫了一声。

妈妈这时才发现，刚刚小米画的那个房间突然被火红的颜料覆盖了，这就是小米说的着火了。

孩子为什么要画这样的画？又为什么要这样毁掉画呢？妈妈心想，小米一定遇到了什么事，经过询问，妈妈才知道，原来小米在学校被玲玲欺负了。玲玲对其他同学说不要和小米做朋友，还孤立小米。小米心里压抑，就想出这样的方法来发泄自己心中的郁闷。

在小米看来，玲玲就应该住在这样漆黑的房间里，然后她的房间还着火了，当她把红色颜料泼在画上时，她心中的郁闷也就消失得无影无踪了。

可能很多家长都会觉得孩子把好好的画儿毁了真是可惜了，不会想到孩子其实是不开心了或者孩子在学校受委屈了，他们只是想通过这种途径来发泄心中的不满与委屈。其实孩子也有他们的思想，他们在遇到问题的时候不希望妈妈跟自己讲道理，而是通过做点什么发泄自己心中的不满，自己独立解决这个问题。

心理小贴士

很多家长有着根深蒂固的思想，觉得孩子还小，就不会对别人产生不满的情绪，所以并不关注孩子的内心，而且对于孩子的很多事情家长以为自己都能帮其解决。

作为家长，要在关注孩子的同时给孩子一定的空间，让孩子学会独立处理事情。不要总想控制孩子，因为很多时候孩子并不希望家长帮自己解决问题，他们有自己的思想，他们希望用属于自己的方式来发泄心中的坏情绪。

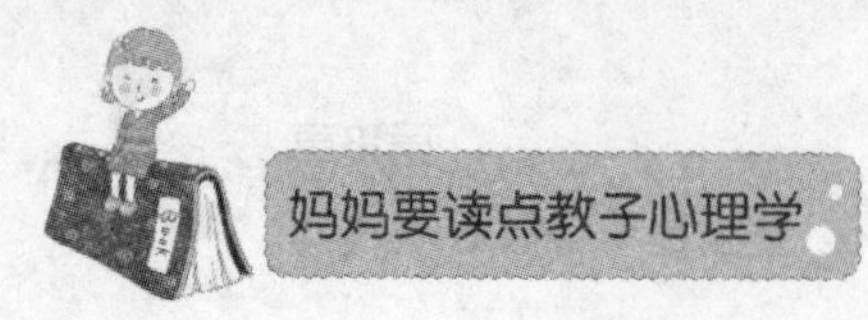

孩子心情不好时家长不要想着帮其解决

当今社会，人们生活和工作的压力越来越大，很多人都会心烦意乱，无法控制自己的情绪。在遇到挫折或者委屈的时候会用一种适当的方法发泄心中的不满。大人如此，小孩也不会例外。

在学校的时候，孩子们之间也会有矛盾、有冲突，同样会碰到不开心的事儿，于是就会做出冲动的行为，例如，大哭大闹、高声号叫、摔坏玩具、撕破画册，甚至赖在地上打滚，故意把衣服弄脏弄破等。这些在老师和家长看来似乎是无缘无故的发作，甚至认为是一种无理取闹。但是家长要知道，孩子通过这些宣泄和撒泼，可以缓解他们紧张焦虑的心理和排解心中的压抑，当他们排除了自己内心的郁闷之后，心境就会趋于平衡，恢复到正常状态。

做家长的都遇到过孩子使性子的时候，即使那些性格很温和、很听话的孩子，也有情绪不佳的时候，他们就会采取哭闹、不吃饭等方式来发泄，但不了解情况的父母常常这样训斥他们：“你这孩子怎么这么不讲道理呢？”其实，有时候孩子并不是不讲道理，大多数情况下他只是控制不住自己的情绪，甚至导致他情绪失控的不一定是表面那个理由，那只是一个导火索，他只是需要发泄罢了。

小东的妈妈不知道如何教孩子控制情绪，他们想等他自己慢慢摸索练习吧，他们能做的只是尽量有效地安抚他。因为小东的爸爸妈妈发现他一开始发脾气的时候试图劝服绝对是一个不明智的选择。所以，爸爸妈妈一般会有一段时间任他哭闹，对他不做任何反应，只是安静地旁观，等他闹够了，气势稍懈的时候，再安慰安慰他，想办法开个小玩笑，总之，给他一个破涕为笑的台阶下。

小东的爸爸妈妈就习惯在孩子发脾气的时候冷处理，其实就是给孩子一个宣泄的空间。因为孩子也有自己的烦恼和压力，很多事情在孩子看来

未必家长帮他们解决，因为家长想要帮助他们本身就是他们压力的来源。

在孩子心情不好的时候，家长不要过于担心，要正确看待孩子突然脾气暴躁，正确分析孩子发脾气的原因，适当给予引导，有时不过多干涉可能更好。给他一个宣泄的空间，等他发完脾气再慢慢跟他讲道理。孩子需要足够的空间充分释放自己，自由支配他们的一切，不用注意家长的态度。这样的环境，可以从很大程度上满足孩子的生理、心理需求。

心理小贴士

有些家长或者老师，由于不理解孩子的这一心理特点，则把孩子的宣泄行为视为不乖、不懂事、有意破坏，因而严加训斥与制止，迫使孩子强行克制发作的脾气，这样做既不公道，又不科学，对孩子也是相当残忍的一件事情。

当孩子心情不好的时候家长不要急于安抚孩子，孩子需要一个宣泄情绪的空间，家长此时最好让孩子独立处理事情。

孩子心情低落时要多给其积极的心理暗示

大人在生活或者工作的过程中总会或多或少遇到不顺心的事情，因为这些事情长时间积压在心里压得人喘不过气来，最终演变成心理问题，大人尚且如此，孩子就更加不例外了。而且孩子跟大人一样，也会有自己的烦恼，但是因为孩子年龄还小，心理不成熟，不会处理自己焦躁的情绪。

大人在心情焦躁的时候懂得想一些积极的事情激励自己，但是孩子不一样，他们的心理和思想都是不成熟的，即使再聪明的孩子这时候也会钻“牛角尖”的，所以家长就要有意识地对孩子做一些心理暗示，来消除孩子内心的焦虑。

小明今年上三年级，成绩一直名列前茅。但是在一次中考中，他发挥

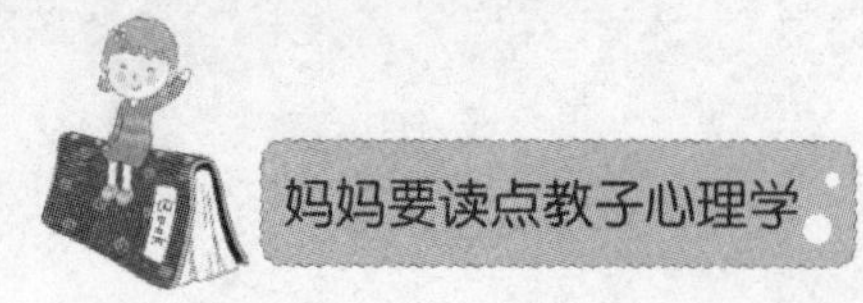

失常，没有进到全班前十。对此他一直很沮丧，他觉得异常失落，对于考试也开始恐惧。小明的妈妈看在眼里急在心里，生怕孩子一蹶不振。

小明的妈妈专门询问了儿童心理方面的老师，老师告诉她在孩子沮丧的时候要给他一些必要的心理暗示，慢慢改变孩子沮丧郁结的心理。

小明的妈妈回家后，小明每做一件事时妈妈都会说“小明真棒”“小明真聪明”之类的话，当小明做完家庭作业妈妈还会让小明扮演自己的老师来评判他的作业做得怎么样，小明的妈妈很长一段时间坚持这么做，后来小明不管遇到什么事情总是充满自信，再也不会控制不住自己的情绪了。

孩子因为心理不成熟所以很容易被焦虑的情绪控制了，但是对于孩子来说，一些简单的心理暗示就可以让他们克服这些不良情绪。

心理暗示法中有一条是：角色扮演。学习压力大的孩子，可以在家长的帮助下想象自己就是老师。考试考的是同学而不是自己，想象平时与同学一起探讨某一道习题，这样反复进行，慢慢地会缓解紧张情绪。心理暗示有助于孩子消除焦虑和烦躁情绪，如果坚持下去，就会减轻孩子的紧张情绪。

心理暗示法中还有一条：积极命令。积极的心理暗示是一种正向的提醒和指令，心理暗示有助于孩子消除焦虑，会引导人潜在的积极动机，产生积极的行为。心理暗示是一种启示、提醒和指令，它会告诉你注意什么、追求什么、致力于什么和怎样行动。

通过积极的心理暗示，孩子就能更快地摆脱自己的焦虑情绪，健康快乐地成长。

心理小贴士

当孩子情绪不好的时候父母不要急于安慰他，这样孩子反而愈发觉得委屈，而且家长安慰孩子的时候更喜欢站在孩子这一边。

每个家长都应该懂得孩子的心理，在他们心情不好或不被肯定的时候，家长要有意识地给孩子一些积极的心理暗示，让孩子认识到自己的重要性，迅速摆脱低落的心态。

什么方式能让孩子尽快摆脱“坏情绪”

一个人在难过、生气和焦虑的时候总想着尽快摆脱这些不好的情绪，他们总是习惯向别人倾诉，而倾诉确实是摆脱坏情绪最好的方法，但是如果没有倾听的人或者当事人是个孩子，倾诉就失去了它原本的作用。

当孩子在学习和生活中不顺心时，他们不愿意或者没办法向家长倾诉的时候家长应该试着带孩子做做运动、听听音乐，给孩子积极的心理暗示或者带孩子去看一些能够调节心情的颜色。

身为家长，在孩子心情不好的时候就应该多给他们一些积极的心理暗示，让孩子感觉到学习和生活的乐趣，并健康快乐地生活。还有一种方法就是颜色调节法，温暖、明快、活泼的颜色，能使沮丧的心境得到缓解；中性色具有抚慰和镇定的作用；淡蓝色可以稳定情绪。如果孩子真的很生气，那么避开红色是必要的。

瞳瞳每次心情低落的时候她的父母都不知道怎么安慰他，只是一味地担心，一味地说事情总会过去的，但是瞳瞳的心态总不见转变。她的父母很着急，但是自从知道这几种能使孩子摆脱坏情绪的方法后他们明显轻松多了。因为瞳瞳不想和父母交流的时候他们可以带她出去运动，不管什么运动瞳瞳总是开心快乐的。同样地，另外几种方法在瞳瞳身上也很奏效，懂得安抚女儿心理的夫妻俩都很开心。

其实孩子跟大人一样，在遇到问题的时候也有无处倾诉的时候，这就需要家长多多关注孩子的内心，认清孩子每天的心情变化，只有随时知道孩子心情的动向，家长们才能对症下药，让自己的孩子生活得更加快乐更加的健康。

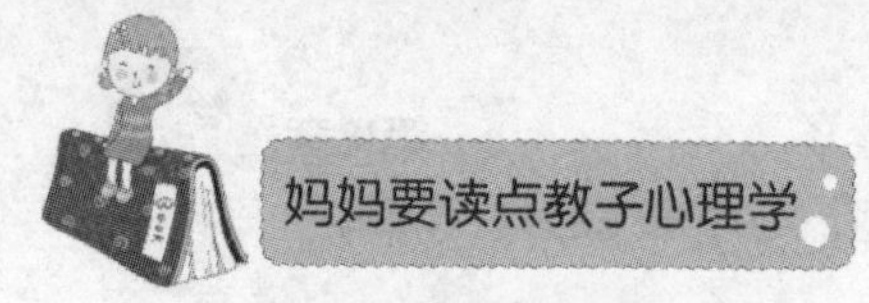

心理小贴士

每个孩子都是家长的宝贝。孩子心态不好的时候如果家长再乱了阵脚，那么只能影响孩子健康的成长。

每个家长一定要知道当孩子心情低落时怎么正确地安抚孩子，不能让孩子感觉到家长们是刻意而为之，一定要流露出自己最自然的一面，运用有效的方式让孩子尽快地摆脱坏情绪。

孩子哭泣不一定是脆弱的表现

很多家长觉得孩子哭起来是件很麻烦的事情。当孩子大声哭泣的时候他们总是大声呵斥“不要哭了！”虽然孩子当时止住了哭声，但是之后很长的一段时间孩子情绪低落，不再轻易地相信任何人。很多家长都不明白这是怎么一回事，他们以为只要孩子止住了哭声就算没事了。结果孩子一直情绪低落，家长非常不安和恼怒，这样一来就会影响家庭的和谐。

其实，当孩子哭泣的时候家长换一种做法可以直接调整孩子的情绪。这时候，家长应该停下手中的事，坐在孩子的身旁，不打断孩子的哭泣，当他们哭完之后，内心的郁闷情绪也会逐渐消解，而他也会觉得你是支持他的，就会重新树立信心和希望，这样，孩子受伤的感情就会得到痊愈。

要正确理解孩子对哭的需要，当孩子觉得自己被周围的人忽视或者自信心被打击的时候很容易受伤，当他们无法找到支持自己尝试的信心时他就会哭出来。很多家长都觉得孩子喜欢哭就代表着孩子比较软弱。

其实不然，大哭不止，直到不快情绪消失这种康复过程很自然地发生在孩子身上。每当他们感受不到爱或丧失信心时，就会启动这个过程。当孩子为独自挨过半小时感到烦恼时，就会把不快投射到一件小事上。有时，孩子为了一些看似鸡毛蒜皮的小事大哭一场，是为了缓解他们不快的心情。

哭泣是愈合感情创伤的必要过程。有家长在他身边，他会感到支持和关心。一旦通过哭泣排除了烦恼，他又可以精神焕发地面对生活。所以，倾听孩子的哭泣，能使他得益于所面对的困境，并从所受的伤害中恢复过来。

很多家长都疑惑孩子无缘无故为什么会哭？除了孩子比较软弱这个解释外，好像其他都说不通。其实孩子只是在寻求一种可以释放心中不安的途径，当他们哭泣的时候父母会给予他们温暖和安慰，在父母温软的言语中孩子的情绪很容易就会得到平复。

心理小贴士

家长要知道孩子喜欢哭泣并不表明这个孩子就是软弱的，他只是需要一种途径来宣泄自己心中的不安。

孩子哭泣的时候家长要学会倾听，但是在倾听孩子的时候不要流露出不安的情绪，也不要给孩子讲一些自认为的大道理，否则只会让孩子觉得家长并不了解自己，并不是真正关心自己。

“坏情绪”长着翅膀

很多家长不太注重孩子心情的变化，他们觉得孩子还小，什么都不懂，就算有不满的情绪，没多久他们肯定也会忘了。很多家长都这么认为：孩子小就不会郁积不满的情绪。

但是这些家长却慢慢地发现自己的孩子越来越沉默，越来越不喜欢与自己沟通。而家长也越来越疑惑，孩子为什么突然做出这样他们完全想象不到的行为。

青青五年级了，一次检测考试没有考好，她觉得自己不应该只考那么少的分数，回家后她向妈妈倾诉自己的不满，但是当时妈妈正在做饭，就

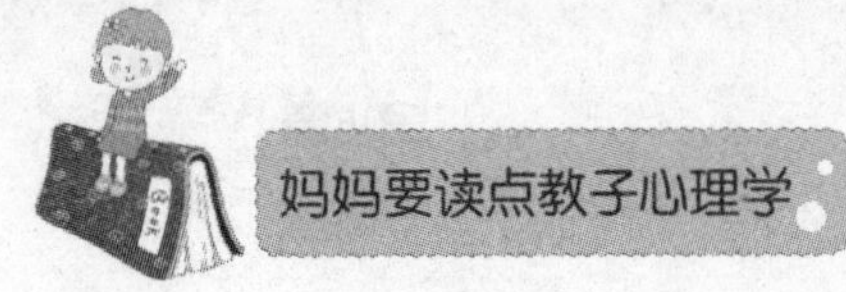

让她去找爸爸。青青又拿着试卷去找爸爸，爸爸当时正在看球赛，他很不耐烦地让青青去找妈妈。青青拿着卷子站了很久之后回到了自己的卧室。就从这天开始，父母发现青青不喜欢和他们沟通了，她总喜欢一个人默默地吃饭，做作业，然后就悄悄地回到自己的卧室。

夫妻俩因为青青的事情总是愁眉不展，不知道青青怎么了，因为孩子的事情没少吵架，每次吵架家里总是弥漫着一股硝烟味，青青看着父母吵架的样子愈发害怕，她变得更加沉默了。

这个事例告诉我们：即使一个小小的坏情绪如果得不到妥善的处理也会引发更大的矛盾，坏情绪是会传染的。青青本身就觉得自己被否定了，但在向父母寻求帮助时父母并没有给她想要的安慰。如果青青的父母能够一开始正视青青的情绪，青青也就不会变得越来越沉默，夫妻俩也不会因为青青的事情吵架，导致青青原本脆弱的内心变得更加脆弱，对生活和学习甚至自己的亲人产生不信任的感觉。

其实人就像一块海绵，会不断吸收别人的情绪传染病。当孩子感受到他人不耐烦甚至不满的情绪时，敏感的他们就会变得消极，如何防止被坏情绪“传染”呢？心理专家们认为，这需要考验智慧和心理素养。心情愉悦时，人体能分泌更多的内啡肽，使人更加快乐健康。但是孩子的智慧和心理素养都不足以解决这样复杂的问题，这时候就需要家长发挥自己的作用。

心理小贴士

即使孩子的心理和生理很不成熟，他们还是有自己的思想，作为家长，一定要注意孩子的内心活动。正是因为孩子心理和生理都不成熟，所以很多事情都需要家长来操心。

坏情绪是长着翅膀的，刚开始虽然显得微不足道，但是作为家长，为了自己孩子健康地成长，学会见微知著很重要，否则孩子小小的坏情绪就会导致整个家庭的不和谐。

第19章　拆除孩子的心理障碍，步入快乐的成长轨道

现在很多家长总是忙于工作，为了让自己的孩子生活得更好，他们没有时间陪伴孩子，没有时间和孩子交流。他们想要给孩子最好的，但却过于注重物质，忽视了孩子精神方面的需要，其实孩子只想家长多陪他们一会儿，多抱抱他们。

蚂蚁搬家为什么比和同伴玩游戏有趣

在各种儿童心理疾病中，有一种疾病叫做儿童孤独症，具体表现为：这些孩子喜欢沉浸在自己的世界里，很难与外界的人沟通。有些孩子甚至不能发声，有些只能重复一些声音。另外有些一两岁时表现为言语能力正常，但到了三四岁的时候会出现言语能力衰退，从而失去了情景交际的能力。行为刻板重复。

自闭症儿童常常在较长时间里专注于某种或几种游戏或活动，比如，喜欢重复看电视广告、在地上转圈等，而对于那些有情节的电视和电影则毫无兴趣。一些患儿坚持每天走同样的路线去幼儿园，如有变动就会有大哭大闹等明显情绪不满的反应。

自闭症儿童喜欢独处，不与其他人建立联系。他们不依赖父母，更不依赖其他人，有些患儿在婴儿期就已经呈现出一些症状，比如，不喜欢被

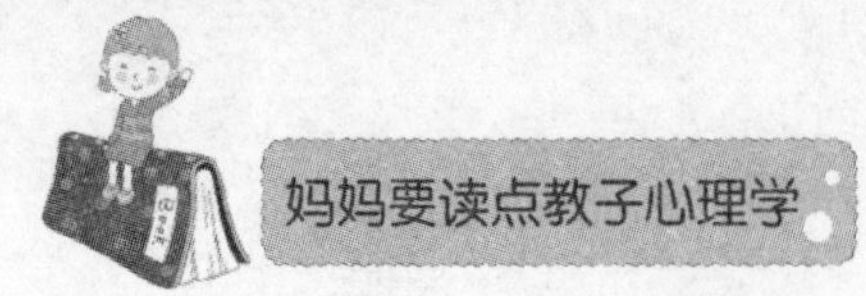

别人抱，被别人抱起时便会哭闹。他们的孤独还表现在对周围发生的事不关心，自己想怎样做就怎样做，毫无顾忌，旁若无人，周围发生什么事似乎都与他无关，很难引起他的兴趣和注意，不与他人产生目光接触。有的时候他们甚至觉得看蚂蚁搬家要比与同伴一起玩游戏有趣。

兵兵就是一个孤独症患儿，父母因为工作时常不在家，平时家里只有兵兵一个人，也没有人与他交流或者玩耍，他平时无聊了就会对着浴缸里的鱼说话，看着鱼不停地在水里吐泡泡兵兵觉得这就是鱼儿在和他交流。久而久之，他就习惯了这种生活。在学校的时候，他也不愿与老师和同学多做交流。老师提问的时候总是听不见他的声音，下课后，同学们一起做游戏，兵兵也从不参与，只是静静地坐在座位上发呆。

儿童孤独症是一类以严重孤独，缺乏情感反应，语言发育障碍，刻板重复动作和对环境奇特的反应为特征的疾病，儿童孤独症的病因尚无定论，与遗传因素、器质性因素以及环境因素有关。但是不管是哪一种因素，家长都要学会和孩子沟通，工作繁忙不是家长们忽略孩子的借口，再多的物质也给不了孩子一个健康的心理。在孩子的心理和生理正处于飞速发展的阶段，对外界的许多事情都会产生强烈的“好奇感”，但是如果没有人去感应他们这种认知，他们就会有一种挫败感。而这种挫败感保持的时间越长，他们就变得越来越没有自信，渐渐地把自己孤立起来，这时候，就需要家长对他们进行引导，

心理小贴士

造成儿童孤独症的原因有很多，先天的显然是家长没有办法控制的，但是家长一定要避免自己的孩子后天形成孤独症。

当孩子觉得看蚂蚁搬家比和同伴们玩儿游戏更有趣的时候，家长就应该有所警觉。家长做什么都是为了孩子，所以没有什么可以当作忽略孩子的借口，当孩子有心理障碍的时候，家长就要全力帮他们清除，让孩子健康地成长。

樱桃真的是红色的吗

在心理病态症中，有一种被称作“怀疑癖”的心理症状。这种怀疑癖的最明显症状就是不能够独立作决定，同时当事人深深陷入一种痛苦情绪之中。

有一则小故事：

一天，一位女士故意问一个孩子：“小朋友，你知道樱桃是什么颜色吗？”实际上，这个孩子见过樱桃，也知道樱桃是红色的，但阿姨这么一问，却让他犹豫起来，为此，他十分紧张，最后，他不知所措地说：“我去问问老师。”

事例中的这个孩子为什么不相信自己的判断呢？不难想象，他应该是一个依赖性很强的孩子。

然而，生活中有很多人和这个孩子一样喜欢依赖他人。他们害怕犯错误，总是逃避可能出现的不良后果。就这样，一步一步地，跟在别人后面，直至变得完全依赖他人，丝毫没有主见。

就像我们在写一个很简单的汉字，本来自信是对的，那么简单的字怎么能写不对呢？但是，因为身旁一个人无意间发出疑问：这个字真的这么写吗？我们马上怀疑起自己，突然怎么看那个字都不像是正确的，不是少了一横就是缺了一捺。最后不得不求助于网络或者字典才能消除心中的疑惑。

事实上，怀疑癖的情况处处可见。除了这些特殊病人外，即使正常的我们，也有这种怀疑癖的潜意识。比如，一个人已经锁好门窗准备出门了，但他会再检查几次是否锁好门窗。甚至还有一些人会在离开后再次折回来，重新检查，验证自己是否真的把门锁好了。他虽然记得自己已经把门锁好了，可仍然不相信自己。

成人尚且如此，小孩这种情况也多有所见。很多孩子都会怀疑自己做

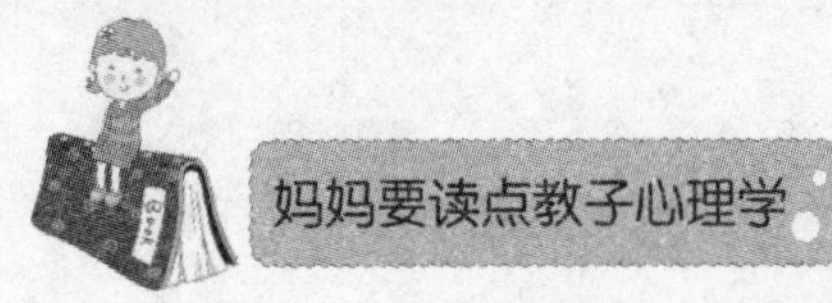

一件事的正确性，当他花了很长时间，做了一件他们觉得很自豪的事情，原本希望得到父母的赞扬，但就是因为父母的一句呵斥破坏了他们原本的期待，开始怀疑自己这么做是否正确。然后拿不定主意，什么事情都想求助他们的父母。如果脱离了父母，他们甚至会怀疑自己的小床下边是不是潜藏了什么不安全因素。

很多家长只是一味地强调自己是爱孩子的，但却不知道他们的爱其实是对孩子的害。他们把孩子变成了牺牲品还不自知，他们也没意识到是自己的行为和言语毁灭了孩子。他们用自己“家长”的身份和“爱孩子”的借口强行要求孩子；家长用主观意识来教育孩子，这是正确的，那是错误的。家长一方面期待孩子长大，另一方面又在压制孩子长大。

心理小贴士

樱桃是什么颜色的呢？很多人都能给出一个肯定的答案。但是如果在一个比较重要的场合被人问起这个问题时，那些人还能非常肯定地说出自己心中的答案吗？

孩子害怕犯错误，是因为他们想逃避可能出现的不良后果。就这样，一步一步地，跟在家长后面，直至变得完全依赖家长，丝毫没有主见。作为家长，要不怕孩子犯错误，人非圣贤，孰能无过，只要孩子知错就改就好。家长要鼓励孩子肯定自己，自信往往是一个人迈向成功的最重要基石。

孩子为什么见了什么都想要

心理学家发现，一个人的心理畸变取决于在爱和占有之间作出的选择。选择了爱，便不会畸变。而选择了不断占有，一个人就会变得贪婪。对于孩子来说，如果他不能找到让自己发展的精神动力，他们的精力就会

被转移到物质上，他们会希望拥有越来越多的物质，对此，父母一定要引起重视。

孩子在成长过程中，好奇心会不断增强，对周围的事物也会越来越感兴趣，这就像一个饥饿的人在寻找食物，他们会寻找能满足自己需求的东西，不断在环境或活动中汲取心灵的营养。如果孩子找不到这一精神营养品，他们就会将这种饥饿感转移到物质上。这种情况完全可以看作是父母对孩子内心需求的忽视。

妈妈带着小美去逛街，看见一个非常漂亮的水晶球，她拽着妈妈的手说："妈妈，我要那个。"但是妈妈因为急于买东西就没有理小美，小美被妈妈拉着往前走，但是眼睛却一直盯着那个水晶球，直至水晶球离开了她的视线。还有很多次，小美希望爸爸妈妈可以带她出去玩，但是爸爸妈妈却以工作忙没时间拒绝了。她们拒绝小美的次数越来越多，时间久了，妈妈发现，小美的占有欲越来越强。一次，邻居家的孩子来她家玩儿，结果小美和邻居家的小孩为了玩具车大打出手，一边打还一边高声叫喊那个小汽车的所有权。结果，他们两个不仅没有争到小汽车，还把小汽车摔坏了。当然，最后的结局是邻居家的孩子哭哭啼啼地回家了，小美妈妈不得不去邻居家赔礼道歉。

其实，小美并不是真正想要那个小汽车，她只想通过和邻居家小孩抢汽车的方式与他竞争以满足强烈的占有欲，至于她们争抢的东西被毁坏也没有关系。

有些性格内向的孩子知道自己争不过性格外向的孩子，所以她们会把注意力转向毫无价值的东西上，他们占有东西的方式也不同于性格外向的孩子。他们不会跟其他孩子发生争执，而是喜欢积累并隐藏东西，所以，他们口袋里经常装有一些随意拿的糖果或者小玩具。

父母千万不要忽视孩子的这种病态心理，不要认为这是孩子的本性。之所以会这样，是因为孩子的心理需求得不到满足，所以他们的自然能量被转移了。父母们应尽量避免孩子依附某种东西，当孩子变得贪婪和自私时，就很容易丧失自我，成为物质的奴隶。如果孩子一直处于厌倦的环境中，他会感觉失望、乖戾，这种孩子缺乏独立、缺乏智慧、令人讨厌，甚至会产生极端的念头。

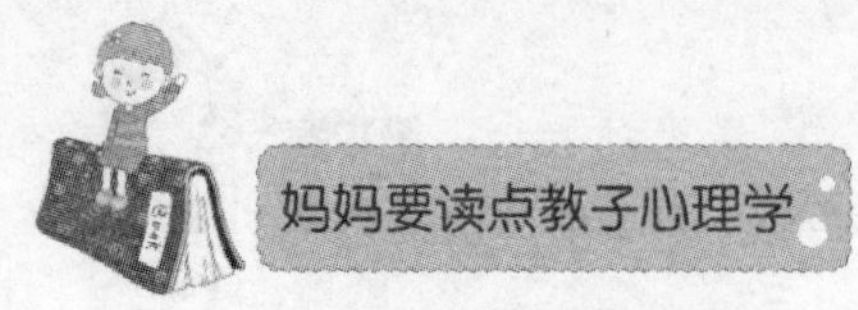

心理小贴士

“我要！我要！我还要！”一提及孩子的话题，父母们都会议论起这些口头禅。很多父母都认为孩子是让他们头疼的，只知道“要，要，要！”然而事实上，又有几个家长能了解孩子为什么会做出有如此行为呢?

孩子的心理需求很重要，家长总觉得自己还有更重要的事情要做，从而忽略了孩子，其实家长的这种做法不可取。当孩子觉得自己的心理需求无法被满足时他们就会把注意力转移到可触摸的物体上去，然后依附于这个物体。孩子这样很容易丧失自我，成为物质的奴隶。

为什么孩子觉得自己还不如一只杯子

有这么一则故事：

一所幼儿园里，老师正在教孩子用字母拼字，这时，国人敬仰的意大利皇后走到一个小孩面前，要求他拼出“意大利万岁”几个字。然而，这个小男孩却像没听到似地继续做手上的“工作”，老师和其他同学已经着急了。然而，小男孩并没因为她是皇后就立刻响应。可是过了一段时间，事情却发生了转变。只见这个小男孩完成手中的工作后，把字母玩具放回纸盒，然后从容地拿出字母拼写出了“意大利万岁”几个字。而这个小家伙仅仅3岁。

我们不得不承认的是，这个仅仅3岁的小男孩在控制自己行为和情感上已经很成熟了。

的确，在很多父母眼里，孩子的能力是有限的，甚至是无能的，但实际上，他们已经能成功地支配自己的情感了，也能做出很多让大人们为之骄傲的事情。

然而，现实中像故事中那样的孩子并不多，大多数孩子的潜能都被压抑了，因为他们长期处于家长的控制下。一些家长，总是低估孩子的能

力，总是企图管制孩子，而这就是孩子自卑的原因，他们常常感到无助，感到自己什么都做不好。

很多父母虽然会为孩子在成长过程中取得的进步感到开心，但是他们也会在无意中流露出对孩子的不信任。他们为孩子做成了一件事感到惊奇和开心，因为他们不相信孩子能够把这件事情做好，比如一个家长看见孩子端着一杯水，就会担心孩子被烫着或者杯子被摔破，然后狠心地从孩子手里夺走杯子。这时候，孩子无疑会产生一种挫折感，他会认为自己是个无能的人。他相信自己在大人眼里，连一个杯子都不如。

一个人自卑的最大根源是他相信自己没有能力做某些事情。如果一个残疾人必须跟一个完全健康的人赛跑，他一定不希望进行这场比赛。一个普通人也不愿意跟职业拳击手对决。因为在比赛之前，已经有一种不能获胜的感觉使他丧失了比赛的勇气和信心。由于成人不断地轻视，使孩子感到软弱，从而压抑了孩子的行动欲望。“你不能做那件事，即使只是尝试一下对你也毫无意义。”或者“你这个傻瓜，你在做什么呢？你难道不知道你不能做那件事吗？”这样的语言不仅阻碍了孩子的工作，打断了他行为的连续性，而且还是对孩子的一种侮辱。

家长要改变自己的想法，不仅要承认孩子的能力，更要允许他们按照自己的方式去行事，并且还应鼓励孩子使用更合理的方式去做。不能一味站在自己的角度考虑问题。孩子并不是家长的影子，他们有自己做事的原则和风格，家长一定要尊重他们的意愿。

心理小贴士

家长要时常鼓励和赞许自己的孩子，让孩子觉得自己就是自己行为的主人，让他们避免产生自卑感，敢于尝试一切力所能及的活动。一个心理健康的孩子最显著的特征之一，就是对自己的行为有把握，并充满自信。

家长要再次认清自己的想法，要承认孩子的能力，要和孩子站在同一个立场上去思考问题，信任孩子并放心让孩子做自己喜欢且合理的事情。不要让孩子产生自卑感，觉得自己连一只杯子都不如。

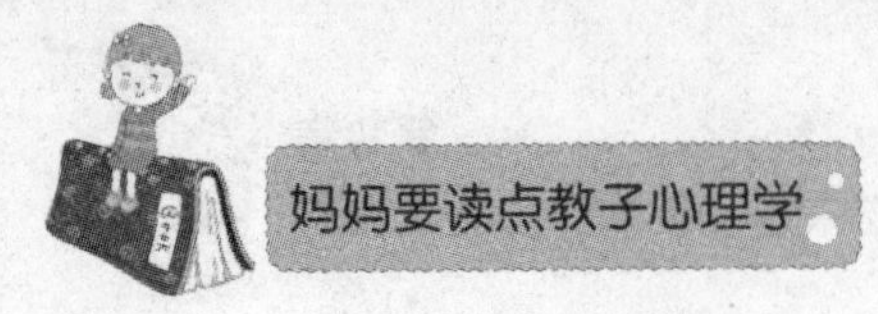

衣橱里有“怪兽”

一位营养专家的诊所里，有几名6个月以上的孩子出现了各种生理失调症状，经过反复观察和研究终于发现，这些生理失调的背后存在着不容忽视的心理因素。这些6个月以上的孩子得了一种叫做“缺乏心灵营养而引起的倦怠”的疾病。

于是，营养专家打算让这些孩子的心灵快乐起来，他给他们提供娱乐和消遣的环境，不再让他们像以前那样孤独地待着，每隔几天就把这些孩子带到不同的地方去玩耍。就这样，没过多久这些孩子都恢复了健康。

从这位专家的实验中，我们可以得出结论：不到1岁的儿童能够对他周围的事物形成清晰的印象，并从众多的印象中学会区分它们。当孩子找不到可以关注的对象时，就会游离不定、坐立不安。即使着手做一件事，过不了多久也会丢下，因为他们的心思分散在许多不同的事情上，无法长时间地集中在他不感兴趣的东西上。心理学家通常把这种状态称为“心理神游”。

孩子很容易假想一种景象，比如一只旋钮变成了一匹骏马，一张椅子变成了宝座，一粒石子变成了一架飞机，他们看着手中的玩具也会产生各种各样的奇思妙想。他们无法集中注意力，思绪四处游荡，没有一个固定的方向。晚上睡觉的时候也会觉得衣橱里会不会突然跳出一个怪兽。

家长们总是忽略一个真相，那就是孩子需要两种“食物”才能健康生活——生理需求和心理需求。然而，很多父母觉得只要给孩子丰富的物质生活，孩子就可以获得非常好的发展，所以他们往往只注重在物质上满足孩子，从而导致孩子的精神长期处于“饥饿”状态。

孩子缺乏家人关爱的状态下，心理就会神游，会联想到许许多多东西。孩子的想象力本来就丰富，再加之家长对他们的忽视，他们容易往自己最害怕的方向去联想。他们的心理会变得十分脆弱，一丝丝的风吹草动也会让他们坐立不安，他们变得不相信任何人，也开始变得不自信，他们

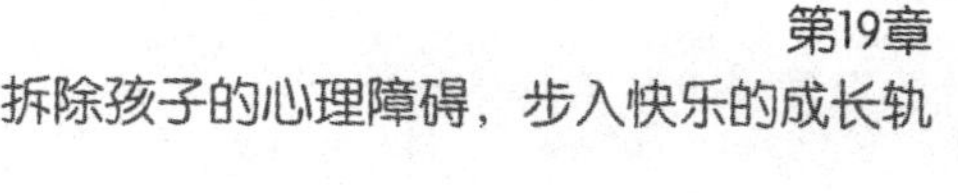

会对整个现实世界以及幻想的世界产生恐惧心理，即使在看到可爱的小鸡时也会觉得小鸡无比可怕。

孩子需要一个良好的成长环境，也需要父母对他们多一点关注和引导，如果家长能做到这些，孩子们会很快集中精力、愉快地投入到工作中，无目的的“神游”变得有方向，幻想情绪也会随即消失。他们会渐渐地克服自己内心的恐惧，更健康地成长。

心理小贴士

家长都知道，孩子的心理总是很脆弱的，他们希望得到父母的认可和关注，希望父母可以有更多的时间陪他们，但是父母总是更加注重孩子的物质生活。

很多家长不知道，虽然自己使孩子生活得很好，但是孩子仍处在“饥饿”状态，他们缺乏家长的关爱，就像一棵小树苗缺乏水分的滋润。孩子在缺乏关注和爱的时候容易幻想，而这些幻想并不能促使孩子快乐起来，同时，孩子在缺乏关注和爱的时候更容易形成心理疾病，所以家长对待的孩子的时候一定要仔细。

孩子为什么一直换袜子

强迫症是一组以强迫症状（主要包括强迫观念和强迫行为）为主要临床表现的神经症。很多人都会有强迫现象，比如，刚刚出门的时候门是不是没锁？煤气是不是没关好，当他们这么想的时候大多会回家检查。同样地孩子也会出现这样的症状，比如说，当他们在马路上行走的时候，走几步必须跳几步才能正常前进，或者喜欢一步只能迈几个格子，如果迈少了或者迈多了一步，他们都会再回去重走一遍，不然会整天觉得心里空落落的，提不起精神。可以说人人都有强迫现象，如果持续的时间比较短、强迫现象的程度也比较轻，没有引起严重焦虑的话，那么这就是一种正常的现象。

孩子在缺乏家人关爱，内心需求得不到满足，长期得不到父母认可的时候就会有强迫自己的现象。

周末，小安的父母在家休息，吃过午饭，小安的父母在客厅看电视，他们看了会儿电视才发现吃过午饭就再也没有看见小安。小安妈妈觉得很奇怪，就跑到小安的卧室去看，结果让小安妈妈吃惊的是小安的小床上摆着许多颜色各异的袜子，而小安还在不停地换袜子。小安妈妈很奇怪地问："小安，你怎么换这么多袜子啊？"小安当即停下了自己的动作，对妈妈说："妈妈，我着急的时候喜欢不停换袜子，不换袜子我难受。"

其实小安也意识到了，只要自己想换袜子就表明控制不了自己，如果硬要控制自己，就会出现紧张、心慌等严重的焦虑现象，而小孩子并不明白自己为什么会产生这种感觉，他们只是感觉难过。为了避免难过的感觉，他只好不停地换袜子。并且因为孩子年龄尚小，他们并不清楚这种强迫行为是来自外界还是来自本身。

而这种强迫症要完全消失也比较困难，家长在发现自己孩子有强迫现象的时候一定先接受，然后顺其自然。而当孩子焦虑情绪严重的时候一定不要对抗，家长可以允许孩子反复去想反复去做，一旦这种焦虑的症状得到缓解，家长就要马上转移孩子的注意力。家长要在教育孩子的时候给孩子设立一定的目标让他们去实现，还要培养他们积极生活的态度和广泛的兴趣。让他们学会体验生活中的美好，不逃避困难，培养孩子独立解决问题的能力。

心理小贴士

当家长发现自己的孩子有强迫现象的时候，一定不要急于对抗，而要学会顺其自然，让孩子的强迫症状慢慢得到缓解。

为了让孩子在一个良好的环境中健康地成长，家长一定要培养孩子积极生活的态度和广泛的兴趣，让孩子树立起真正的自信，让他们学会不逃避困难，更要培养他们独立解决问题的能力。

第20章　教导孩子坚韧自律，给孩子成功的启迪

孩子小时候的自我控制能力并不强，而且他们的很多愿望与现实也相差甚远。这就需要家长的引导与关注。父母在教育孩子时要有耐心，教会孩子如何坚韧自律，帮助孩子走上成功的道路。

孩子的主人是他们自己

有这样两个小孩：

一个叫小强，他是家里的“小皇帝”，父母长辈都依着她，因此，他做什么都天不怕地不怕。然而，正因为这样，小区里的其他孩子每次见到他都好像见到瘟神一样退避三尺，因为他们得到“指示”，不要跟小强一起玩耍，他是个不讲理的人。

另外一个叫小丽，她是家中的“小公主”，被父母娇生惯养。一旦小丽在外面受到委屈，小丽妈妈非要为她出气，这样，因为害怕小丽妈妈，其他孩子很少主动找小丽玩，小丽现在基本上没什么朋友，她感到很孤单。

第一个案例中，小强为什么没有朋友？因为小强一直被父母宠爱，又没有同龄伙伴，他也感到很寂寞。于是，通过调皮捣蛋来吸引其他孩子的注意，结果使更多的孩子疏远他。

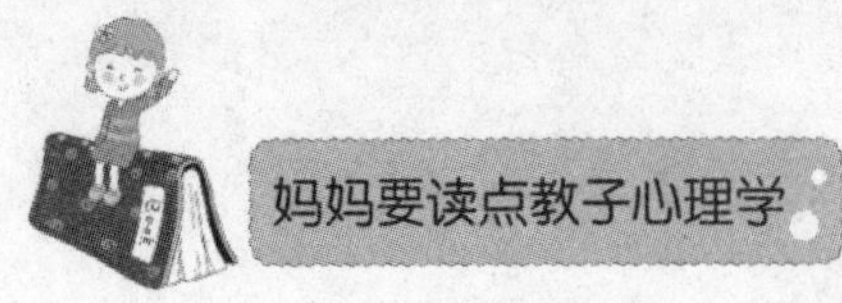

而小丽没有朋友的原因也如出一辙。诚然，父母有时候对孩子的控制和过度保护，表面上看是为了孩子好，但往往适得其反。由于大人的介入，孩子之间的交流少了，情感少了，但是竞争意识、忌妒心理、防范心理却渐渐增强了。

在孩子的世界里，他们更希望通过自己的努力去解决问题而不愿意家长干预。和伙伴闹别扭之后他们可能会为此不开心一段时间，但是这段时间过后，他们就会和好如初，如果家长过早地介入，只会加剧孩子之间的矛盾。很多事情都是孩子自己能够解决的。但如果孩子实在无力解决的时候，就需要父母施加引导，帮助孩子找到解决问题的办法。毕竟是孩子，由于社会知识和生活经验不足，在独立自主处理事情时，出现偏差是再所难免的。但是，并不能因此而否认孩子的能力，作为家长要多给孩子一些自主权利，既能培养孩子的责任心，又能培养孩子克服困难、战胜困难的顽强意志，让孩子拥有独立解决问题的能力，何乐而不为呢?

很多父母都觉得自己的孩子不是很成熟，没有承受挫折的能力。但是他们的这种不放心更会造成孩子对家长的依赖，家长与其不停地担心孩子不如给孩子自由，让孩子自己做主，锻炼他们独立解决问题的能力。

家长能够站在孩子的立场思考问题是好的，孩子在慢慢成长的过程中，通过独立处理一些事情，可以变得越来越成熟，从而掌握解决问题的主动权。

心理小贴士

没有家长不爱自己的孩子，很多家长都会担心孩子不能独立完成一件事情，但是如果家长不让孩子去尝试，那么，孩子只能是家长养在温室中的花朵，经不起外面的风吹日晒。

家长不要总想着控制自己的孩子，不要总用自己的思维去理解孩子，而应该让孩子做自己的主人，这样不仅能够培养孩子的责任心，还能锻炼他们独立解决问题的能力以及面对困难和挫折的态度。

每个孩子都是优秀的

有人说“好孩子是夸出来的”，这个“夸”我们可以理解为是对孩子的肯定、表扬和赞美，而且这种“夸”应该是及时的、恰当的、合理的。孩子身上蕴藏了无限的潜能，父母应该了解孩子、发现孩子，而不是用自己的标准要求孩子、限制孩子。从某种意义上说，及时地肯定孩子取得的成绩，并且给予鼓励和赞扬，对孩子而言，远比得知自己取得良好的成绩更开心、更激动。这种赞扬更会激励孩子继续挑战困难的信心和勇气。

晚上回到家，妈妈照例询问小小一天的表现：“今天表现好吗？”小小很自豪地回答：“今天表现得很好，爷爷和奶奶都表扬我了，给我吃了两个棒棒糖，很甜的！”得意而满足的笑容挂在小小的脸上。爷爷笑着说：“小小现在开始在意大人们的态度了。”小小妈妈也觉得小小现在很在意家长对待自己的态度，明白家长的态度和自己的行为是有关系的。

在每个人的成长中，犯错误都是难免的，对待孩子犯错误更不应该简单地批评、责备。很多家长在批评孩子的时候喜欢说：“你怎么这么笨啊？”“怎么一点都不乖！”“你看某某，都学会什么什么了，你怎么还不会？”这样说，可能就在无形中伤了孩子的自尊心，打击了孩子的自信心，孩子都是希望得到父母的肯定的。孩子的潜意识里渴望把自己的成功表现给家长看，然后得到家长的肯定和赞美。一个赞赏的眼神，一个灿烂的笑容，一个热情的拥抱，孩子体会到的可能就是极大的满足和动力。所以家长要让孩子深信自己会成功，给他们及时的合理的肯定和支持。

大凡做父母的都是爱孩子的，都希望把最好的给孩子，也希望孩子能做到最好。因此，总喜欢拿自己的孩子和别人家的孩子作比较，所谓“爱之深，责之切。”家长在作比较的时候总是看到别人孩子的优点，那些孩子如何如何好，自己的孩子如何如何不好，虽说有比较才能知道差距，但是如果看不到自己孩子优点的话，就不能及时肯定和赞扬孩子取得的成绩。那么，这种比较还有意义吗？

每个孩子都是独特的、优秀的。他们不是一件产品，不能按照流水线

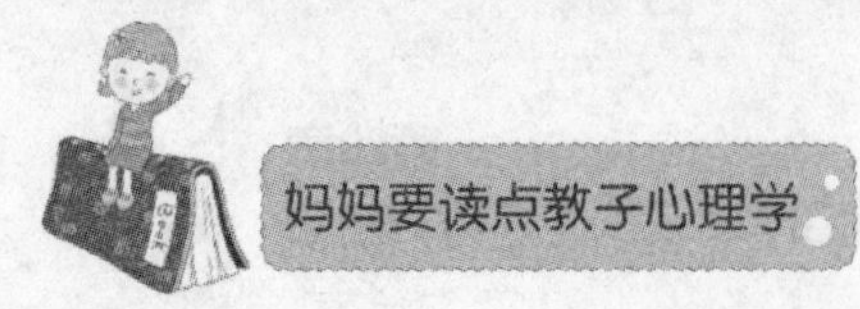

的标准要求他们，他们不是按照家长概念中的尺寸模型生产出来的，所以孩子的表现和潜力就没有什么统一的标准，家长需要更多地发现孩子的长处，肯定孩子的优点，而不是打着“爱孩子”的幌子去控制孩子的思想，打击孩子的自信心。

心理小贴士

孩子有自己的天性，淘气调皮，自然真实，没有那么多所谓的约束，这才是孩子该有的特性。所谓的乖孩子，无非都是成人自己的标准，制订了大大小小的框框，符合框框的就是乖孩子。

每个孩子都是优秀的，虽然有时孩子们会犯错误，但只要他们知错就改就好。孩子身上总是有很多优点的，只是被家长忽略了。所以多夸夸孩子吧，在夸奖的过程中，会发现其实每个孩子都是最棒的。

让孩子学会理解别人

在《伊索寓言》中，有这样一则寓言：

普罗米修斯在造人的时候，在每个人的脖子上挂了两只口袋，一只装别人的缺点，另一只装自己的。他把那只装别人缺点的口袋挂在胸前，另一只则挂在背后。因此人们总是很快地看见别人的缺点，而自己的却看不见。

这则寓言其实是告诉我们，人们总是习惯了看别人的缺点而看不到别人的优点。人生在世，无论你做什么，其实都难免出现失误。有的人对自己的错误睁一只眼闭一只眼，而对他人的错误揪住不放，那么我们，设身处地，多用同理心，多从他人的角度考虑一下。如果是自己犯了错误，那么希望别人穷追不舍还是别人能放自己一马？

设身处地替别人着想，了解别人的态度和观点，不仅能清楚地了解对方的思想轨迹，也能使你的说服力大大提高。很多人对他人的关心，都是站在自己的角度，单方面地以自己的感情、想法、理解去给予，这都是不

正确的。多从别人的角度出发，设身处地为别人着想，你就会成为一个受欢迎的人，你会赢得更多的朋友。不要“宽于待己，严于待人”。

孩子也和大人一样，需要运用同理心。学会设身处地地站在别人的立场上思考问题，孩子的认知系统不完善，做些事来难免焦躁，也不会了解别人真正需要的是什么，他们会很单纯地认为自己喜欢的也是别人喜欢的，自己讨厌的就是别人讨厌的。他们不太会考虑别人是怎么想的，也不会给予他人所需要的。

孩子对他人的关心，都是站在自己的角度，单方面地以自己的感情、想法、理解去给予，他们不能分辨自己的给予别人是否需要，他们还会不分青红皂白地把自己的思想强加给别人。就像孩子都比较喜欢看动画片，而家长却觉得这些东西幼稚，但是在孩子看来，既然是他喜欢的，那必然也是别人喜欢的。如果家长拒绝和他们一起看动画片，他们就会觉得家长不重视自己，为此还会把自己关在卧室中表示对家长的抗议。这时候，家长就要在安慰孩子的同时给他们灌输“同理心”的思想，你想要的，别人也许想要，但也许不需要。所以孩子们也应该懂得“己所不欲，勿施于人”的道理。

家长可以和孩子做一些小游戏，互换角色，家长可以提出一些孩子并不喜欢的要求。这么做一来让孩子觉得很无趣，二来孩子可以理解家长的心中所想，从而联想到平时自己提出一些无理要求和对家长做出的无理行为，孩子会将心比心，设身处地理解家长。所以说，同理心是达成理解不可缺少的心理机制。多让孩子从别人的角度出发，设身处地为别人着想，学会理解别人，做一个聪明懂事的好孩子。

心理小贴士

理解在于沟通，能以同理心替他人着想，学会换位思考，会很好地帮助孩子化解很多矛盾，使很多问题迎刃而解。

很多人都习惯用自己的角度看问题，不同的角度，立场自然不同，立场不同就容易产生矛盾，家长如此，孩子也是一样。所以家长一定要让孩子跳出这种思维模式，学会用别人的眼光去看待问题，渐渐地让孩子学会理解别人。

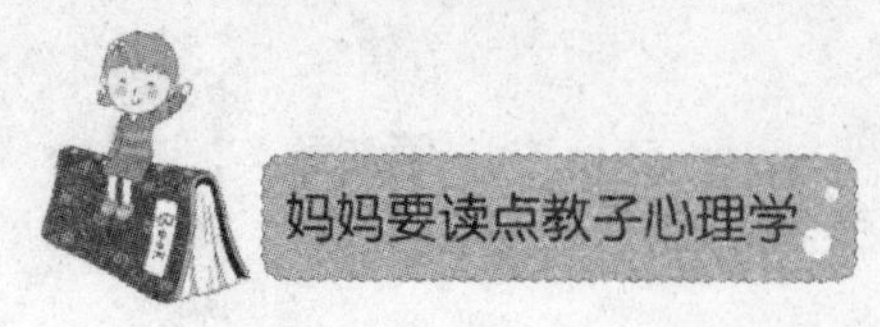

让孩子学会增强自控力

美国著名的心理学家米卡尔曾经做过一个著名的“糖果实验”。

实验的对象是一群4岁的孩子。米卡尔将他们留在一个房间里，然后发给他们每人一颗糖，告诉他们：“你们可以马上吃掉软糖，但如果谁能坚持到我回来再吃，就能得到两块软糖。”他离开后，大概有30%的孩子因为经受不住诱惑而吃掉了软糖；有一部分孩子一再犹豫，等待，但还是忍不住诱惑，将软糖塞进了嘴里了；而另外一部分孩子却通过做游戏、讲故事甚至假装睡觉等方法抵制诱惑，坚持了下来。20分钟后，实验者回到房间，坚持到最后的孩子又得到了一块软糖。

实验者跟踪研究了14年后，发现前后两种孩子的差异非常显著。坚持下来、自制能力强的孩子社会适应力较强，较为自信，人际关系也较好，也较能面对挫折，会积极迎接挑战，不轻言放弃。相反，那些自控力差的孩子怯于与人接触，优柔寡断，容易因挫折而丧失斗志，经常否定自己，遇到压力容易退缩或不知所措，更容易忌妒别人，更爱计较，更易发怒且常与人争斗。这些孩子在中学毕业时又接受了一次评估，结果表明，4岁时能够耐心等待的孩子在校表现更为优异，他们学习能力较好，无论是语言表达、逻辑推理、集中精力、制订并实践计划、学习动机等都比较好。更让人感到意外的是，这些孩子的入学考试成绩普遍较高；而最迫不及待吃掉软糖的那三成孩子，成绩则最差。

由此，我们可以得知，一个人要想成功，跟他有无自控力有着非常紧密的联系。古往今来，凡是成功人士，他们往往具有一个共性特质：善于自律，以达到某种目标。如儿童时期的德国音乐家巴赫多次徒步行走90多里路，只是为了去汉堡听一位管风琴大师的演奏，这么长时间的坚持，除了他对音乐的热爱以外，便是他的自控力支撑着他；越王勾践卧薪尝胆的故事相信大家都听过，他能够一雪前耻灭掉吴国，除了他心中强烈的复仇

意愿之外，还有他令人钦佩的自控力。

很多时候，我们看到的都是名人最光鲜的一面，俗话说："台上一分钟，台下十年功。"有些人为了台上的那一分钟可以耗尽自己的十年，而有些人却只贪图眼前的美景。这应该就是成功者与失败者的区别。当孩子能够控制自己的行为时，他们就可迅速成熟，且少犯错误。家长教育孩子的目的就在于此，所以家长要帮助孩子增强自控力，避免孩子一遇到事情就六神无主、做事不能坚持。

孩子心中住着一个"天使"和一个"魔鬼"，天使就是勤奋、自律，魔鬼就是懒惰、放纵。孩子每天接受的第一次考验就是起床，天使和魔鬼同时在召唤孩子；当孩子犹豫是先把作业做完还是先和同学聊天时；当孩子在学习上感到疲惫、遇到困难，是继续坚持还是放弃时；天使和魔鬼的斗争会一直持续。我们希望孩子能锻炼自制力，一次次正确地选择与勤奋和自律的"天使"为伴，一次次赶走放纵和懒惰的"魔鬼"，逐步走向成熟，走向成功。

心理小贴士

每个孩子心中都有一个"天使"和"魔鬼"，不管孩子做什么，它们都会争吵。这时候就要看孩子怎么选择。

父母是孩子最好的老师，当孩子无法作出选择的时候，父母就要对他们加以正确引导。多给他们讲讲关于名人自控，最后成功的案例，让孩子增强自控力，逐步走向成熟，走向成功。

"小季布"们都是金子

西汉·司马迁《史记·季布栾布列传》："得黄金百斤，不如得季布一诺。"说的是，一个诺言有千金的价值，比喻说话算数，极有信

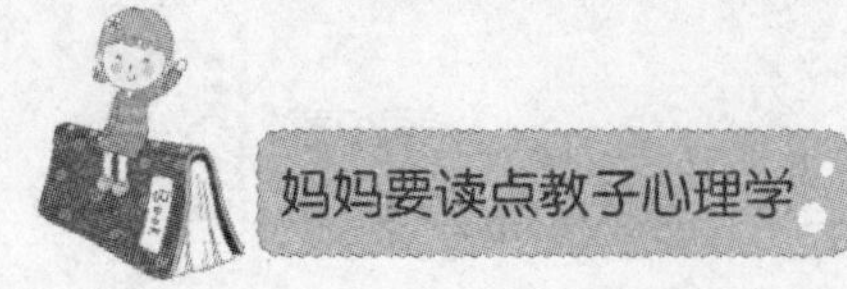

用。这个故事说的是：西汉初年有一个叫季布的人，他为人正直，乐于助人，特别讲信义。只要是他答应过的事，无论多么困难，他一定想方设法办到，所以在当时名声很好。相传“得黄金百斤，不如得季布一诺”，所以，后人用“一诺千金”来形容一个人很讲信用，说话算数。说话算数就是对自己说过的话负责，这是一个人必须养成的非常重要的习惯。

一个人说了什么，别人都能听到；一个人做了什么，别人都能看到，所以，是否能够说到做到，最能体现一个人的信用。对于信用的重要性，冯玉祥说：“对人诚信，人不欺我；对事诚信，事无不成。”孔子也将“信”作为立国的根本，据《论语》记载：孔子的学生子贡问孔子治国之道，孔子曰：“足食，足兵，民信之矣。”子贡又问这三样中如果去掉一个，那么先去哪一个。孔子曰：“去兵。”如果再去掉一个，孔子曰：“去食。”孔子曰：“自古皆有死，民无信不立。”

其实，信守承诺是要从小开始培养的。很多家长喜欢给孩子制定一些目标让孩子去实现，而且很多时候家长并没有考虑孩子的实际能力，虽然孩子没有达到自己的目标，但是他们更喜欢听孩子向自己作保证：虽然这次我没做到，但是我下次一定会做到的；这次我没有考入全班前十名，下次我一定考进；等等。此时的孩子只是为了保证而保证，他们其实也不知道自己下次究竟能不能做到，但是作这个保证可以避免父母的批评，又能让父母心情愉悦，何乐而不为呢?

所以家长要教会孩子在作承诺的时候首先保证自己能够做到，否则，孩子就会用“作承诺”的方式使自己越来越懈怠。从作出一个不负责任的承诺开始，就为孩子以后的言而无信埋下了种子。

有些能力较强的孩子喜欢答应小伙伴一些要求，而且他们会尽全力做到。对于小伙伴有求于自己的事情，尽管没有十足把握，但是他们也会答应小伙伴。每一个信守承诺的孩子就是一块闪闪发光的金子，但是孩子有时候难免幼稚冲动，家长一定要在认识到孩子自身的优点之后取其精华，去其糟粕。

心理小贴士

家长要教会孩子不要单纯地为了自己的面子而作出违心的承诺，如果孩子为了博取一时的好感而轻易作出承诺的话，会大大增加孩子失信于人前的概率。

每一个信守承诺的“小季布”都是一块块混在沙里的金子，他们心智还不成熟，认知也不完善，但是他们懂得信守承诺。也许他们在许下某些承诺的时候会显得违心，但是这样的孩子还是不可多得，只要家长悉心教导，让孩子学会自律，孩子就能健康地成长，而且离成功更进一步。

父母要增强孩子的挫折承受力

如果人的需要不能够被满足，在实现目标的过程中遇到障碍就会产生挫败感，有些是通过自己的努力就能克服的，但有些却是通过努力也无法克服的。这时候就需要我们增强自己承受挫折的能力，让自己变得越来越坚强。孩子们也是一样，但是孩子的心理承受能力要比大人弱，除了学校教育，孩子心理承受力形成的原因绝大部分与自己的父母有关。

很多家长带着孩子在广场上玩耍，孩子们带了很多汽车模型，小孩子很容易就玩到了一起。有一个稍大的孩子带着大家下去用小汽车排队，结果其中的一个孩子因为调皮拿出了一辆车把孩子们排好的车推得乱七八糟的，孩子的妈妈就在他身边。第一个孩子的爸爸说：“你这种行为是不好的。”大家还没觉得什么，那个孩子却一下扑到他妈妈的怀里放声大哭，结果那位爸爸显得十分尴尬。

其实这样的事例在我们身边就有好多。很多家长都因为太过溺爱自己的孩子，从来舍不得说孩子一句，即使孩子犯了错，也是睁一只眼闭一只眼，长此以往孩子连一句轻微的且合理的批评都受不了，试想以后的心理

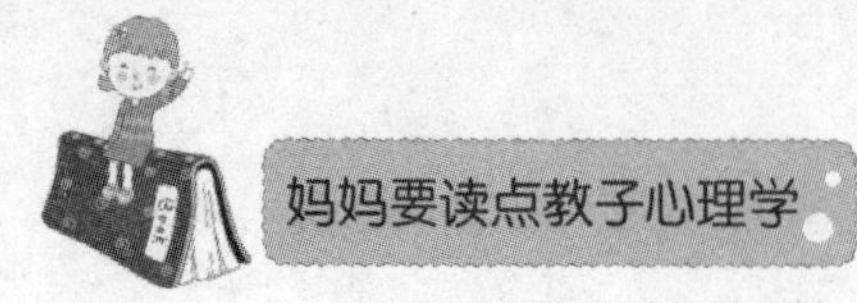

承受力肯定不会好到哪儿去。

很多家长会为自己找借口，自己爱孩子有错吗？舍不得批评孩子有错吗？我们可以肯定地回答：没错。没有家长不爱自己孩子的，也没有家长愿意看到自己的孩子受到丝毫的伤害，但是真正爱孩子并不是把孩子养在温室里，总有一天孩子要独自面对这个未知的世界。家长是否想过，这么教育孩子，很容易把孩子变成易碎的“瓷娃娃”。他们离开了家长，就会一点挫折也受不了，这样的孩子能健康地成长吗？

孩子最相信的是自己的父母，他们也相信父母教育自己的方式，不管父母用什么样的方式来教育他们，他们都能很快地接受。正是因为孩子对父母的教育方式一般不排斥，家长才要时刻地警醒自己，不能给孩子做出错误的示范。家长要时刻给孩子灌输勇敢面对困难，学会独立解决问题的思想。家长也要通过正确的引导使孩子增强自身的挫折承受力，在面对合理的批评时虚心接受，在面对无理的要求时学会拒绝。避免孩子做易碎的“瓷娃娃”，家长的教育方式不容有丝毫的懈怠。

心理小贴士

随着现代社会生活压力的不断增大，人们心理承受的压力也越来越大，所以提升他们的心理承受能力很重要。

在这个方面，孩子也是一样。现代教育对孩子的要求越来越高，孩子本身承受能力就比成人差，这时候，就需要家长对他们加以引导，提升他们的心理素质和挫折承受能力，让孩子变得越来越坚强。

要让孩子认清事实的真相就要正确归因

正确归因是青少年理性对待挫折与失败的科学态度，唯有正确归因，

找出产生挫折与失败的主客观原因，才能最终找到克服的有效办法。一般来说，造成挫折失败的原因有两种：一是外部客观因素，二是内在主观因素。

现代心理学家和教育学家一致呼吁：要仔细分析孩子的归因方式，帮助孩子使用正确的归因方式，并从小培养儿童积极的“自我归因”的能力。

有这样一则小故事：

有兄弟俩性格截然相反，一个什么都看得开，很乐观；一个却消极处世。他们的父母也意识到了这一点，于是，他们准备改变兄弟俩的性格。这天，他们把乐观的孩子放进了装满马粪的屋子里，而把悲观的孩子放进了一个装满玩具的屋子里，他们静静地等待着结果。

一小时以后，他们把两间房子的门都打开了，然而，看到的场景却着实让他们大吃了一惊。悲观的孩子虽然有好多可爱的玩具，但他却非常伤心，因为他不小心弄坏了玩具，他怕受到惩罚。而乐观的孩子却兴奋着劳作——他用小铲子挖着马粪，他告诉爸爸妈妈，有这么多马粪，周围肯定有不少可爱的小马，他得为这些可爱的小马腾出一点地方来。

这个乐观的孩子就是美国总统里根，他从报童到好莱坞明星，再到州长直到坐上总统的宝座。

心理学家认为：人们看待世界、看待事物的某种稳定的情感和态度，大多是由于童年时期形成的归因模式决定，归因简单地说就是把失败与成功归于某种原因。

正确的归因应该是从事实出发，认真分析成功或挫折的真正原因，是外部因素，还是内在因素，或者是两者相互交织的作用。通过挫折的内外因素进行全面分析，认清产生挫折的情境，分析是客观原因还是主观原因，具体因素是什么？正确归因，有利于战胜挫折，提高抗挫折能力，这也是现代家长对孩子的教育中所缺乏的。

研究表明，倾向于内部归因的孩子通常会表现出一些良好的行为习惯，比如，勤奋、努力、坚强、自信、坚韧不拔、注重提高自己的能力，他们敢于挑战，对待生活上的困难也有较强的毅力。而倾向于外部归因的孩子，喜欢把失败或成功归结为外部因素，如学习条件、环境问题、家境

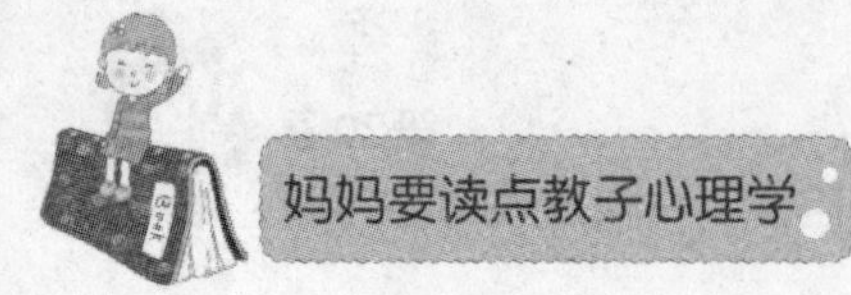

问题等。这些孩子明显害怕困难，对成功信心不足，对失败过于焦虑，面临困难找不到适当策略，感到无能为力。

为此，父母应该注重对孩子耐挫能力的培养，并重视发展内部控制点，这样才能使孩子不断地战胜挫折，提高耐挫能力。

心理小贴士

父母应该注意引导孩子进行积极的自我归因，凡事自己主动承担责任，认定事情可以向好的方向发展，并积极寻求独立解决问题的办法，那么随着孩子的长大，他就会学会承担责任，并善于从失败中吸取教训，最终成功把握自己的命运。

孩子想要习惯于某个归因模式，就要认清事实。在这个基础上锻炼不断战胜挫折的能力，提高耐挫能力，变得越来越成熟，快速迈向成功。

第21章　避免教育误区，给孩子更健康的成长空间

家长在教育孩子的时候喜欢控制孩子的思想，为孩子安排好他们的未来，不允许孩子反驳自己的意见；某件事做得好与不好，态度相差极大；觉得孩子永远都小，不能独立处理事情；等等。其实，这都是家长教育孩子的误区，绝不可长此下去，家长引导孩子走向成功还是需要正确的做法。

一定要给孩子说话的权力

很多父母认为：自己活了那么多年，吃过的盐比孩子吃过的饭还多。当然这只是个比喻，父母觉得自己比孩子有经验，有生活阅历。他们习惯性地认为他们体验过的，总结出来的经验都是真理；他们习惯性地认为只要自己把这些全部灌输给孩子，孩子就能健康地成长。当孩子想提出自己的某些不同意见时，大多情况下都会看到父母愤怒且不理解孩子的眼神。对于自己的种种表现，家长找了一个完美的借口：我这都是为了孩子好，这样可以让他们少走弯路。

但是事实真的是这样吗？这里有一则故事：

饭店的餐桌上，一个母亲夹了一块鲜嫩的鱼肉，硬往一个五岁男孩的嘴里塞。边塞边说：“这孩子中午就没好好吃饭，这么好的鱼，就是不吃。我就不信你这么不听话！”看那样子，她真想把儿子的嘴巴撬开。男孩抗拒着，哭着说：“不吃，不吃……”母亲的脸阴沉着说：“不行，你

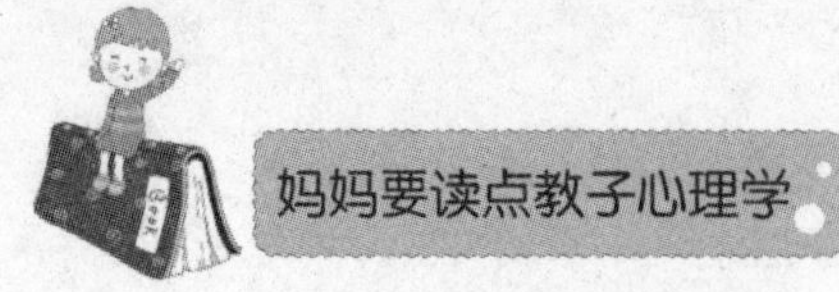

今天非得把这块鱼吃了。上次让你吃青菜你也不吃，你怎么就这么不听话呢？”这时同桌吃饭的人开始劝说：“算了吧，孩子不想吃，干吗那么难为他？”可那位母亲像没听见似的，依然如故便强硬地说：“鱼肉和青菜都有营养，但是这孩子就是不听话，每次都不好好吃，这次无论如何也要让他吃下去，我也是为了他好。”同桌的人只好作罢。

其实这样的事情发生的概率很高，而且不是发生在一个家长身上。很多家长习惯用自己的思维去覆盖孩子的思维，自己觉得好的孩子可以去做，但是自己觉得不好的，孩子绝对不可以触碰。就像吃鱼和青菜一样，家长觉得这两样东西有营养，那么孩子就必须喜欢，当然，这两种食物确实有营养，但是他们却没有考虑孩子为什么不喜欢吃？只是一味地强行孩子接受。

孩子也是有自己的思想的，他们更希望家长能够尊重他们的意见，可以给他们一个诉说的机会。家长们不要用“听话与否”来判定一个孩子的好坏，家长应该适当地给孩子一个空间，让他们多多发表自己的意见，在孩子发表意见的基础上和孩子好好沟通。父母的话不一定全对，但是在一些必要的场合父母还是要明确地表明自己的立场与观点。但是父母应该给孩子思考的机会，当孩子认真思考之后赞同父母的话就服从，如果不想服从就按照自己的想法来，但是这个想法必须要合理。

有时候家长说的虽然都是对的，但是如果强迫孩子服从通常会适得其反。如果家长给孩子一个说话的机会，多和他们交流，家长就会发现，原来和孩子相处是一件很轻松的事情。

心理小贴士

家长不要觉得自己的经验和阅历就是真理。对于家长自己的经历孩子或许有独特的看法，这绝对不是孩子不尊重家长，而是他们的自我意识已经觉醒。

即使家长说的某些话是真理，也要让孩子认为正确才去接受，而不是家长一味地强加与苛求。这样不仅不能让孩子接受自己的思想，而且与孩子越来越疏远。作为家长，一定要给孩子说话的权力，一定要尊重孩子说话的权力。

教育孩子时要奖罚分明

教育是每个孩子必经的一条路，家长和老师在教育孩子的时候要懂得表扬和给孩子自信，但是当孩子犯错时一定要适当地批评，不要因为孩子还小或者错误不是很大就睁一只眼闭一只眼，必要的批评有助于孩子健康成长。在实践教育中，赏罚分明更有益。

有些家长很偏向于“赏识教育”，不管孩子做什么他们都会说：“你真棒”“做得真好，你真乖”之类的言语。现在整个社会都开始提倡素质教育，“赏识教育”也是现在的一大热门话题，孩子需要更多的理解与鼓励。“暴力教育”“棍棒教育”已经不适合现代教育了。现在的孩子需要更多的肯定与鼓励，这有利于激发他们的潜能。

但是赏识教育并不是毫无弊端的，渐渐地家长和老师就会发现，赏识教育出来的孩子只能听好话，家长和老师稍微说一句批评的话他们就接受不了。遭遇一点点挫折他们就会显得十分沮丧。一位教育专家这样提醒：“如果没有标准，没有明确的教育指向，一味地赏识，就会演变成一种‘精神鸦片’，而现实世界是不可能永远提供给孩子‘赏识’这种鸦片的。”所以教育一定要赏识批评相结合。

还有一句话：“良言一句三冬暖，恶语伤人六月寒。”很多家长在孩子做错事或者考得不好时就会对孩子恶言相向。有些孩子犯错后宁可被父母狠狠地揍一顿，也不愿意听到父母讽刺挖苦的话，因为那些恶毒的言语带给他们的伤害要远胜于皮肉之苦。孩子都是有自尊心的，而家长在失去理性的时候通常不知道自己说什么。美国耶鲁儿童健康组织调查发现：父母对儿童辱骂、训斥、威吓等行为，会阻碍儿童身体的长高，甚至成为“精神性矮子”。精神压抑会阻碍孩子长高，这同紧张状态引起人体内分泌失调有关。

所以，家长在教育孩子的时候切勿走极端，一定要奖罚分明，不可对孩子过分溺爱，孩子要什么就给什么；也不可逾越孩子自尊的鸿沟，时刻把自己凌驾于孩子之上。孩子做对了就要鼓励，但做错了一定要惩罚，但要采取比较温和的方式。人无完人，金无足赤。每个孩子都有他的优点与

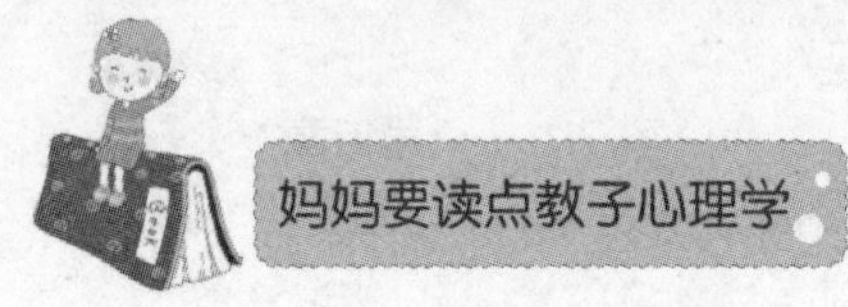

长处，同时也有缺点与不足。家长要看到孩子身上的优点，给予积极的肯定，使优点与长处得到最大限度的发挥，来弥补自己的缺点与不足。对于缺点不可忽视但也不必过度重视，只要家长正确地引导孩子，孩子就能扬长避短，健康快乐地成长。

心理小贴士

一个人既有优点也有缺点，再优秀的人也会有做错事的时候。只要一个人做错了事情就应该被惩罚，孩子也是一样。孩子做错事时，家长切勿以孩子还小为由对孩子的错误睁一只眼闭一只眼。

孩子做对事情家长不要吝啬自己赞赏的言语和鼓励，孩子做错事时家长一定要让孩子明白只要做错事就会被惩罚的道理。奖励和惩罚不可偏重其一，只有奖罚分明才能更好地教育孩子。

家长对孩子说到就要做到

《狼来了》故事大家一定都听过。

一个小孩上山去放羊，闲着无聊就对着山下的人大喊："狼来了，狼来了。"当山下的大人都扛着锄头赶上山来的时候，小孩才笑呵呵地对大人们说："我骗你们的。"等大人们都下山开始劳作的时候他又对着山下的人大喊："狼来了，狼来了。"山下的大人们又全部赶到山上，孩子笑呵呵地说是骗他们的。第三次狼真的来了，不管孩子怎么对着山下的人大喊，大家都不上山了。结果这个孩子的羊都被狼咬死了。

这个故事告诉我们：不可因想要达到自己的某种目的而去愚弄他人，否则不仅会失去他人的信任，自己也会付出相当惨重的代价。很多父母都会用这个故事来教育自己的孩子要诚实。只要许诺，就要办到。

家长是孩子们的榜样，孩子在做某一件事的时候会比较偏向于父母平时是怎么做的，他们习惯模仿自己父母的行为。

小军放学回家后写完作业就去电脑上看动画片，他看得正高兴的时候爸爸下班回来了，小军爸爸每次下班都习惯去看看同学同事的留言，把一些重要的有趣的东西转到贴吧或者论坛里，这次也不例外。小军爸爸对小军说："让爸爸用五分钟，爸爸需要回复一些留言。"小军很懂事地让开了，让爸爸用电脑。但是小军爸爸回复完几条留言，将一些比较重要的资讯转载完正要起身的时候，才发现邮箱里有老板交代的新工作。小军爸爸觉得既然是工作，那么等到完成工作再让小军看动画片也没有关系，就这样，很多个五分钟过去了。

过了很长时间，小军走到爸爸的身后，默不出声，小军爸爸因为忙于工作就没有注意到小军的表情，虽然小军爸爸觉得自己没有遵守承诺，但是毕竟为了工作，而小军只是看动画片，纯属娱乐。娱乐是要给工作让步的。所以小军爸爸没有理睬站在一旁的小军，一直把工作做完。晚饭期间，小军突然跟爸爸说："爸爸，你不经常教我要守信用吗？"小军爸爸诧异地点点头："是啊。""那爸爸你今天为什么不守信用？"小军满脸不高兴。"爸爸那是在工作嘛，娱乐是要让步给工作的嘛。"小军的爸爸试图安慰小军。"爸爸，老师说家长是孩子的榜样，你没有做好榜样。"小军的一句气话提醒了小军爸爸。

其实很多家长在孩子做错事情的时候总是找很多理由去批评孩子，若是轮到自己真理满天飞。当然孩子也会思考，认为家长是一个言而无信的人，久而久之，就会对父母产生不良印象，所以家长在教育孩子的时候一定要做一个言而有信的人。

心理小贴士

家长是孩子最好的老师，也是孩子最好的模仿对象。因为家长在孩子的心中总是神圣的，所以孩子会习惯性地把家长当作自己的榜样，在孩子的心目中，家长就是完美的。

所以，家长在教育孩子的时候一定要说到做到，不要为自己的失误找借口。只要自己失误了，就要大胆地承认，并警诫孩子不要这么做。

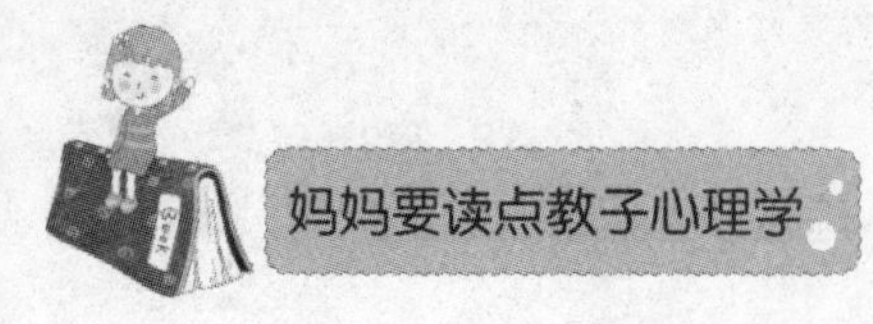

家长的唠叨式教育容易使孩子患上“心理慢性症”

孩子总是不听话，不服从家长的管教，这让家长在头疼的同时更对孩子“碎碎念”。从来不想孩子是否愿意听，一些父母经常对孩子反复说教，实际上是不断给孩子以相同的刺激，这种唠叨式的说教使孩子形成了一种心理惰性，导致孩子患上了“心理慢性病”。于是，父母的说教一旦出现再转为刺激，教育效果便随之下降或消失。

父母不管做什么都会为了自己的孩子，就是因为父母过分紧张自己的孩子，在教育孩子的时候才会无法控制自己的情绪。家长一旦不能控制自己的情绪，就会扯出许多陈芝麻烂谷子的事情，即使那些事情已经过去很久了，记忆也模糊了，但是家长在情绪失控时那些事情就会非常清晰地浮现在家长的脑海中。家长会拿这些孩子十分厌烦的说教不断地对孩子进行言语轰炸。不管孩子怎么解释和反抗，都无济于事。有的时候家长会忘记孩子犯的只是一个小小的错误，导致自己太过紧张。家长这样做不仅不能起到教育孩子的作用，还会让孩子产生逆反心理，不想与家长交流。

很多家长都是这样教育孩子的，他们认为这样做可以让孩子“长记性”。有的时候，孩子已经知错了，但是因为另一个错误的带动，孩子要听家长把旧账再翻一遍，第一遍或许还可以达到家长预期的效果，但是时间久了，只会让孩子心理麻木。

这就需要家长学会防止孩子的心理慢性症，使自己的教育效果不要成为单纯的“口水战”。那么家长该如何防止呢?

第一，要准确告诉孩子错在哪儿了。有的时候，孩子并不能认识到自己的错误，不是他们不想认识，而是他们不知道原来那么做是错的，这就需要家长对他们加以指导。就像他们做作业的时候总是写得很潦草或是丢三落四，家长一定要告诉孩子你这样做错了，要及时改正。

第二，家长要尽量控制自己批评孩子时的音调。孩子犯了错，本身就害怕，这时候家长如果再用尖锐的语调去批评孩子就会刺激孩子的自尊心，即使家长说的话很有道理，孩子还是很难从心理上接受。低沉的语调会让人觉得这种声音乃至这个人都是理性的，低沉的语调外加有道理的言论，会让父母和孩子双方都趋于冷静。

第三，要在适当的时候选择沉默。有些孩子已经习惯了犯错后等待父母的责骂和失去理智的责打。犯错后如果父母真有这样的举动他们反而会松一口气，他们觉得终于熬过去了，而不是反省自己的错误。但是如果他们在等待责骂的时候父母反而沉默了，他们会忍不住猜测父母的想法，紧张之后就会反省自己的错误。

第四，要懂得注意强调性。很多孩子对于家长的批评教育一般都是左耳进右耳出，父母的说辞他们基本倒背如流，因为唠叨的内容不变。这时候家长就要强调自己只说一遍，且一定要这么做，要让孩子品尝到没有好好听话的苦果。

家长一定要知道：不停地唠叨只会使孩子产生反感，他们极尽所能想让孩子变得听话懂事，但是不停地唠叨只能适得其反。

心理小贴士

孩子犯错，家长一定要杜绝在孩子面前翻陈年旧账。要理智地和孩子讲道理，而不是歇斯底里。

孩子需要一个能明确告诉自己错在哪儿并要求自己改正的家长，而不是一个毫不讲理的、唠叨得让他们心烦的“唐僧”。

家长教育孩子方法一定要得当

“冷暴力”是暴力的一种，它的表现形式为冷淡、轻视、放任、疏远

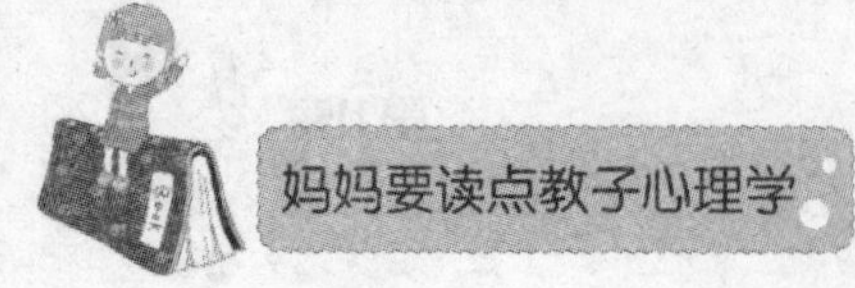

和漠不关心。导致他人精神上和心理上受到侵犯和伤害。有些父母总是用自己的想法来要求孩子，孩子一旦达不到自己的要求便对孩子冷眼相向，不理不睬。孩子犯错时从来不给孩子温和的言语和笑脸。受到父母的影响，孩子在与人交流的时候也不会太友好。很多孩子会认为家长对待自己的方式也会是别人对待自己的方式，所以他们会渐渐地疏远所有人，把自己孤立起来。

翔翔是个优秀的男孩，在家里一直很听话，在学校，学习成绩和人缘都很好，并且一直是“三好学生”荣誉的获得者。但是，最近翔翔的爸爸却发现翔翔每次放学都不按时回家了，很多次甚至天黑透了才回家。

翔翔的爸爸十分生气，这天，翔翔的爸爸觉得自己再不管翔翔他就要学坏了，于是他不管三七二十一就把翔翔狠狠地批评了一顿，事后也没有给翔翔解释的机会。一天，翔翔在茶几上写作业，爸爸正在看报纸，突然电话铃响了，是翔翔的老师。老师跟翔翔的爸爸说，他们最近办了一个课外辅导班，成绩好的学生在课后帮助成绩差一点的学生尽快提高成绩，翔翔最近几天之所以回来那么晚不是贪玩，而是在帮助同学。翔翔很开心地跟爸爸说：“爸爸，我没有去玩儿，我是在帮助同学。”翔翔原本以为爸爸会向自己道歉，但是没想到爸爸却说：“就你还去帮助别人，你还是得了第一名再去帮助其他同学吧。”

翔翔因为爸爸的这些冷嘲热讽开始变得郁郁寡欢，每当他想要帮助同学的时候就会想起爸爸的冷嘲热讽。后来，他再也不敢帮助同学了，和同学的关系也开始疏远了。而且翔翔从爸爸的冷嘲热讽中总觉得爸爸对他不满意。他的心理压力特别大，成绩也受到了影响，和爸爸的关系也越来越僵。

俗话说：天下无不是之父母。父母作的每个决定都是为了孩子好，他们无意伤害孩子，但是有时候一些决定产生的后果却不是父母所能预料的到的。面对冷暴力，孩子未必能理解父母的良苦用心。他们只会被这种暴力伤害得更深，从而影响亲子之间的交流。

家长想要更好地教育孩子就要及时地跟孩子沟通，及时了解他们心中所想。积极地摒弃冷暴力。只要父母和孩子建立了良好的沟通渠道，父母就能更好地引导孩子。而且父母在向孩子提出更高的要求时一定要讲究方

法，要比以往更有耐心。不要对孩子使用冷暴力，否则孩子不仅不能达到父母预期的要求，还有可能自我封闭。所以家长教育孩子的时候使用冷暴力，就会得不偿失。

心理小贴士

家长在教育孩子的时候使用冷暴力，会损伤孩子的心灵。不仅不会达到教育孩子的效果，反而会让孩子觉得与父母没有共同语言，从而影响亲子之间的关系。

父母教育孩子的方法一定要得宜，如果父母总是对孩子使用冷暴力，那么孩子就不愿意把自己的想法告知父母。这样做不仅影响孩子和父母之间的关系，还会导致孩子患上自闭症之类的精神疾病，这一定是广大家长不想看见的。

玩耍是孩子成长的第一步

英国儿童教育专家指出：对儿童的早期教育应该从娱乐和游戏开始。儿童在入学前几年所学到的东西比一生中任何时候都要多，学得也快，且大部分知识是在玩耍中学到的。玩耍同正式教育一样重要，没有机会进行各种玩耍的儿童，不管在感情上还是身体上以及成年之后的社交与科学研究方面的发展速度远不如拥有玩耍机会的同龄者。玩耍是可以帮助孩子发展想象力、创造力和自信的，还可以帮助孩子完善语言功能。在玩耍中，孩子没有任何的压力，孩子可以独立作选择并且表明自己的喜好和要求，所以玩耍有利于建立孩子的自我意识。

现代社会的竞争日益激烈，很多孩子被家长塑造成了一台只会学习和上特长班的机器。他们没有时间玩耍，因为家长觉得他们玩儿一个小时别人的小孩已经学习了一个小时，为了不让自己的孩子输在起跑线上，家长

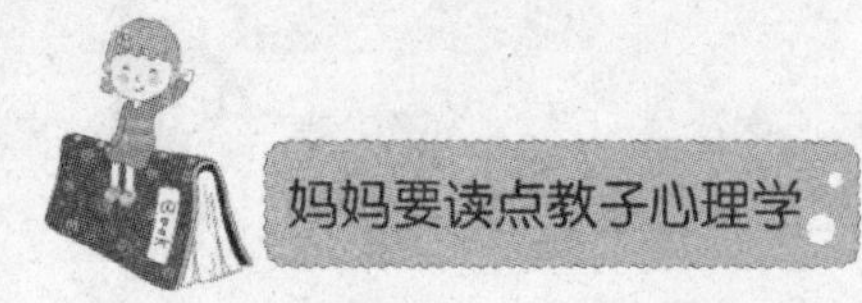

只能狠下心来不让孩子玩耍。许多家长的心态是：小孩子会不会玩有什么关系，长大会读书就好了。

专家研究表明：玩耍是一门很高深的学问，因为小孩子处在知识吸收能力很强的年龄，在玩耍的过程中，方向感、空间时间的掌握、沟通技巧、如何与他人相处、如何解决问题等就会在不知不觉中成为孩子的“囊中之物”。但是缺乏玩耍机会的孩子，也因此缺乏掌握这些技能的机会。所以让不让孩子玩耍，就成了家长值得考量的问题。

乐乐的妈妈给乐乐报考了许多兴趣班、特长班，包括绘画、钢琴、小提琴之类的。每周周一至周五乐乐都要上学，每天都有许多繁重的家庭作业，每次看到小朋友在院子里玩耍她就会十分羡慕。每当乐乐妈妈看到乐乐又往楼下看时就会批评她一顿，让她认真做作业。周末两天，乐乐还要被妈妈送去那些兴趣班。

当乐乐看到很多家长带着小朋友一起玩时，她十分羡慕，于是她对妈妈说：“妈妈，我也想和她们一块玩儿。”但是乐乐妈妈没有理睬乐乐，拉着乐乐的手就走向补课的地方。之后，乐乐再也没有向妈妈提过类似的要求。但是乐乐妈妈却发现，乐乐不喜欢笑了，也不喜欢与人交流了。

学习固然很重要，但是玩耍对于孩子来说同等重要，孩子幼年时期很多知识都是从玩耍中学到的。可以说，孩子成长的第一步就是玩耍。每个人的人生路都要从第一步开始，家长如果禁止孩子迈出第一步，孩子如何走完漫长的人生道路?

心理小贴士

很多家长认为孩子喜欢玩耍就是不喜欢学习、淘气的表现。家长希望自己的孩子乖巧听话，所以总是限制孩子玩耍。

家长们要了解，好玩是人的天性，孩子更是如此。玩耍是孩子成长的第一步，孩子在玩耍的时候吸收知识的能力是在其他任何时候都无法比拟的。

己所欲亦勿施于人

《论语·颜渊篇》中孔子云："己所不欲，勿施于人。"这句话的意思是：自己不想要的东西千万不要强加给别人。自己不想做的事情也千万不要强加给别人去做。相同地，还有一句话："己所欲亦勿施于人。"即便是自己喜欢的东西或者喜欢做的事情也不要强迫别人去喜欢。

家长喜欢用自己的方式来教育孩子，在教育孩子的问题上，他们会为孩子考虑长远，小目标应该怎样，大目标应该怎样。虽然孩子有诸多不满情绪，但家长总是以一切都是为了孩子好为说辞，不太在意孩子的想法。总觉得孩子还小，不能确定自己真实的想法，所以作为父母就有责任有义务帮他们决定一切。

当然也有一些父母，在得知孩子并不喜欢自己的教育方式时会和孩子进行良好的交流，让他们抒发自己的想法和见解，然后在讨论中各自成长。但是很不幸的是，这样的家长只是少数，很多家长还是习惯控制孩子的思想，让他们按照自己的思维逻辑去做事情，美其名曰：一切为了孩子。

强强最喜欢和伙伴们一起踢足球，但是强强的父母觉得强强这么贪玩下去会耽误学习，所以他们经常禁止强强和伙伴们出去踢球。当强强想要出去踢球的时候，妈妈总会找出许多家庭作业让强强做，不管强强怎么反抗，他的父母总是无动于衷。他们认为孩子就是要听话懂事不应该那么贪玩儿。

后来，强强的父母为了让强强彻底放弃踢足球，为他报了许多兴趣班，想转移强强的注意力。时间久了，强强也不怎么反抗父母了，而且父母说什么他就做什么。强强的父母对此很满意。但是强强上初中以后却经常逃课，还动不动顶撞老师，与同学打架。父母为此头疼不已，问强强为什么这么做，强强却倔强得一个字都不肯说。无奈之下，父母只能带强强去看心理医生。经过心理医生一番的劝导强强终于说了一句话："他们总是强迫我做我不喜欢的事情，所以我也要做他们不喜欢的事情。"强强的

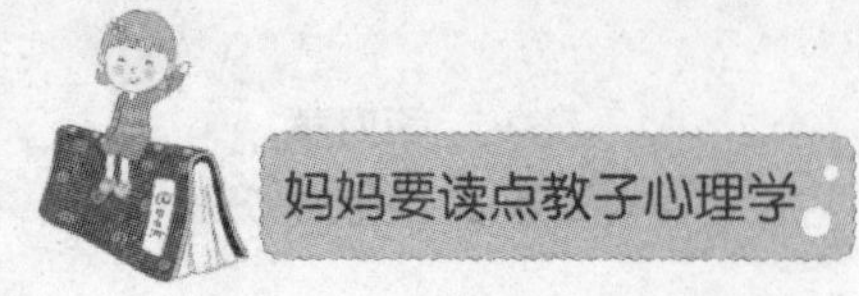

父母听到这句话之后陷入了深思。

确实，很多急功近利的家长总想为孩子的未来早做准备，为了孩子的全面发展，他们便强迫孩子必须什么都会，必须什么都学，不能输给同龄的孩子。为了让孩子达到他们的要求，他们剥夺了孩子自由选择的权利。实际上家长得到的只是在他们“强压政策”下的唯命是从，他们从来没有认真地思考过孩子心里想的是什么，他们最想要的是什么。

孩子需要家长对自己的尊重，即使最终还是家长为自己作决定，但是只要家长在考虑孩子的事情时能和他们交流一下，能问一下他们的意见，他们的心里就会觉得很满足。只要家长肯与孩子交流，孩子就会觉得家长很在意自己的感受，不会觉得家长专制，然后与家长对立。

心理小贴士

在孩子成长的过程中，家长最应该做的就是慢慢放手，让孩子做自己喜欢做且合理的事情，不要强迫孩子，那样对孩子的成长不利。

不强迫孩子每件事情都按家长的意愿去做，这是父母给予孩子最大的理解，只要家长不强迫孩子，家长和孩子之间的代沟就会不攻自破。更重要的是，父母总是孩子最好的榜样，父母如果强迫孩子做他们不喜欢的事情，那么孩子也会做出父母不喜欢的事情。

“棍棒教育”不可取

中国有一句老话：棍棒底下出孝子。说的是自己的孩子要严加管教，孝子都是棍棒打出来的。随着“赏识教育”的推行，“棍棒教育”越来越不被广大的家长和老师接受。但有些家长还是免不了奉行“棍棒教育”。他们觉得虽然“棍棒教育”很陈旧，但是很实用。“棍棒教育”可以让很多家长以最简单的方式来对待孩子的错误，使孩子服从自己，从而建立家

长所谓的权威。但是，素质教育越来越普及，这种棍棒教育已经不再适应现代教育的要求了，家长教育孩子的时候，适当的惩戒很重要，但是要注意方法，家长要保持理智和理性。

孩子是有尊严的，而且孩子要比大人更加敏感。家长要在尊重孩子的基础上和孩子沟通，孩子犯错后要晓之以理，动之以情。家长在教育孩子的时候孩子是受者，父母是施者。施者只有对受着有足够的了解才能对其进行良好的教育。在一定程度上，家长无论采取什么样的教育方式孩子都会接受，即使是被迫的。

湖北武汉一名九岁的男孩因考试没达到父亲的要求，被父亲用皮带抽得浑身血迹斑斑，他的父母还逼他挂着牌子游走示众。当地居民和老师纷纷指责父母的粗暴做法。警方也对其进行了干涉，虽然父亲保证以后再也不打孩子了，但是他给孩子造成的心理阴影却是难以抹去的。

家长对孩子的变相体罚会给孩子造成身体和心理的严重伤害，父母在体罚孩子的过程中极易失去理性和理智，会失去对自己思想和行为的控制。孩子的心理十分脆弱且未发育成熟。面对父母的暴力，因为得不到父母的尊重，孩子会产生极其强烈的自卑感。这种自卑感会妨碍孩子性格的发展，造成孩子缺乏自信，交际能力差。因为父母常常对孩子使用暴力，孩子会怀疑自己是不是父母亲生的，他们会认为父母不爱他，从而产生孤独和绝望的心理。

孩子极易模仿父母的每一个行为，父母体罚孩子无形中教给了孩子一种如何应对错误和失败的方法。因为父母展示给孩子的不是文明行为，而是暴力行为。遭受父母暴力行为的孩子，等到自己成了父母，他们有可能继续对自己的孩子实施暴力。

孩子犯错时，家长只希望用一种办法可以让孩子很快地认识到他们的错误并及时地改正。父母都是为了自己的孩子好，所以父母在教育孩子的时候还要注意与孩子的沟通，时刻了解他们的想法。孩子做错事情要受到惩罚，但是一定要用孩子容易接受的，温和的处罚方式，只要孩子知错了马上停止处罚行为。

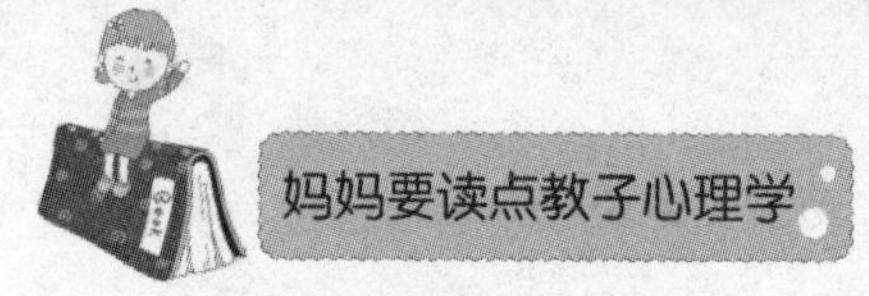

心理小贴士

“棍棒教育”下也有成功的案例，比如钢琴王子郎朗，再比如傅雷教育自己的儿子傅聪，都是棍棒教育出来的人才。家长采用这些教育方式的时候有没有想过，被打成才的比例究竟有多大？

“棍棒教育”在现代教育中是不可取的，家长失去理性的处罚方式会给孩子造成极为严重的心理创伤。现如今的教育强调按照孩子的身心发展自然地培养孩子成才，不能对孩子使用暴力的手段。

家长要对自己和孩子的身份有清楚的认知

英国的教育思想家洛克很早就提出过：家庭教育一定要慎重又慎重，不可以掉以轻心。他说：“教育上的错误和配错了药一样，第一次弄错了，决不能指望用第二次和第三次去补救，它们的影响是终生清洗不掉的。”很多人觉得这句话说得特别夸张，一个方法失败了，我们可以吸取经验再用下一个办法。现实也的确如此，但是家长们要想一想，如果第一种教育方式出了问题，对孩子心理造成的伤害又需要花多长时间来弥补呢？

老舍说过：“摩登夫妇，教三四岁小孩识字，客来则表演一番，是以儿童为玩物，而忘了儿童的身心教育甚慢，不可助长也。”很多家长习惯于让孩子在朋友或者客人面前表演，不知是真的想让朋友看看自己孩子的“学识”还是单纯地把孩子当成玩具供大家娱乐。

聪聪今年三岁，虽然年纪小，但是已经会背许多唐诗。见过聪聪的人都夸他十分古灵精怪，惹人喜爱。很快，聪聪父母的很多同事都去看聪聪把小手背在身后，踱着步子，有板有眼地背诵唐诗。时间久了，聪聪的父母也觉得聪聪十分好玩儿，每当亲朋好友聚会时就让聪聪如此表演一番，聪聪笨拙的动作把他们逗得哈哈大笑，并对看聪聪的表演乐此不疲。

看到此处大家肯定想起了另外一个故事——《伤仲永》。一个小孩很有天赋，小小年纪便会吟诗作对，令许多人颇为惊奇。但是他的父亲并没有对他采取进一步的教育，而是带着他走亲访友。因为他没有安心学习，只是被他的父亲当作炫耀的工具，久而久之，他的天赋消失了，他也泯然众人。

可见孩子不是家长的玩具，他们有自己的思想，但是因为他们的认知和思想都不成熟，所以他们习惯于执行父母下达的命令。对于父母提出的要求他们会欣然接受，他们不会觉得自己在众人面前表演有什么不对，但是这样的表演往往会增强孩子的虚荣心和表演欲。如果家长不对孩子加以正确的引导，孩子的心理便会变得畸形。

当家长发现自己孩子有一定的天赋时，要针对孩子的优势加以正确引导，而不是把孩子当成炫耀的工具。孩子心理不成熟，去执行家长的命令，家长还要比孩子不成熟吗？孩子前期的成长环境都是家长创造的，作为家长，一定要帮助孩子树立目标并让他们全身心投入。教育孩子的方法有很多，但是只能建立在父母理解孩子的基础上。家长要明白，孩子不是家长的玩具，家长勿用自己的身份要求孩子做一些对其成长不利的事情。

心理小贴士

父母如果真的为了孩子好，就要抛弃一切为了孩子好的一系列自私行为，不要把孩子当成在亲朋好友面前炫耀的工具。要学会与孩子平等地交流，教会孩子追求自己的目标。

家长要对自己和孩子的身份有清楚的认知，要清楚地知道正处于成长阶段的孩子需要正确地引导，而不是盲目地炫耀。作为家长，要以身作则，跟孩子分享经验。家长正确的教育方式对孩子的成长影响深远。

参考文献

[1] 牧之，张震.教子要读心理学：让孩子做最好的自己 [M].北京：新世界出版社，2007.

[2] 梅子.智养：一位教师的教子手记[M].北京：北京理工大学出版社，2010.

[3] 陈玲.心理学改变孩子的一生[M].北京：新世界出版社，2009.